novum pocket

Bernd Naumann

Die Pinien der Cote d'Azur

novum pocket

Bibliografische Information
der Deutschen Nationalbibliothek:

Die Deutsche Nationalbibliothek
verzeichnet diese Publikation in der
Deutschen Nationalbibliografie.
Detaillierte bibliografische Daten
sind im Internet über
http://www.d-nb.de abrufbar.

Alle Rechte der Verbreitung, auch
durch Film, Funk und Fernsehen, fotomechanische Wiedergabe, Tonträger, elektronische
Datenträger und auszugsweisen
Nachdruck, sind vorbehalten.

© 2014 novum publishing gmbh

ISBN 978-3-99010-716-4
Umschlagfotos:
Romrodinka, Ben Goode |
Dreamstime.com
Umschlaggestaltung, Layout &
Satz: novum publishing gmbh

Gedruckt in der Europäischen Union
auf umweltfreundlichem, chlor- und
säurefrei gebleichtem Papier.

www.novumverlag.com

Erstes Kapitel

Diese Reise an die französische Mittelmeerküste hatte er schon vor Jahren vorgeschlagen. Doch das befreundete Ehepaar aus Dresden hatte kein Interesse gezeigt. Aus welchem Grund auch immer – diesmal hatten sie ihre Meinung geändert. Und nun war es soweit. Zehn Minuten früher als erwartet vernahm Frank den Klingelton aus dem Korridor. Es war das Zeichen für den Aufbruch. Für ihn war es immer ein ganz besonderer Moment, wenn er sich zusammen mit seiner Frau noch im Dunkeln und in der Kühle des Morgens auf den Weg machte. Er zog den größeren der beiden gleichfarbigen Koffer hinter sich her, und Christa übernahm den kleineren. Die Hartgummiräder ruckelten auf dem gepflasterten Zufahrtsweg, und dieses laute Ruckeln war das einzig Vernehmbare in der Stille dieses Sonntagmorgens.

Ein Herr mit beträchtlicher Körperfülle erwartete die beiden am Tor, und er begrüßte sie mit freundlichen Worten und Handschlag. Er meinte, dass sie sich doch schon kannten. Und nun erinnerten sich auch seine Fahrgäste, die ersten des angebrochenen Tages, dass er sie vor Jahren hier schon einmal abgeholt hatte. „Steigen denn noch andere zu?", fragte ihn Christa, während er die beiden Koffer in seinem Kleintransporter verstaute. Er verneinte: „Diesmal nicht!" Als er startete, leuchteten die vielen Lämpchen in seinem Cockpit auffällig bunt und hell. Der Transporter rollte fast lautlos und ohne einem anderen Fahrzeug zu begegnen die schwach beleuchtete Straße abwärts.

Frank und Christa hatten auf der ersten Sitzreihe hinter dem Fahrer Platz genommen, und gerade an der ersten Ampelkreuzung angekommen, begann er die beiden neugierig auszufragen. „Wohin soll es denn diesmal hingehen?", wollte er wissen und ob sie schon einmal dort waren.

Nein, sie waren noch nicht dort. Überhaupt war Frankreich noch nie ihr Reiseziel gewesen. Wenn es in den Süden ging, dann standen Italien, Spanien oder Griechenland auf dem Reiseplan. Doch dann hatte Frank im neuesten Katalog diese achttägige Reise an die französische Riviera entdeckt. Der Termin passte und der Preis war annehmbar. Das Kennenlernen traumhafter Strände wurde versprochen und der Blick auf hohe Berge, die dicht neben der Meeresküste aufragten und mit schönen Pinienwäldern bewachsen waren. Zudem war der Besuch jener Städte im Programm, von denen man schon oft gehört hatte: Monaco, Nizza, Cannes und St.-Tropez. Das Reiseziel war als das Urlaubsparadies der Reichen und Prominenten gepriesen worden, die sich von dem angenehmen milden Klima und von der landschaftlichen Schönheit dieser Region angezogen fühlten. Aber man muss nicht zu den Reichen und Prominenten gehören, um die Schönheit einer Landschaft wahrnehmen zu können und das wohltuende Klima dieser Gegend zu genießen, dachte sich Frank. Und den Hinweis auf die hübschen Französinnen, die dort an den Stränden promenieren, hatte er schmunzelnd registriert, und er dachte sich, dass sein Sinn für weibliche Schönheiten gewiss nicht weniger entwickelt war, als der jener Herren mit den dick gefüllten Geldbeuteln. Der Anlass, diese lange Reise anzutreten, war es gewiss nicht.

Hatte er doch eine ansehnliche und liebe Frau an seiner Seite. Schon ein ganzes Stück in dem Kleintransporter vorangekommen, suchte er ihre Hand, und Christa erwiderte freundlich blickend seine Geste. Selten war die Freude auf den gemeinsamen Urlaub so groß und die Erwartungen so hoch wie bei Antritt dieser Reise in eine Region, die sie noch nie zuvor gesehen hatten.

Ohne Fahrtunterbrechung hatte sie der Kleintransporter bald zu jener Stelle gebracht, wo der Umstieg in den großen Reisebus erfolgen sollte. Im Halbdunkel des anbrechenden Tages sah man in kleinen Gruppen zusammenstehende Leute, von denen möglicherweise einige die gleiche Reise antreten wollten. Frank öffnete die breite Schiebetür des Transporters von innen und half Christa beim Aussteigen. Ihr Gepäck blieb vorerst im Fahrzeug. Das feuchte Pflaster, das sie betraten, glänzte etwas im fahlen Licht der Laternen, und ihr Fahrer lief auf dem weiträumigen Parkplatz mit einer Zigarette in der Hand unruhig hin und her. Der aus Richtung Dresden erwartete Reisebus war noch nicht eingetroffen. Dann sahen sie ihren Fahrer mit dem Handy am Ohr und heftig gestikulierend. Wenige Minuten später schlenderte er wieder auf sie zu. „Wenigstens zwanzig Minuten Verspätung!", teilte er ihnen mit.

Auf dem Parkplatz wurde es immer lebhafter. Bunt dekorierte Busse fuhren ein, Taxis und weitere Kleintransporter. Die Schilder an den Frontscheiben der Busse wiesen auf andere Reiseziele. Frank und Christa wussten nicht genau, woran sie ihren Reisebus erkennen sollten. Nur eines war sicher: Würden sie Lothar und Inge hinter den hohen Scheiben entdecken, dann war es der Richtige.

Es dauerte noch einige Zeit, bis wieder ein größerer Reisebus auf den Parkplatz einschwenkte. Es war ein weißer Bus mit dekorativen Palmenwedeln an seinen Außenwänden. Der Bus wendete am dunklen Ende des Parkplatzes in einen großen Bogen, und als er zurückkam, sahen Frank und Christa ihre Urlaubsfreunde aus dem Fenster winken. Dann ging alles sehr flott. Die Koffer waren schnell umgeladen, und der Fahrer des Kleintransporters, der sie hierher gebracht hatte, wurde freundlich verabschiedet. Für eine Begrüßung der Urlaubsfreunde blieb wenig Zeit. Aber sie saßen nun zusammen. Lothar hatte bei der Buchung darauf geachtet, dass die vier Plätze in einer Reihe waren und dass sie weit vorn lagen.

Weitere Reisegäste stiegen zu, und Frank musterte sie interessiert, wenn sie sich die steilen Stufen neben dem Fahrersitz hoch bewegten. Sie drängelten sich mit ihrem Handgepäck an ihm vorbei, suchten mit dem Ticket in der Hand nach den Plätzen, die für sie reserviert waren und verstauten dann ihre Jacken im Gepäckfach. Ein großer Teil dieser Leute gehörte zu ihrer Altersklasse, ein paar deutlich ältere Herrschaften waren dabei und nur wenige Ehepaare, die etwas jünger waren. „Mitte September ist die französische Mittelmeerküste nur noch Reiseziel für jene, die keine Schulkinder zu Hause haben", meinte Christa

Neugierig richtete Frank seinen Blick nach hinten. Es waren noch einige Plätze frei, auch ein Platz in der Reihe vor ihren Urlaubsfreunden war noch unbelegt. Somit war anzunehmen, dass noch weitere Fahrgäste erwartet wurden.

Der Fahrer des großen weißen Reisebusses lief mit glimmender Zigarette auf dem Parkplatz umher. Bald hatte sich herumgesprochen, dass er auf den letzten Zubringer wartete, und er war sehr ungeduldig, da es zu einer weiteren Verspätung führte. Doch dann bemerkte Christa ein Taxi, das nur wenige Meter entfernt anhielt. Es wurde draußen noch einmal lebhaft. Neugierige Blicke richteten sich auf die vordere offen stehende Eingangstür des Reisebusses. Und dann stieg ein hübsches Mädchen die steile Treppe an der Fahrertür empor. Oben angekommen schaute sie noch einmal auf ihr Ticket, dann blieb sie an der zweiten Sitzreihe hinter dem Fahrer stehen. Nachdem sie ihre Jacke oben in der Gepäckablage verstaut hatte, setzte sie sich auf den noch frei gebliebenen Platz neben einer älteren Dame.

Frank wunderte sich. Er hatte erwartet, dass nach dem hübschen Fräulein noch ein junger Mann zustieg, der zu ihr gehörte, wenigstens aber eine Freundin, die mit ihr diese Reise gemeinsam anzutreten gedachte. Aber danach sah es nicht aus. Das Mädchen richtete sich auf ihren Platz neben der alten Dame ein, und niemand folgte ihr.

Eine Frau von kräftiger Statur, die bereits im fortgeschrittenen Alter war, ansonsten aber recht resolut und munter wirkte, lief durch den Gang nach hinten und zählte die Fahrgäste. Dann kam sie zurück und gab dem Fahrer zu verstehen, dass es losgehen konnte. Gleich danach nahm sie das Mikrophon in die Hand. Sie hüstelte, um sich zu überzeugen, dass es auch funktionierte, und dann begann sie sich und den Fahrer des Reisebusses kurz vorzustellen. Sie, die Bordhilfe, durfte ab jetzt jeder mit ihrem Vornamen Monika ansprechen. Auch den Vornamen des Fahrers erfuhren ihre Reisegäste. Er hieß Harald, und sie versicherte, dass sie ihn schon lange kannte, und dass bei ihm alle in guten Händen waren.

Noch während ihrer kurzen Rede musste sie den Griff der vorderen Sitzreihe fassen, um sich auf den Beinen zu halten. Der Reisebus hatte sich in Bewegung gesetzt und schlängelte sich zwischen den parkenden Fahrzeugen hindurch. Bis zur Autobahn war es von hier aus nicht weit. Schon nach wenigen Minuten hatte der Bus die Auffahrt erreicht. Die Reisegäste drückte es kurze Zeit ein wenig zur Seite, und dann nahm der Bus Fahrt auf. Er bewegte sich mit gleich bleibender Geschwindigkeit und kaum noch hörbarem Motorklang auf der dreispurigen Autobahn.

Draußen begann es hell zu werden. Aber die Strecke in Richtung München, die Frank und Christa bei ihren Urlaubsreisen nach Italien, Österreich oder in die Schweiz schon sehr oft genutzt hatten, war nicht weiter von Interesse. Franks Blick schweifte im Bus umher. Er sah nach hinten, um sich einen Überblick über die nunmehr komplette Reisegesellschaft zu verschaffen. Dann richtete sich sein Blick wieder nach vorn, und er sah auf der Fahrerseite, aber kaum mehr als eine Armlänge entfernt vor sich, diese hübsche junge Frau, eine schlanke Blondine mit sehr langem gepflegten Haar. Er spürte sogleich große Lust, in dieses weiche glänzende Haar zu greifen und einmal daran zu ziehen. Er kannte es so aus seiner Schulzeit. Wie oft mussten sich die Mädchen mit langen Pferdeschwänzen den Neckereien der Jungen erwehren, die auf der Bank hinter ihnen saßen. Aber diese Zeit lag weit zurück und Frank bedauerte, dass es sich nun nicht mehr ziemte, so etwas zu tun. Er wusste nicht, ob es Christa überhaupt ganz recht war, dass sich die ansehnliche Blondine so nahe vor ihnen platziert hatte, war doch nicht auszuschließen, dass sich die Aufmerksamkeit ihres Mannes zu sehr auf diese junge Frau konzentrieren könnte. Aber Frank dachte, dass es nichts bringt, wenn er so tut, als hätte er keine Notiz von dem Mädchen genommen. Er zeigte unauffällig auf sie und versuchte Christa in seine Gedanken einzubeziehen. „Sag mal", sprach er sie an, „was will denn diese junge Frau hier – inmitten dieses Rentnervereins – und so ganz ohne Begleitung?" Er merkte, dass sich Christa auch schon darüber gewundert hatte. „Was weiß ich", antwortete sie. „Vielleicht fährt sie nur mit, und ihr Freund ist schon in Nizza und holt sie dort ab." Obwohl diese Variante sicher völlig aus der Luft gegriffen war, prägte sie sich bei Frank ein, als wäre es Fakt. Und er sah schon den jungen Mann vor Augen, der sie freudestrahlend irgendwo in Nizza in Empfang nehmen würde. Auch über das vermeintliche Alter der jungen Frau wurde noch kurz gesprochen. Frank schätze sie auf 25, Christa meinte dagegen, sie könne durchaus schon 30 sein. Damit war das Thema zunächst beendet.

Es dauerte einige Zeit, bis sich der Fahrer zum ersten Mal über sein Mikrofon meldete. Er hatte seinen Gästen etwas über Sehenswürdigkeiten im Fichtelgebirge mitzuteilen. Die Fahrgäste vernahmen seinen ausgeprägten sächsischen Dialekt und eine Satzbildung, die sehr zu wünschen übrig ließ. Er beherrschte sicher seinen Bus, ein guter Redner war er nicht gerade. Monika kam zum ersten Mal mit Kaffee durch den Gang, der in ziemlich labilen weißen Plastikbechern abgefüllt war, und sie erkundigte sich nach weiteren Wünschen ihrer Gäste. Nur für kurze Zeit kam etwas Bewegung in die Sitzreihen. Dann wurde es schnell wieder ruhig. Viele der Reisegäste hatten heute ungewöhnlich früh ihr Bett verlassen müssen, und nun überrumpelte sie die Müdigkeit. Auch Christas Kopf neigte sich langsam gegen die große Fensterscheibe. Frank betrachtete interessiert die große Instrumententafel vor dem Fahrersitz, den Tacho, dessen Zeiger genau auf hundert stand, und er beobachtete kurze Zeit den mit weißem Hemd und Krawatte gekleideten Busfahrer, der bei eingeschaltetem Tempomat und monotoner Geradeausfahrt wenig zu tun hatte. Noch lief der Verkehr flüssig und die eingeschlafenen Fahrgäste spürten kaum, dass ihr Bus zügig vorankam.

Das blonde Mädchen war noch wach, und sie unterhielt sich ab und zu mit der älteren Dame, die neben ihr saß. Die Dame auf dem Nebenplatz hätte ihre Großmutter sein können. Aber das war sie gewiss nicht. Ihr völlig graues Haar war kurz geschnitten und leicht lockig. Sie trug eine dicke Hornbrille und hatte einen so strengen Gesichtsausdruck, dass man sie für die Gouvernante des Mädchens halten konnte.

Das Mädchen sprach sehr leise mit ihr, und die Fahrgeräusche übertönten ihre Stimme, so dass Frank nicht mitbekam, über was sie sich mit der alten Dame unterhielt. Doch plötzlich fing sie an, in ihrer großen silbergrauen Handtasche herumzukramen, und gleich danach hielt sie eine bunte Illustrierte in ihren Händen. „Was liest sie denn da?", fragte sich Frank neugierig. „Trend der Frau" konnte er aus der kurzen Entfernung mühelos entziffern. Na ja, sagte sich Frank, passt ja zu dem Modepüppchen. Überzeugt davon, dass ihn niemand dabei beobachten konnte, begann er das Mädchen von Kopf bis Fuß zu mustern. Und gerade so, als wollte sie ihn dabei unterstützen, drehte sie sich plötzlich zur Seite. Sie setzte ihre Füße in den Gang und begann ihre hochhackigen

Sandaletten auszuziehen. Ihre schlanken Beine gerieten in sein Blickfeld. Frank betrachtete ihre Beine kritisch und stufte sie als zu dünn ein – für seinen Geschmack einfach etwas zu dünn! Frank schien es, als hätte sie seine kritische Bewertung zur Kenntnis genommen. Sie versteckte ihre Beine schnell wieder zwischen Vorderlehne und ihrer silbergrauen Tasche.

Der Fahrer des Reisebusses war offenbar bemüht, die günstige Verkehrslage zu nutzen und ein großes Stück voranzukommen. Die erlaubte Fahrzeit sollte bald erreicht sein, dachte sich Frank. Vielleicht war sie auch schon überschritten. Einige Fahrgäste wurden unruhig. Doch dann kündigte der Mann am Lenkrad in seinem markanten sächsischen Dialekt an, dass an der nächsten Autobahnraststätte eine halbstündige Pause eingelegt würde.

Er hielt sein Versprechen. Doch während seiner mühsamen Suche nach einer freien Stelle auf dem überfüllten Parkplatz standen die meisten seiner Fahrgäste schon im Gang, und sie drängten zu den beiden Ausgängen. Die Blondine war noch damit beschäftigt, ihre Sandaletten wieder anzuziehen, und sie blockierte mit ihren Beinen für kurze Zeit das Weiterrücken einiger Fahrgäste zum vorderen Ausgang. Dann aber verlief alles sehr flüssig. Die Bordhilfe Monika stand vorn am Einstieg und gab handreichend den alten Herrschaften Unterstützung beim Verlassen des Busses. Die meisten Mitglieder der Reisegruppe machten sich auf den Weg zum Restaurant, zu dem Tankstellenshop oder den Toiletten. Die Blondine hatte es besonders eilig. Sie war als Erste verschwunden.

Noch vor Ablauf der vorgegebenen Zeit fand sich die Reisegruppe allmählich wieder zusammen. Für Frank und Christa war es die Gelegenheit, ihre Urlaubsfreunde erst einmal richtig zu begrüßen und eine etwas längere Unterhaltung mit ihnen zu beginnen.

Sie erfuhren, dass die beiden schon volle zwei Stunden früher aus den Betten mussten und warum der Bus erst mit Verspätung angekommen war. Es blieb noch etwas Zeit über den Stand der Gartenarbeiten zu sprechen, und schnell waren auch die ersten flüchtigen Kontakte zu einigen anderen Teilnehmern dieser Reise aufgenommen.

Als sich die Reisegruppe fast vollständig wieder vor dem Bus eingefunden hatte, schweifte Franks Blick über die versammelte Mannschaft. Das blonde Mädchen war gar nicht das jüngste Mitglied seiner Reisegruppe. Am hinteren Buseingang entdeckte er einen jungen Mann in blaugrauen Jeans und gelbem Polohemd, der vielleicht gerade mal 16 Jahre alt war. Doch er war nicht allein. Allem Anschein nach waren die beiden neben ihm stehenden Leute seine Eltern. Dann sah Frank wenige Meter vom hinteren Buseingang entfernt noch eine alte Dame mit silbergrauem Haar, die seiner Schätzung nach weit über die 80 sein musste und offenbar auch zur Reisegruppe gehörte. Sie stand in gebeugter Körperhaltung mit einer Krücke unter dem Arm wartend auf der Stelle. Beim Weitergehen wurde sie von einer Begleiterin gestützt, die deutlich jünger und möglicherweise ihre Tochter war. Ihre Begleiterin war eine kräftig gebaute Frau, welche die gebeugt gehende alte Dame um eine ganze Kopfgröße überragte. Die Frau mit der Krücke wird mit Abstand das älteste Mitglied dieser Reisegruppe sein, dachte sich Frank, und er fragte sich, ob sie wirklich noch die Kraft hatte, alles, was ihr in den kommenden acht Tagen bevorstand, zu überstehen.

Dann schaute er neugierig in Richtung Restaurant. Wo blieb denn das blonde Mädchen eigentlich? Möglicherweise war sie die Einzige, die sich an dem wartenden Bus noch nicht eingefunden hatte. Erst wenige Minuten vor der Abfahrt sah er sie mit ihrer silbergrauen Handtasche kommen. Ihm fiel ihre gerade und regelrecht stolz wirkende Körperhaltung auf. Mit flottem damenhaftem Gang kam sie näher. Dann stand sie inmitten der Reisegruppe, sie unterhielt sich mit niemand und träumte vor sich hin. Frank verfolgte beiläufig Christas Gespräch mit den Urlaubsfreunden, und er musterte dabei hin und wieder das blonde Mädchen. Sie trug einen dunkelblauen Minirock und ein blaues T-Shirt. Die Kleidung harmonierte gut mit ihrem ungewöhnlich langen hellblonden Haar, das fast bis in Taillenhöhe reichend leicht gewellt über ihren Rücken fiel. Kein Außenstehender hätte vermutet, dass sie zu dieser Reisegruppe gehörte, deren Mitglieder zum Großteil Leute im Rentneralter waren. Dabei bemerkte Frank, dass sich die junge Dame durchaus nicht in allem dem Modetrend der Zeit unterworfen hatte. Man sah keine Piercings in ihrem Gesicht, und man fand keine Tattoos auf ihrer Haut. Es gab keine mehrfarbigen Haarsträhnen, im Hüftbereich keine unbedeckten Körperstellen noch sonstige jener modernistischen Zutaten und Besonderheiten. Ihr Make-up war unauffällig und dezent. So bot sie auch den älteren Herrschaften einen angenehmen Anblick, und Frank fragte sich, ob das auch sonst ihr Stil war oder ob sie nur auf den Geschmack der älteren Generation Rücksicht genommen hatte. Der kurze Rock gab den Blick auf ihre schlanken Beine frei. Beim Betrachten im Bus hatte Frank ihre Beine als zu dünn befunden. Aber jetzt, wo er sich die junge Dame von Kopf bis Fuß ansehen konnte, änderte sich seine Meinung, denn sie war insgesamt sehr schlank. Auch ihre Arme waren eher dünn und sie hatte zarte Hände. So nahm er die Beanstandung ihrer Beine zurück. Entschuldige, hätte er ihr am liebsten gesagt. Irgendwie passte da schon alles zusammen.

Monika gab mit erhobener Hand das Zeichen zum Aufbruch, und als Frank zusammen mit Christa die Treppe am vorderen Eingang des Busses emporstieg, saß die hübsche Blondine schon auf ihrem Platz neben der alten Dame. Sie hantierte mit ihrer silbergrauen Tasche und hatte schon wieder Probleme mit ihren Sandaletten.

Für den größten Teil der Reisegruppe war die Zeit zum Frühstücken gekommen. Sie kramten in ihren Taschen nach Essbaren, und man hörte es überall rascheln und knistern. Die Bordhilfe Monika stieg als letzte zu. Sie passierte den Gang bis zum hinteren Ende, zählte dabei nur noch die freien Plätze und gab dann mit lauter Stimme dem Fahrer das Startsignal.

Der weiße Reisebus mit den Palmwedeln näherte sich München, der Verkehr auf der Autobahn wurde dichter und geriet ab und zu ins Stocken. Monika war intensiv damit beschäftigt, ihre Fahrgäste mit warmen Getränken zu versorgen. Aber auch Mineralwasser, Bier und warme Würstchen für die Mittagszeit hatte sie im Angebot. Warnend erklang ihre Stimme, wenn sie bei fahrendem Bus mit je zwei Plastikbechern in den Händen, die mit heißem Kaffee gefüllt waren, durch den Gang balancierte. Auch Frank und Christa hatten die schmalen Auflagen an den Rücklehnen ihre Vorderleute herunter geklappt und dampfende Becher in die runden Öffnungen geklemmt. Christa wickelte zwei belegte Brötchen aus der Plastikfolie, zeigte sie Frank und überließ ihm die erste Wahl. Sie waren beide in guter Stimmung und hungrig. Und sie verspeisten fast alles, was Christa fürsorglich für die Reise zurechtgemacht hatte. Zuletzt knabberte Frank geschälte Mohrrüben. Dabei schaute er des Öfteren durch die großen Busscheiben nach draußen und manchmal auf das lange blonde Haar des Mädchens, das so nahe vor ihm saß.

Den stockenden Verkehrsfluss im Umfeld der bayerischen Hauptstadt hatten sie endlich hinter sich gelassen, und nach siebenstündiger Fahrzeit waren sie schon mitten in den Alpen. Frank hatte seine Nikon-Kamera griffbereit an die Rückenlehne des Vordermannes gehängt. Immer häufiger hörte er ringsherum das Klicken von Kameras. Und dann hörte er das Schimpfen jenes Herrn, der auf dem Platz hinter ihm saß. Statt ferner schneebedeckter Gipfel hatte er zum wiederholten Male nur die Büsche und Bäume des Straßenrandes auf dem Bild. Frank drehte sich belustigt zu ihm um. „Ja, nicht rechtzeitig gedrückt! Geht mir auch oft so!" ... „Die Auslösezeiten der meisten Digitalkameras sind einfach zu groß. Und bei solchen spontanen Aufnahmen ist man dann meist von dem Ergebnis enttäuscht", setzte er nach. Auch Christa schaltete sich nun in das Gespräch ein, und die Ehefrau des enttäuschten Fotografen meldete sich ebenfalls zu Wort. Mit spitzen Kommentaren zum Missgeschick ihres Mannes sorgte sie für heitere Stimmung. Witzige Anmerkungen gingen hin und her. Lothar hörte zu und schmunzelte. Frank war aufgefallen, dass das Ehepaar hinter ihnen etwas jünger war als die meisten dieser Reisegruppe. Er wusste, dass Christa diese lockere Art des Umgangs miteinander zusagte, und er dachte, dass sie sich mit den beiden wohl bald anfreunden werden.

Nach Durchfahren einer lang gezogenen Kurve erschien auf der Fahrerseite ein imposantes Alpenpanorama mit einigen weißen Bergspitzen im Hintergrund. Frank prüfte die Einstellung seiner Kamera und brachte sie dann in Position. Zweimal hörte man das leise Klicken seiner Kamera. Er prüfte die Aufnahmen sofort auf dem kleinen Monitor. Auf der ersten Aufnahme verdeckte eine alte Scheune den Blick auf die Berge. Die zweite Aufnahme aber war gelungen. In der linken unteren Ecke des Monitorbildes erschienen die Köpfe der Blondine und der alten Dame, die neben ihr saß. Es war keine Absicht, aber auch nicht weiter schlimm. Er hatte das Mädchen zum ersten Mal auf einer Aufnahme.

Und bald hatte sich auch die Blondine von der um sich greifenden Fotoeuphorie anstecken lassen. Sie holte ein flaches Handy aus der silbergrauen Handtasche, richtete ihren Blick auf das Monitorbild und wartete auf den richtigen Moment zum Auslösen. Die alte Dame neben ihr drückte sich zurück an die Sitzlehne, um ihr freie Sicht zu ermöglichen. Frank sah, dass das Mädchen so wie viele der jungen Leute ein Handy mit sich führte, mit dem man auch fotografieren konnte, und er dachte, dass es gut wäre, wenn sie viel und gern fotografiert.

Noch bevor der weiße Reisebus die höchste Region des Brenner-Massives erreicht hatte, schaltete der Fahrer das Mikrofon zu, um die nächste Pause anzukündigen. „Wieder so eine halbe Stunde", ließ er seine Fahrgäste wissen. Das Einparken aber wurde diesmal zum Problem. Ein freier Platz ließ sich im Umfeld der Raststätte nicht finden. So hielt er nur kurz an, um die Reisegruppe aussteigen zu lassen. Und während seine Fahrgäste schon unterwegs zu den Toiletten waren, machte er sich wieder auf die Suche nach einer Parkmöglichkeit.

Mittlerweile vertrieb sich ein großer Teil der Reisegruppe die Zeit im Laden der Tankstelle. Frank und Christa aber standen zusammen mit ihren Urlaubsfreunden in der wärmenden Sonne. Sie unterhielten sich über Monika, die bisher mit viel Energie und Temperament die Wünsche ihrer Fahrgäste befriedigt hatte, über den ungehobelten sächsischen Dialekt ihres Fahrers und über erste Beobachtungen und Erfahrungen beim Kennenlernen von anderen Mitgliedern der Reisegruppe.

Doch dann kam Inge plötzlich auf das blonde Mädchen zu sprechen, das im Bus direkt vor ihnen saß. „Die Blondine ist krank", behauptete sie. „Wieso?", entgegnete ihr Frank ganz spontan und ungläubig. „Ja, sie ist Diabetikerin", erläuterte Inge. „Wir haben beobachtet, dass sie mehrmals während der Fahrt gemessen hat, und vorhin hat sie sich auch gespritzt. Sie hat alle Gerätschaften mit!" Frank wollte es noch immer nicht glauben. „So eine junge Frau?", warf er ein. Aber es musste wohl stimmen. Sie war für ihn irgendein fremdes Mädchen, trotzdem war er schockiert. Er versuchte es sich nicht anmerken zu lassen, aber es machte ihn traurig. Plötzlich schien er alles zu verstehen. Der Fahrer hatte eine ganze Reihe mehr oder weniger guter Witze auf Lager, die er seinen Fahrgästen unterwegs gelegentlich präsentierte. Alle lachten oder schmunzelten wenigstens, wenn sie seinen Beitrag für gute Stimmung im Bus wahrgenommen hatten. Aber das blonde Mädchen verzog dabei keine Mine, sie blieb immer ernst. Aber nicht nur das war Frank aufgefallen. Noch kein Mal hatte er von ihr einen freundlichen Blick auffangen können, und sie erschien ihm wie ein scheues Reh.

Die Reisegruppe versammelte sich allmählich wieder vor dem Bus. Auch das blonde Mädchen hatte sich inzwischen eingefunden. Sie stand allein zwischen den anderen und ganz in Franks Nähe. Möglichst unauffällig betrachtete er hin und wieder ihr hübsches Gesicht und ihre schönen mandelförmigen Augen. Ihre Augen waren dunkelblau, aber eher etwas klein, und sie verliefen nach außen eigenwillig geformt und spitz zu, so dass Frank meinte, dass da ein kleiner japanischer oder chinesischer Einfluss auszumachen war. Während sie wartend am Bus stand, war wenig Lebhaftes in ihrem Blick. Verträumt fixierte sie irgendeine Stelle in der Umgebung. Aber nun empfand Frank, dass es nicht allein Verträumtheit war, und er las aus ihrem Gesicht auch Traurigkeit.

Kurze Zeit später rollte der Reisebus wieder auf der Autobahn. Es war sehr ruhig im Bus und man vernahm nur das angenehm leise Surren des Dieselmotors. Frank ließ das, was er soeben von Inge gehört hatte, nicht mehr los. „Wie kann das sein, dass eine so junge Frau schon diese Krankheit hat?", wandte er sich an Christa. „Ja, das gibt es schon", erwiderte sie. Sachkundig klärte sie Frank darüber auf, dass es zwei Typen der Krankheit gibt und dass von dem genetisch bedingten Typ1 auch junge Menschen betroffen sein können.

„Aber heute gibt es ja viel bessere Mittel, damit zurechtzukommen", betonte Christa. „Du hast es ja gehört, sie hat alles bei sich, um den Zuckerspiegel zu kontrollieren und zu korrigieren ... wenn es sein muss." Es hörte sich an, als wollte sie Frank beruhigen und verhindern, dass er sich zu sehr mit dem blonden Mädchen beschäftigt. Aber es fiel Frank schwer, seine Gedanken auf ein anderes Thema zu lenken. Einerseits hatte ihr die Natur ein solch hübsches Aussehen geschenkt, sie sogleich aber mit dieser Krankheit bestraft, die sie möglicherweise ihr Leben lang nicht mehr los wurde, ging es ihm durch den Sinn. Und schließlich gab es immer noch dieses Rätsel, warum sie die Reise solo angetreten hatte. Was erhoffte sie sich hier – inmitten dieser Rentnergesellschaft? Vielleicht wartete in Nizza gar kein Freund auf sie. Vielleicht hielten die jungen Männer Abstand, wenn sie erfuhren, dass sie nicht richtig gesund war, dass sie diese Krankheit wahrscheinlich ein ganzes Leben lang mit sich herumtragen würde. Frank schaute zu ihr und auf ihr langes blondes Haar, das so nahe vor ihm war, dass er es mit ausgestrecktem Arm hätte erreichen können. Er spürte den Wunsch, etwas Liebes für sie zu tun. Er war sich nicht klar darüber, was es hätte sein können. Aber einmal mit ihr sprechen wollte er ganz bestimmt, ja einfach über alles, was für sie wichtig war, was sie bewegte, auch über ihre Probleme und Sorgen und über ihre Krankheit.

Der weiße Reisebus mit den Palmwedeln fuhr nun ständig bergab. Bis zum Abend sollte der Gardasee erreicht sein und in seiner Nähe das Hotel für die vorgesehene Zwischenübernachtung. Lothar saß nach Platzwechsel mit seiner Frau wieder auf der Gangseite, und die beiden Männer konnten sich mühelos unterhalten. Vertraute Ortsnamen tauchten auf den blauen Straßenschildern auf, und Erinnerungen an einen fünf Jahre zuvor verbrachten Urlaub in Südtirol wurden wach. Nach Passieren eines Hinweisschildes mit der Ortsangabe Guffidaun wurde alles, was draußen vorbeizog, noch aufmerksamer betrachtet. Und Lothar erkannte die Stelle genau wieder. „Hier sind wir abgebogen!" Durch die hohen Fenster des Reisebusses sah man zur linken Seite hohe Bergflanken mit ausgedehnten Wiesen und kleinen Fichtenwäldern. „Und hier ging es dann ganz nach oben", ergänzte Frank. Sie konnten sich noch gut an diese steile Auffahrt erinnern. Zweifel waren aufgekommen, ob sie überhaupt noch auf dem richtigen Weg waren. Die spitzen Kurven des Weges, der nach oben führte, wurden immer enger und gefährlicher. Frank hatte eine solche fahrerische Herausforderung noch nicht erlebt. Mühsam und in immer kürzeren Abständen musste er das Lenkrad hin und her drehen und dabei ständig übergreifen, um die starke Einlenkung zu bewältigen. Die Bergauffahrt schien kein Ende zu nehmen, und die beiden Frauen schauten etwas verängstigt durch die Scheiben des Nissan in das zurückgelassene Tal. Doch sie hatten sich nicht verfahren. In einer Höhe, wo sie es schon nicht mehr vermuteten, tauchte endlich jener Bauernhof auf, der dem auf der Ansichtskarte sehr glich. Hinter einer kleinen Baumgruppe, die den Blick zum Bauernhof noch einmal verdeckte, fand sich ein Hinweisschild zum Einparken. Der Platz, auf dem sie den grauen Nissan schließlich abgestellt hatten, war ein von Autoreifen niedergewalztes Stück Wiese mit einem starken Gefälle. Die mühsame Auffahrt geriet schnell in Vergessenheit, als sie die phantastische Aussicht wahrnahmen, die sich aus dieser Höhe ihren Augen bot. Es war kühl hier oben und ziemlich windig. Aber die Sicht war klar – bis weithin zu den Bergketten am Horizont, wo Lothar schon bald die ersten schneebedeckten Gipfel entdeckt hatte. Die Frauen waren mit dem Ausräumen des Kofferraumes beschäftigt, als ihnen irgendetwas erneut Angst machte. Beim Blick auf das alte Bauerngut, das immer noch gut hundert Meter von hier entfernt war, hatten sie einen großen Hund entdeckt, der nun schnurstracks auf die angekommenen Gäste zu rannte. Niemand rief ihn zurück. Und bald stand er freudig mit dem Schwanz wedelnd, neben den Frauen am Kofferraum – gerade so, als wollte er sich ein Bild davon machen, was die neuen Gäste mitgebracht hatten. Trotz seiner Respekt einflößenden Größe war die Angst schnell gewichen. Das große Tier machte einen friedfertigen Eindruck, und die beiden Frauen begannen sich schon über seine unverblümte Neugier zu amüsieren. Der Hund spürte genau den Zeitpunkt, wo alle mit reichlich Gepäck beladen bereit waren, den Weg zu ihrem hochgelegenen Urlaubsquartier anzutreten. Er setzte sich an die Spitze der Koffer und Beutel schleppenden Gruppe und wies ihnen langsam vorher gehend den Weg entlang einem Trampelpfad quer über die Wiese bis hin zur breiten hölzernen Eingangstür des Tiroler Bergbauernhofes.

Die beiden Männer hatten ihren Gesprächsstoff und verzichteten auf weitere Aufnahmen von der vorüberziehenden Alpenlandschaft. Die Fahrstrecke verlief unverändert südwärts und die Insassen des weißen Reisebusses wurden allmählich müde. Nur noch selten hörte man das Klicken einer Kamera. Als der Bus nach langer Abwärtsfahrt abbremste, um die nach Verona und Rom führende Haupttrasse zu verlassen, begann es draußen bereits dunkel zu werden. Die Straßen, die in Richtung Gardasee führten, waren enger und kurvenreicher. Monika lief noch einmal den Gang entlang, um sich nach den

Wünschen ihrer Gäste zu erkundigen. Sie musste sich an den Griffen der Innensitze festhalten, wenn der Bus in die nächste Kurve einbog. Das Vorwärtskommen auf diesem Streckenabschnitt wurde immer schwieriger, und dann hörte man den Fahrer wieder leise vor sich hin fluchen. Der Reisebus steckte im ersten Stau, und es schien nicht sogleich weiter zu gehen. Einige Fahrgäste rätselten über die Ursache dieses unerwarteten hohen Verkehrsaufkommens und äußerten laut ihre Vermutung. „Kann schon sein", vermerkte Christa. „Die Italiener, die hier bei schönstem Wetter ihr Wochenende verbrachten, haben sich auf den Heimweg gemacht." „Und wahrscheinlich so ziemlich alle auf einmal", kommentierte Frank.

Monika bewegte sich nun mit einem großen Plastikbeutel durch den Gang und bat mit lauter Stimme um eine Spende. Es dauerte seine Zeit, bis auch die letzten ihrer Reisegäste begriffen hatten, was sie eigentlich wollte. Sie nahmen ihr Angebot zur Rückgabe leerer Plastikbecher und sonstiger Hinterlassenschaften ihrer bescheidenen Mahlzeiten gern an. Dann wurde es wieder auffällig ruhig im Bus. Nach zwölfstündiger Reise überwältigte viele die Müdigkeit. Auch Christa zog es die Augen zu, und dabei rutsche ihr Körper von der Mitte der Rückenlehne allmählich seitwärts in Richtung Scheibe.

Draußen war es inzwischen völlig dunkel geworden. Nur die zugeschaltete Innenbeleuchtung tauchte alles in ein fahles Licht. Auch Frank fühlte sich sehr müde. Aber einschlafen konnte er nicht. Und wenn er durch die halb geschlossenen Augen blinzelte, sah er den Kopf der jungen Frau und ihr langes blondes Haar. Das Mädchen war noch nicht zur Ruhe gekommen. Da sie schon wieder irgendwelche Probleme mit ihren Sandaletten hatte, sah

Frank ihr Gesicht für kurze Zeit im Seitenprofil. Er sah ihre hohe leicht gewölbte Stirn, ihre wohlproportionierten Gesichtskonturen und ihr hübsches graziles Kinn. Die Gesichtshaut der Blondine war auffällig glatt und wies weder Pickel noch Muttermale auf, und der helle Teint ihrer Haut harmonierte mit ihrem gepflegten blonden Haar.

Dann hörte Frank irgendeine innere Stimme fragen: Na, mal ehrlich. Wenn da Gelegenheit wäre, ein paar Stunden mit ihr allein zu sein, und du würdest zudem spüren, dass sie dir zugetan ist, sagen wir mal, kooperativ gegenüber gewissen Wünschen eines Mannes … Was würdest du tun? Frank wies alle Verdächtigungen sogleich zurück. Was könnte er in seinem Alter von diesem Mädchen schon wollen. Das war doch absurd. Er schloss die Augen, aber die Frage beschäftigte ihn weiter. Noch einmal blinzelte er zu dem hübschen Mädchen, das so dicht vor ihm saß. Immer wenn sie ihren Kopf etwas zur Seite drehte, sah er ihre schöne, glatte Gesichtshaut verführerisch im fahlen Licht der Busbeleuchtung schimmern.

„Na ja", ging es ihm durch den Kopf, als wäre die gestellte Frage doch noch zu beantworten. „Ein bisschen schmusen vielleicht", gestand er sich nun ein „… wenn ich abends zurückkomme und müde bin vom Wandern." Eins konnte er ja mit Gewissheit sagen: Er war schließlich nicht so schlecht wie die anderen. Eine bekannte Schlagermelodie ging ihm durch den Kopf. Er hatte es schon oft gehört – dieses Lied von dem müden Wanderer, der spät abends auf der Suche nach einer Übernachtungsstätte irgendwo anklopfte und schließlich meinte, bei einer hübschen Seniorina, die ihm die Tür öffnete, die richtige Stelle gefunden zu haben. „Ich will gar nichts von dir", versicherte er der attraktiven Seniorina immer wieder. Von Strophe zu Strophe aber steigerte er seine Erwartungen – doch sehr geschickt in unmerklich kleinen Schritten. Nein, sie brauchte keine Bedenken zu haben. Schließlich wollte er gar nichts von ihr, denn er war nicht so schlecht wie die anderen. Und daran hielt er fest, bis zur letzten Strophe, wo sein bescheidenes Anliegen schließlich den unerwarteten Höhepunkt erreicht hatte: „Nimm mich mit in dein Bettchen!", bat er nun die erwählte Gastgeberin.

Ja, die hübsche Seniorina musste wohl aufpassen, dass sie auf den müden Wanderer, der sich als Meister der verdeckten Eskalation und als sympathischer Verharmlosungskünstler entpuppte, nicht hereinfiel.

Ein Schmunzeln zog sich über Franks Gesicht beim Nachdenken über diese Geschichte, und ein wenig schmunzelte er auch über seine eigenen Gedanken. Nun aber war er entschlossen, sich aus allen Phantasien, welche das blonde Mädchen vor ihm ausgelöst hatte, herauszureißen. Er setzte sich aufrecht, atmete tief durch und straffte seinen Körper. Dann richtete er seinen Blick auf Christa, die immer noch schlief. Ihr Kopf war stark zur Seite geneigt und stieß immer häufiger gegen das große Glasfenster des Busses. Frank fasste sie am Arm und schüttelte sanft, doch solange, bis sie erwachte. Etwas erschrocken öffnete sie ihre Augen. „Was ist?", fragte sie kaum munter geworden. „Nichts", antwortete ihr Frank, und er sah sie dabei lieb an. Christa erwiderte seinen freundlichen Blick, ruckelte sich wieder in gerade Sitzhaltung und wunderte sich ein wenig über ihren Mann.

Das Vorwärtskommen auf der Straße in Richtung Gardasee wurde immer schwieriger. Und schließlich stand die ganze Fahrzeugkolonne für sehr lange Zeit und aus unerklärlichem Grunde fest. Nur einige Biker schlängelten sich wagemutig durch die Lücken zwischen den Fahrzeugen, oder sie überholten in teils hohem Tempo rechts auf dem verbliebenen schmalen Streifen zwischen Bus und Straßengraben. Der Fahrer, dem die Zeit davon lief, schimpfte wieder im sächsischen Jargon leise vor sich hin. Es dauerte fast eine halbe Stunde, bis sich der weiße Reisebus wieder in Bewegung setzen konnte. Monika sah man immer häufiger mit dem Handy am Ohr. Und dann klärte sie ihre Reisegäste auf: „Ja, wir werden wahrscheinlich eine Stunde später ankommen." Doch bald schon musste sie ihre Aussage korrigieren. Ursprünglich wurde gesagt, dass der Bus so gegen 18 Uhr das Hotel in Nähe des Gardasees erreicht haben sollte. Und nun zeigten die Leuchtziffern der installierten Borduhr, dass es schon auf 20 Uhr zuging.

Erleichterung kam auf, als die müde gewordene Reisegruppe diesen zählebigen Abschnitt der Strecke hinter sich gebracht hatte. In Cockpit sah man das rhythmische Aufleuchten des Blinkgebers und gleich darauf bog der Reisebus in eine noch viel schmalere Straße ein. Frank bemerkte eine ungewöhnliche Häufung von Kreisverkehrsregelungen. Der Fahrer hatte alle Mühe das Lenkrad in so dichter Folge hin und her zu drehen, und seine Fahrgäste mussten darauf vertrauen, dass er trotz Dunkelheit und der Vielzahl der angebrachten Hinweisschilder an der richtigen Stelle herausfand. Doch dann hatte der Bus eine kaum befahrene und alleeförmig angelegte Straße erreicht. Irgendwo hier musste sich die Einfahrt zu jener Golfanlage befinden, in deren Hotel die ankommende Reisegruppe für eine Nacht untergebracht werden sollte.

Monika unterstützte den Fahrer intensiv beim Suchen nach dieser Einfahrt. Aber auch einige Fahrgäste sahen gespannt nach draußen, und sie entdeckten auf der nur schwach beleuchteten Straße den ersten Hinweis auf die Golfanlage. Dort angekommen steuerte der Fahrer den Bus durch das offen stehende Eingangstor und dann sehr langsam und unsicher wirkend einen schmalen Zufahrtsweg entlang. Es fand sich niemand ein, der die ankommenden Gäste in Empfang nahm, und der Fahrer schien nicht zu wissen, wo er seinen Bus abstellen sollte. Es handelte sich um eine ausgedehnte aber im Dunkeln sehr unübersichtliche Anlage, und am Ende des Weges blockierte ein flaches Gebäude die Weiterfahrt. Monika ging nach draußen, kam nach ein paar Minuten zurück und teilte dem Fahrer mit, dass sie hier falsch waren. Es bestand keine Möglichkeit zu wenden. Der Fahrer legte den Rückwärtsgang ein. Die Dunkelheit und die Verschlungenheit des schmalen Weges machten die Rückwärtsfahrt äußerst schwierig, und man hörte die bissigen Kommentare des Fahrers, wenn er stoppen und mit neuem Ansatz versuchen musste, eine besonders schmale und verwinkelte Stelle zu passieren. Ein Stück abseits von dem Fahrweg waren nun einige beleuchtete Fenster zu erkennen. Sie gehörten zu einem größeren Gebäude, und ein schwacher Lichtschein am hinteren Ende des Gebäudes ließ einen Eingang vermuten. Der Bus hielt an. Noch immer kümmerte sich niemand um die eingetroffenen Gäste, und Monika machte sich wieder auf den Weg, um herauszufinden, wo sie ihre Reisegruppe hinzubringen hatte. Erst nach längerer Zeit tauchte sie auf dem dürftig beleuchteten Fußweg wieder auf. Sie gab das Kommando zum Aussteigen. Nun wirbelten die ungeduldig gewordenen Fahrgäste im Gang des Busses und draußen vor der geöffneten Kofferklappe umher. Eine kleine Gruppe, zu der auch Frank und Christa gehörten, bewegte sich allen voran in die Richtung, aus der Monika gekommen war. Die Räder der Koffer, die sie schnell hinter sich herzogen, polterten unüberhörbar laut in der Stille des späten Abends. Die diffus beleuchtete Stelle am Ende des langen flachen Gebäudes erwies sich tatsächlich als Eingang zum Golfhotel. Dann lief alles im Eilverfahren. Monika stand mit einem Zettel in der Hand am Tresen der Rezeption. Mit lauter Stimme rief sie die einzelnen Namen und sie überreichte die Schlüssel zu den Hotelzimmern. „Nur die Koffer schnell in die Zimmer bringen", erklärte sie. „Und dann gleich zum Abendessen erscheinen!"

Der Raum, der den verspäteten Gästen für das Abendessen zugewiesen wurde, erschien allen als eine Art Notlösung. Er war karg eingerichtet und wirkte ungemütlich. Um drei ungewöhnlich große runde Tische waren die Stühle platziert. An dem notdürftig eingerichteten Büfett bildete sich schnell eine Schlange. Während Frank und Christa noch mit leerem Teller in der Reihe standen, war das blonde Mädchen schon dabei, sich ihr Menü zusammenzustellen. Frank beobachtete, dass sie sehr wählerisch war und einen Großteil des Angebotes ignorierte. Was sie dann auf ihrem Teller hatte, war spärlich, und es hätte wohl niemand anders in der Gruppe gereicht, um am Ende dieses langen Tages satt zu werden.

Erst als Frank und Christa nach dem Abendessen ihr Zimmer wieder betraten, hatten sie Zeit, sich die Unterkunft für diese eine Nacht genauer anzusehen. Christa war begeistert. Hier war wirklich alles vom Feinsten, es war eine Unterkunft für anspruchsvolle Gäste. Sowohl die Rückwände der Betten als auch der auffällig gestaltete Rundspiegel an der Wand hatten eine Einfassung aus Korbgeflecht. Aus kunstvoll verarbeitetem Korbgeflecht bestanden auch die beiden bequemen Sessel, die mitten in dem großen Raum um einen Tisch herum platziert waren, dessen schmiedeeisernes Gestell eine dicke runde Glasplatte trug. In etwas verkleinerter Ausführung standen diese Tische zu beiden Seiten des Doppelbettes, und dem gegenüber war ein massiver Schreibtisch aufgestellt, auf dem man alle nur erdenklichen Utensilien fand, die für anstehende Schreibarbeiten verwendet werden konnten.

Nach dieser ersten Inspektion verschwand Christa in der Badezelle, und dann rief sie Frank herzu, damit er sich das ansieht. Sie konnte es gar nicht fassen, wie komfortabel so ein Raum ausgestaltet sein konnte. Selbst wenn der Gast einiges vergessen haben sollte – hier fand sich alles, was er eventuell brauchte – einschließlich einiger Zahnbürsten, die in dünne Folie eingeschweißt waren. Während Christa noch an den verschiedenen Cremes schnupperte, die auf dem langen Bord aus dunklem Marmor gelagert waren und über den Inhalt einiger kleiner Tuben rätselte, begab sich Frank wieder in den Wohnraum. Er schob die Vorhänge des Fensters beiseite, um sich ein Bild von der Umgebung des Hotels zu machen. Aber es war zu dunkel und nur schemenhaft zu erkennen, dass sich an den Hotelkomplex ein ausgedehntes Gelände anschloss. Sich jetzt noch zur Erkundung des Umfeldes auf den Weg zu machen, hatte wenig Sinn. Auch die anderen Reisegäste blieben in ihren Zimmern, und sie entnahmen ihren Koffern nur das, was sie für die eine Nacht brauchten.

Erst am folgenden Morgen bestand die Möglichkeit, sich draußen umzusehen. Nach erfolgtem Frühstück war bis zur geplanten Fortsetzung der Reise noch ausreichend Zeit, und so war bald die ganze Reisegruppe vor dem Hoteleingang versammelt. Auch das blonde Mädchen gesellte sich dazu. Frank fiel auf, dass sie ihr hellblaues T-Shirt vom Vortag bereits gegen eine weinrotes gewechselt hatte und wieder hübsch anzusehen war. Man hörte von ihr ein leises „Guten Morgen", und dann begab sie sich auf einen der vielen Wege, die von hier aus in das hügelige Gelände führten, das den Hotelkomplex in alle Richtungen umgab. Frank nahm Christa an die Hand, und sie bewegten sich gemächlich in eine andere Richtung und entlang eines schmalen Weges, der sich zwischen den zahlreichen kleinen Hügeln hindurchschlängelte, die von gepflegtem Rasen, blühenden Koniferen und kleinen Baumgruppen bedeckt waren. Einige der Golfspieler, die das Hotel in der Nähe des Gardasees wohl für einen längeren Aufenthalt gebucht hatten, waren in den frühen Morgenstunden mit ihren Ausrüstungen bereits vor Ort. Frank und Christa betrachteten interessiert all ihre Geräte. Einige der elektrobetriebenen Zubringerfahrzeuge standen auf dem Weg herum, und Frank konnte sich zum ersten Mal solch ein seltsam anmutendes Mobil aus der Nähe ansehen. Dann kreuzte sich ihr Weg mit einem anderen, und sie trafen auf das Ehepaar, das im Bus hinter ihnen saß. Die beiden Ehepaare nutzten die Begegnung, um über ihre Eindrücke von diesem ungewöhnlichen Gelände, das zweifelsfrei künstlich angelegt worden war, zu sprechen. Und bald wurde auch die tolle Unterbringung in dem Golfhotel zum Thema ihrer Unterhaltung. Christa und Frank waren nur ein kleines Stück weiter gelaufen, als ihnen andere Mitglieder der Reisegruppe entgegen kamen. Der freundlichen Begrüßung folgten dann kurze Gespräche über den Golfplatz, über den vergangenen Reisetag oder das verspätete Eintreffen im Hotel. Frank fühlte, wie aufgeschlossen sie alle waren und wie schnell sich bisher Fremde durch die gemeinsamen Erlebnisse näher kamen. Während Christa sich noch unterhielt, bemerkte Frank, dass das blonde Mädchen ganz allein in dem Gelände umherlief. Aus einer ganz anderen Richtung kommend bog sie nun auf den leicht abfallenden Weg ein, den auch die anderen nutzten und der sie am schnellsten zurück ins Hotel führte. Frank blieb gelegentlich stehen. Er nahm seine Kamera aus der kleinen schwarzen Ledertasche und suchte nach den besten Stellen für Aufnahmen. Musste er doch dokumentieren, dass sie auf den Wegen dieses imposanten Golfplatzes, der sich ganz in der Nähe des Gardasees befand, spazieren waren. Christa bummelte dann vor ihm her, und er holte sie nach der Aufnahme mit schnellem Schritt wieder ein. Am Hoteleingang angelangt gab Christa ihm ein Zeichen, dass sie erst einmal kurz verschwinden musste. Frank wartete nahe der Stelle, wo der Weg vom Gelände des Golfplatzes in den Hotelvorplatz einmündete und hielt Ausschau nach weiteren interessanten Motiven. Auch die Blondine näherte sich nun langsam dem Vorplatz zum Hotel. Sie hielt ihre Handykamera in der Hand, und Frank erschien es, dass sie genau dort ihre Aufnahmen machte, wo er wenige Minuten zuvor zum gleichen Zweck stehen geblieben war. Sie macht mir alles nach, fand er. Während er immer noch auf Christa wartete, näherte sich das Mädchen, und der Moment war ganz nahe, wo sie unmittelbar an ihm vorbei musste. Jetzt ist es wirklich an der Zeit, auch mit ihr einmal ein paar Worte zu wechseln, dachte Frank. Gesprächsthemen gab es am Ende des ersten Reisetages ja reichlich, und ihm war auch nicht entgangen, dass sie fast so eifrig fotografierte wie er selbst. Als sie bis auf wenige Schritte an ihn herangekommen war, richtete er seinen Blick auf sie. Er hoffte auf eine freundliche Geste, er erwartete irgendein kleines Zeichen, dass sie gern mit ihm ins Gespräch gekommen wäre. Aber die junge Dame ignorierte ihn und lief, ohne nach rechts und links zu sehen und mit stolzem Schritt an ihm vorbei. Frank war enttäuscht, und er ärgerte sich über sie.

Die ersten Mitglieder seiner Reisegruppe kamen durch die automatisch öffnende Schiebetür des Hotels nach außen und zogen ihre Koffer hinter sich her. Auch Christa erschien nun vor dem Eingang und gab Frank das Zeichen zum Aufbruch. Die Koffer standen nahe der Hotelrezeption in Bereitschaft, so dass sie sich ohne Verzögerung auf dem Weg zu dem wartenden Reisebus machen konnten. Als sie sich auf dem schmalen gepflasterten Fußweg in Richtung Parkplatz bewegten, lief das blonde Mädchen mit ihrem ganzen Gepäck vor ihnen. Sie hatte einen großen, prall gefüllten Koffer im Schlepp und dazu in gleichem blauen Farbton einen etwas Kleineren. Sie rollte mühsam die beiden Koffer hinter sich her, und da sie keine Hand mehr frei hatte, trug sie ihre silbergraue Tasche frei hängend über der Schulter. Frank und Christa sahen sich verwundert an und schmunzelten. Soviel Gepäck hatten sie zu zweit. „Was schleppt die junge Dame da nur alles mit sich herum?", wandte sich Frank leise fragend an Christa. Der Kavaliersinstinkt, der bei den meisten Männern umso ausgeprägter ist, je hübscher die betreffenden Mädchen oder Frauen sind, wurde in ihm wach. Zu gern wäre er der jungen Frau behilflich gewesen. Er hätte ihr wenigstens den großen Koffer zum Parkplatz transportieren können. Aber er traute sich nicht, einen solchen Gedanken auch nur auszusprechen. Christa hätte es als plumpen Annäherungsversuch werten können ... und vielleicht auch das hübsche Mädchen. Und Christas Kommentar zu solch einem Ansinnen konnte er sich gut vorstellen: Wenn sie soviel für die Reise einpackt, dann muss sie auch sehen, wie sie damit zurechtkommt! Na ja, dachte sich Frank, vielleicht braucht sie die Sachen für einen längeren Aufenthalt in Südfrankreich oder sie hat Geschenke eingepackt für ihren Freund in Nizza. Frank merkte, dass er nach Entschuldigungen für sie suchte, und er musste zusehen, wie sich das blonde Mädchen mit ihrem Gepäck abmühte, ohne dass er helfen konnte.

Der Start in den zweiten Abschnitt der langen Reise gestaltete sich sehr gemütlich. Monika ging den schmalen Gang zwischen den Plätzen nach hinten und zählte die freien Plätze. Ein paar Minuten später schaukelte der weiße Reisebus von einer leichten Schräglage in die andere. Dann hatte der Mann hinter dem Lenkrad die dichte Folge von Fahrten im Kreisverkehr hinter sich gebracht, und er bog auf jene Haupttrasse ein, die vom Gardasee in Richtung des nördlichsten Teils der italienischen Riviera führte.

Frank spielte zum Zeitvertreib mit seiner Kamera. Er sah sich die Aufnahmen des vergangenen Tages an und zeigte einige Bilder, die er besonders gut fand, Christa. Er hatte mit ihr noch einmal den Platz gewechselt. Der Reisebus bewegte sich durch die südlichen Ausläufer der Alpen und wieder am Fenster sitzend konnte er das vorbeiziehende Gebirgspanorama gut beobachten.

Monika balancierte fleißig kaffeegefüllte Plastikbecher durch den Gang. Ihre Gäste hatten sich von den Strapazen des vergangenen Reisetages gut erholt und machten ihr einen munteren Eindruck. Aus allen Richtungen vernahm man lebhafte Gespräche und dazwischen das Klicken der Kameras. Doch die Berge beiderseits der Fahrstrecke wurden immer flacher. Nach zwei Stunden Fahrt kündigte der Mann hinter dem Lenkrad über die eingebauten Lautsprecher den ersten Zwischenstopp an – seinen Fahrgästen zuliebe, wie er sagte, vor allem aber, weil er die vorgeschriebenen Fahrpausen einzuhalten hatte.

Kurz vor Ablauf der zwanzigminütigen Pause hatten sich die meisten Mitglieder der Reisegruppe wieder vor ihrem Bus eingefunden. Auch Frank und Christa warteten zusammen mit ihren Urlaubsfreunden auf das Signal zum Einsteigen. Inge hatte im Shop preiswert ein kleines Gartenbuch in deutscher Sprache erworben, und sie zeigte Christa die schönen farbigen Bilder von Ziergehölzen und blühenden Apfelbäumen. Frank unterhielt sich mit Lothar über die weitere Fahrstrecke, und er musterte beiläufig die Gruppe der Reisenden, mit denen sie bereits den zweiten Tag zusammen waren. Gleich neben ihm stand das Ehepaar, das im Bus hinter ihnen saß und mit denen sie sich bereits etwas angefreundet hatten. Die beiden hörten zu und es schien, dass sie nur auf dem Moment warteten, wo sie sich in das Gespräch einschalten konnten. Am Heck des Busses hatte sich eine größere Ansammlung gebildet, in der laut geredet und heftig gestikuliert wurde. Frank sah, dass die meisten seiner Reisegruppe die anfängliche Scheu beim Umgang miteinander bereits überwunden hatten. Er beobachtete auch, auf welche Weise die Blondine die Zeit überbrückte, bis Monika das Zeichen zum Einsteigen gab. Mal lief sie allein vor dem Bus umher, mal stand sie zusammen mit der Gouvernante, die im Bus neben ihr saß. Andere Kontakte suchte sie offenbar nicht. Er sah sie mit niemand anders sprechen als mit der alten Gouvernante. Mit Lothar hatte er sich bereits kurz über das Mädchen unterhalten. Lothar meinte, dass sie ziemlich stolz wäre. Aber Frank war sich nicht sicher, ob ihre vermeintliche Unnahbarkeit etwas mit Stolz zu tun hatte, oder ob sie einfach nur scheu und ängstlich war.

Nachdem Monika das Zeichen zum Start gegeben hatte, löste sich die Ansammlung vor dem Bus schnell auf, und als alle auf ihren Plätzen saßen, gab der Fahrer noch eine kurze Information über den Fortgang der Reise. Das Gelände um die nach Süden führende Fahrstrecke wurde immer flacher. Der weiße Reisebus hatte die Poebene erreicht, und über die Lautsprecher kam kaum noch ein Kommentar. Frank unterhielt sich mit Christa über ihre letzte lange Busreise, die ebenfalls durch die flache Poebene geführt hatte, dann aber weiter durch ganz Italien bis an das unterste Ende des Stiefels. Ohne Zwischenübernachtung waren sie von ihrem Heimatort bis Brindisi gefahren, und sie erinnerten sich, wie zermürbt sie in der südlichsten Hafenstadt Italiens angekommen waren. Ohne Morgentoilette hatten sie dann die Schiffsreise zur Insel Korfu angetreten. Graufarbene Kriegsschiffe patrouillierten damals in den Gewässern der Adria und verunsicherten mit ihren Manövern die Menschen an Bord. Und wenige Stunden vor dem Erreichen der Insel hatte Frank von der Reling aus eine eigenartige Wolke am Himmel wahrgenommen, die im steilen Winkel über dem Meer stand. Bei genauerem Hinsehen entpuppte sich die Wolke aber als hoher Gebirgszug. Er zeigte Christa seine Entdeckung, und sie konnten es beide kaum fassen, dass sich ein gewaltiges Gebirgsmassiv so dicht an der Meeresküste erhob, dass man es für eine Wolke halten konnte.

In der Gegend, die sie jetzt durchfuhren, gab es nicht einmal kleinere Berge. Fast endlos schien sich das Land, das hier so flach und eben war wie ein Fußballfeld oder ein Flugplatzgelände, hinzuziehen. Christa nickte ein, und auch sonst wurde es im Bus auffällig ruhig. Frank musterte gelangweilt die Fahrgäste, die auf den Sitzreihen vor ihm saßen. Gleich hinter dem Fahrer hatten zwei ältere Damen ihre Plätze, die, wie er inzwischen bemerkt hatte, wahrscheinlich mitreisende Freundinnen oder Bekannte der Gouvernante waren, die neben dem blonden Mädchen saß. Frank sah sie bei Fahrpausen oft im Gespräch zusammenstehen, und das blonde Mädchen gesellte sich manchmal dazu.

Ganz vorn auf der rechten Seite hatte die Bordhilfe Monika ihren Platz, aber er konnte sie während der Fahrt nicht sehen, da die tief gelegene Sitzposition von den Rückenlehnen der ersten Fahrgastreihe verdeckt wurde. Auf der ersten Fahrgastreihe befanden sich die Plätze eines älteren Herren und seiner Ehefrau. Und auf der zweiten Reihe, direkt vor ihm, saß ebenfalls ein älteres Ehepaar. Die äußerlichen Merkmale der beiden Herrschaften, die er immer in seinem Blickfeld hatte, waren ihm gut vertraut. Auch die beiden Männer, die er auf ein Alter zwischen 65 und 70 schätzte, hatte er sich oft genug betrachten können. Ihre Gesichter waren gezeichnet von Falten und

Altersflecken, ihr Haar war dünn und sie trugen beide Brillen mit dicken Gläsern. Frank dachte sich, wenn das junge Mädchen keinerlei Interesse für die beiden Herren zeigt, die direkt neben ihr saßen, und ihre Aufmerksamkeit ebenso wenig anderen Männern dieser Altersgruppe galt, so war das gut zu verstehen. Und er wusste auch, dass all dies bei ihm selbst um keinen Deut besser war. Deshalb gehörte er auch zu jenen, die versuchten, ihrem Spiegelbild nach Möglichkeit aus dem Weg zu gehen. Und ließ sich der Anblick einmal nicht vermeiden, so war er erschrocken und er empfand es, als hätte ihm da jemand einen bösen Streich gespielt.

Auf der rechten Fahrbahnseite erschien ein Hinweisschild mit dem Tankstellensymbol und einer Entfernungsangabe. Der Busfahrer schaltete das Mikrophon zu und kündigte die nächste Fahrpause an. Als der Bus zum Stehen gekommen war, beobachtete Frank, wie mühsam sich der Herr vor ihm aus seinem Platz erhob, und auch nach dem Aussteigen galt Franks Aufmerksamkeit eine Zeit lang den älteren Ehepaaren. Ein Teil der Herren lief bedächtig Schritt vor Schritt setzend und teils in leicht gebeugter Haltung neben ihren Ehefrauen. Na ja, dachte Frank, da gibt es schon ein paar Unterschiede. Er trug keine Brille mit dicken Gläsern, wie die anderen. Er mochte so und so keine Brillen und war froh darüber, dass er noch keine brauchte. Und er hatte im Unterschied zu den meisten dieser Herren im fortgeschrittenen Alter auch nicht diesen Bierbauch. Er war schlank und beweglich geblieben. Beim Aussteigen der Fahrgäste über die steilen Treppenstufen des Busses stand Monika oft an der vorderen Tür. Freundlich reichte sie den älteren Herrschaften die Hand, damit sie nicht stürzten. Frank aber hätte eine solche Hilfestellung eher als Kränkung empfunden. Und so ließ allein sein Gesichtsausdruck ihr es ratsam erscheinen, das zu unterlassen. Ja, ein paar Unterschiede gab es da schon. Aber sie würden nicht ausreichen, um die hübsche junge Frau zu beeindrucken. In welchem Schritttempo er den täglichen Weg zu seiner Arbeitsstelle lief, wusste sie ohnehin nicht.

Wenige Minuten, nachdem Monika die Fortsetzung der Fahrt angekündigt hatte, saß das Mädchen bereits auf seinem Platz. Frank stieg fast als Letzter zu. Flott kehrte er über die steilen Stufen am Fahrereingang in den Bus zurück, und bedauernd stellte er fest, dass das Mädchen überhaupt keine Notiz davon nahm. Er lief an dem blonden Mädchen vorbei, und sagte, viel zu leise, als dass sie es wirklich hätte hören können: „Meinetwegen kannst du die ganze Garde alter Herren in dieser Reisegruppe ignorieren – aber nicht mich!"

Schließlich war er sich ganz sicher, dass er das Mädchen doch mit anderen Augen sah, als die meisten dieser ergrauten Herren.

Der Reisebus rollte mit leisem monotonen Motorklang dahin, und Frank hatte Zeit, über sein Leben und sein Alter nachzudenken. Noch hatte er nichts von dieser Behäbigkeit älterer Leute. Anderen musste seine Art, sich zu bewegen, manchmal eher unberechenbar und quirlig erscheinen und nicht wie die eines Mannes, der vor einem Jahr bereits das offizielle Rentenalter erreicht hatte. Aber niemand war gut beraten, ihn als Rentner zu betiteln.

Er hatte seine Berufstätigkeit nicht aufgegeben, und in seinem Kopf sprudelten so viele Ideen und Vorhaben, dass die nächsten zehn Jahre für die damit verbundene

Arbeit nicht ausreichen würden. Nach dem Zeitpunkt für das Ausscheiden aus seiner beruflichen Tätigkeit gefragt, hatte er immer eine Antwort parat, die seine Kollegen und Kolleginnen mit einem wohlwollenden Schmunzeln registrierten. Alle wussten, dass er täglich mit dem Bus zur Arbeit fuhr. Und er wollte erst dann Schluss machen, wenn ihm zum ersten Mal eine junge Frau ihren Platz anbietet. Es hätte so eine junge Frau sein können wie die hübsche Blondine der Reisegruppe. Aber er würde dem Mädchen viel lieber seinen Platz anbieten als so ein Angebot anzunehmen.

Frank erinnerte sich an gleichaltrige Arbeitskollegen, die es schon vor zehn Jahren kaum erwarten konnten, endlich in Rente zu gehen. Es war für ihn unverständlich. Unterschied sich doch diese Lebensphase von allen anderen, denn es war die letzte. Alle vorausgegangenen Lebensabschnitte fanden ihren Abschluss in etwas Erfreulichen, man wusste, dass man ein Stück weiter gekommen war. Der früheste Teil schloss mit der Einschulung, die meist voller Stolz und feierlich begangen wurde. Am Ende des Nächsten stand die Konfirmation oder die Jugendweihe, und man war endlich in die Reihe der Erwachsenen aufgenommen. Folgte ein Studium, so markierten Jahre später bestandene Prüfungen den erfolgreichen Abschluss der Studentenzeit. Die Eheschließung beendete das Junggesellendasein, und sie bedeutete den Eintritt in die Zweisamkeit. Es folgte die lange Zeit des Arbeitslebens, die mit dem Ausscheiden aus der beruflichen Tätigkeit ihren Abschluss fand. Aber was stand am Ende des Rentnerdaseins? Der Abschluss dieser Lebensphase war der Tod. Und wenn man Pech hatte, erwarteten einem Krankheit und körperliche Gebrechen. So hatte der Eintritt in diesen Lebensabschnitt für Frank etwas Beängstigendes. Und er weigerte sich, seine letzte Lebensphase zu beginnen. Wenn Christa das auch etwas anders sah, er empfand es als Glücksumstand, dass sie so wenig Sehnsucht nach einem geruhsamen Rentnerleben hatte wie er. Diese Reise an die französische Riviera würde keine besonderen Ansprüche an ihre körperliche Kondition stellen. Doch Frank konnte sich auch nicht entsinnen, dass sie einmal über eine zu beschwerliche Urlaubsreise geklagt hätte, ganz gleich, ob sie mit täglichem Wechsel des Aufenthaltsortes verbunden war, oder mit mühsamen Aufstiegen in Bergregionen, deren Gipfel mit Schnee bedeckt waren.

Jetzt aber war sie wieder eingenickt. Die ganze Reisegruppe machte im Moment einen müden Eindruck, und zu beiden Seiten der Autobahn sah man nur diese eintönige flache Landschaft, die kein Ende zu nehmen schien. Beim Blick aus dem Fenster wurden bei Frank Erinnerungen an jene ganztägige Fahrradtour wach, die erst vor wenigen Jahren in einer ebenso flachen Landschaft stattgefunden hatte. Sie führte auf sandigen Wegen durch Kiefernwälder. Die Kinder und Enkel waren in dieser Gegend zu Hause, und sie hatten Frank und Christa an einem Pfingstfeiertag zu diesem Familienausflug eingeladen.

Frank und Christa hatte man für die lange Tour extra zwei Fahrräder besorgt. Frank spielte währen der Fahrt mit den beiden Schalthebeln am Lenkrad herum, hatte er doch noch nie auf einem so modernen Rad mit 27 Gängen gesessen. Dabei verlor er etwas den Anschluss. Schwiegertochter Petra bemerkte es schließlich, bremste ab, bis sie neben ihm fuhr, und fragte besorgt, ob es ihm zu schnell ist und die ganze Truppe vielleicht etwas langsamer fahren sollte. „Nein, geht schon", beruhigte er sie, und Petra schloss wieder nach vorn auf. Ein paar Minuten später aber fuhr ihr ein Schreck durch die Glieder. Mit fast doppelter Geschwindigkeit wurde sie überholt und in so geringem Abstand, dass sie beim kleinsten Schlenker vom Rad gestürzt wäre. Staub wirbelte von dem trockenen sandigen Boden auf, als die beiden verrückt gewordenen an der Gruppe vorbei rasten. Der Erste war ihr vierzehnjähriger Sohn Ronald, der Zweite sein Opa. Es dauerte nicht lange und die beiden hatten das angrenzende Waldgebiet erreicht, in dem sie außer Sicht gerieten. Der Zweikampf verlief für beide mit wechselndem Erfolg. Mal lag Ronald vorn und mal der Opa. Nach zehnminütiger Fahrt an ihrer Leistungsgrenze gaben beide erschöpft auf, und sie einigten sich auf ein Unentschieden. Doch wo blieben die anderen? Sie hatten im hohen Tempo inzwischen schon mehrere Wegabzweigungen passiert. Aber Ronald meinte, es wäre nicht so schlimm, schließlich kennt er sich hier aus. Sie setzten ihre Fahrt geruhsam fort. Aber Ronald wurde immer kleinlauter. Als sie schließlich in einem Dorf ankamen, das er zuvor noch nie gesehen hatte, war klar, dass sie sich gründlich verfahren hatten.

Erst sehr spät hatten sie nach Hause zurückgefunden. Und sie trauten sich nicht zu fragen, wie lange die anderen schon zurück waren. Man hatte sich bereits Sorgen gemacht. „Wo ward ihr denn?" Ronald versuchte etwas umständlich zu erklären, was passiert war, und es war ihm sichtbar peinlich, dass er im Umfeld seines Wohnortes so völlig die Orientierung verloren hatte. Opa saß im Sessel, schwieg und überließ dem Jungen die ganze Erklärung. Aber er merkte, wie ihm die Schwiegertochter fragend und etwas verwundert ansah. Etwas peinlich war es für ihn schon. Dabei hatte ihn gar nicht die Absicht getrieben, seine Leistungsfähigkeit zu demonstrieren. Es waren nur diese Erinnerungen an seine Jugend und seine Freunde, an jene Zeit, als die Heimfahrt von der Schule, die täglich über eine Strecke von fünf Kilometern mit den Fahrrädern erfolgte, oftmals in eine wilde Wettfahrt ausartete. Ronald hatte sich zurückfallen lassen, bis er neben ihm fuhr und dann in herausfordernder Weise angezogen. Und der Opa hatte sich in dem Moment einfach vergessen.

Nun saß er etwas erschöpft im Sessel, und er war sich nicht sicher, ob Petra und die anderen bestätigt sahen, dass er in seiner Entwicklung etwas zurückgeblieben war. Auch von Christa kamen gelegentlich solche Andeutungen, und er konnte den Verdacht weder mit seinem guten Allgemeinwissen noch mit klugen Vorträgen an der Hochschule entkräften.

Und jetzt im Moment wunderte er sich selbst, dass er ein kleines Stück hinter der Blondine sitzend, nun schon wieder diese Lust verspürte, sie an ihrem schönen langen Haar zu ziehen. Dabei hätte er es eigentlich tun müssen. Denn auch die Blondine war eingeschlafen, und der Kopf der müden jungen Frau war schon so stark in Richtung Gang geneigt, dass er sich Sorgen machte, sie könnte in jedem Moment von ihrem Platz fallen. Ein kurzes Ziehen an ihrem langen Haar hätte vielleicht bewirkt, dass sie aufwacht und verhindert, dass sie in den Gang stürzt. Aber um als erwachsen zu gelten und nicht auf Unverständnis zu stoßen, musste sich Frank zurückhalten.

Jedoch gab es bedeutend jüngere Damen, bei denen er sich so etwas schon mal getraute. Seine Aufmerksamkeit galt manchmal ganz jungen Mädchen, auch solchen, die vielleicht gerade mal in die Schule gekommen waren. Einige waren ist diesem Alter schon ausgesprochen hübsch, und wenn Frank einen ihrer freundlichen Blicke wahrnahm, so meinte er schon etwas von dem Scharm und der weiblichen Ausstrahlung zu spüren, die sie später als gereifte junge Frauen begehrenswert machen würden. Und er versuchte sich dann vorzustellen, wie so eine hübsche Kleine wohl zehn Jahre später aussehen würde. Nur mit dem Lächeln mussten sich diese ganz jungen Damen noch zurückhalten. Und Frank spürte, dass sie es wussten und es peinlichst vermieden, einen Blick auf ihre Zähne zuzulassen. Denn mit ihren unverhältnismäßig großen Vorderzähnen und diversen Zahnlücken konnten sie andere eher erschrecken.

Es war erst im Spätsommer des vergangenen Jahres, als Frank einem so ausgesprochen hübschen Mädchen begegnet war, bei dem er nicht wusste, ob sie schon ein Schulkind war oder noch nicht. Das türkische Hotel, das er mit Christa gebucht hatte, gefiel auch dank seines weitläufigen und sehr gepflegten Außenbereiches, durch das viele verschlungene schmale Wege führten. Der anhaltend hohen Temperaturen wegen wurden früh und abends die Mahlzeiten in den Außenbereichen des Hotelrestaurants eingenommen. Frank war das Mädchen bald aufgefallen, das mit seinen Eltern manchmal am Nachbartisch speiste. Es war eine aufgeweckte und sehr hübsche Kleine, die ihm von Anfang an sympathisch war. Frank begegnete ihr oft auf den schmalen Wegen, wo sie hin und wieder auch ganz allein entlang schlenderte. Auch bei den Tagesreisen mit dem Bus war sie zusammen mit ihren Eltern dabei. Frank versuchte schon bald mit ihr anzubändeln. Ein freundlicher Blick und ein paar nette Worte genügten, um sich näher mit ihr bekannt zu machen. Doch was Frank ganz besonders reizvoll fand, war ihr hübsches blondes Haar, das nach hinten zu einem Pferdeschwanz zusammengebunden beim Gehen lustig hin und her schaukelte. Es war nicht einfach glatt fallendes Haar, sondern die Mutti hatte ihr da einige Locken hinein gedreht, die bei jeder Bewegung wie feine Federn zu wippen begannen. Frank wartete auf den Moment, wo er die schönen blonden Locken einmal anfassen konnte. Bei einem morgendlichen Rundgang durch das Gelände sah er sie dann allein vor sich herlaufen – ohne Eltern, und Christa war auch nicht in der Nähe. Er überzeugte sich, dass es in dem Moment auch sonst keine Beobachter gab. Ohne dass es die Kleine merkte, näherte er sich mit verhaltenem Schritt von hinten. Und dann fasste er in ihre lustig wippenden Locken und zog mit einem sanften Ruck an ihrem blonden Haar. Das Mädchen schoss mit ihrem Kopf sofort herum, griff besorgt nach ihrem Pferdeschwanz und Frank empfing einen vorwurfsvollen Blick. Aber er reagierte nicht darauf. Er ging gelassen an ihr vorbei und gab ihr somit zu verstehen: War ich doch nicht! Erst am Hoteleingang blieb er stehen, um sie zu beobachten. Sie wirkte etwas verunsichert, setzte aber ihren Spaziergang durch das Hotelgelände fort. Dabei griff sie ab und zu nach ihrem Haar, als wäre da irgendetwas nicht mehr in Ordnung. Frank sah ihr, zufrieden, dass er es endlich mal geschafft hatte, hinterher. Er dachte daran, dass hübsche Mädchen in seinem Leben schon frühzeitig eine wichtige Rolle gespielt hatten, und dass es schon in der ersten Klasse ein Mädchen gab, das zu seiner Auserwählten wurde. Dann sah er, wie die kleine

Blondine immer wieder ihre Arme nach oben nahm und nach ihrem Haar griff, und er hätte ihr am liebsten hinterher gerufen: Nun tu mal nicht so, als hätte ich deine ganze Frisur zerstört oder dir ein paar von deinen hübschen Locken ausgerissen! Aber egal, sagte sich Frank. Wenn ich jetzt mit ihr zusammen in die Schule käme, wäre sie bestimmt vom ersten Tag an meine Liebste.

Da schubste ihn jemand von der Seite an und riss ihn aus seinen Erinnerungen an diese Begebenheit. Lothar hatte sich mittlerweile intensiv mit seiner Landkarte beschäftigt. Er faltete sie etwas zusammen und reichte sie Frank. Lothar war immer gut mit Kartenmaterial ausgerüstet. Er hatte die Fahrtroute verfolgt, und nun zeigte er Frank genau die Stelle, wo sie sich im Moment befanden. Nur noch zirka 150 km waren sie entfernt von ihrem ersten großen Reiseziel, und höchstens noch eine Stunde konnte es dauern, bis sie in der Nähe von San Remo die italienische Riviera erreichen würden. Auch Christa wurde nun neugierig und ließ sich von Frank die momentane Position auf der Karte zeigen. Kurze Zeit später kündigte der Fahrer im gewohnten sächsischen Dialekt die nächste Fahrpause an. Diesmal hatte er kein Problem damit, einen freien Platz an der Autobahnraststätte zu finden.

Auf dem großen Parkplatzgelände hatte sich die Reisegruppe schnell zerstreut. Einige trugen ihre Kamera bei sich. Es lohnte sich wieder zu fotografieren. Sie hatten die flache Landschaft der Po-Ebene hinter sich gelassen und sanfte Hügel, die von Pflanzen der südlichen Region bewachsen waren, erschienen ringsumher als Vorboten jener küstennahen Berglandschaft, die sie bald erreichen würden. Monika hatte Mühe ihre Fahrgäste wieder einzusammeln, als es an der Zeit war, die Fahrt fortzusetzen. Die Strecke wurde kurvenreicher und das Landschaftsbild zunehmend interessanter. Frank vertrieb sich die Zeit mit seiner Kamera und dachte darüber nach, aus welchem Grund er diese Reise eigentlich vorgeschlagen hatte. Es waren schon immer ihre bevorzugten Urlaubsziele, jene Gebiete mit schöner Meeresküste und nahe gelegenen Bergen im Hintergrund. So bot sich eine Kombination von Erholung am Strand mit sportlichen Wandertouren in die Berge. Auch Lothar und Inge liebten imposante Berglandschaften mit schneebedeckten Gipfeln. Doch Lothar war einige Jahre älter als Frank, und bei jener gemeinsamen Urlaubsreise vor zwei Jahren hatte er seine körperlichen Grenzen heftig zu spüren bekommen. Von der Costa del Sol war es nicht weit bis zu den hohen Gebirgszügen der Sierra Nevada in der Provinz Granada. Von der Alhambra aus hatten sie den höchsten Gipfel Spaniens mit seiner weißen Kappe sehen können. Die beiden Männer packte der Ehrgeiz, und zwei Tage später saßen sie mit ihren Frauen in einem Leihwagen auf dem Weg zum letzten per Fahrzeug erreichbaren Ort vor dem Hauptmassiv des Mulhacen, dem höchsten Berg des spanischen Festlandes. Von dem kleinen hoch gelegenen Dorf aus ging es dann zu Fuß mehrere Stunden lang weiter bergauf. Die Bergkulisse wurde mit jedem Höhengewinn beeindruckender. Mehrere ausgedehnte Pausen stellten sicher, dass alle mithalten konnten. Mit dicken Stullen in der Hand und ausgewickelte Tomaten verzehrend saßen sie zwischen stachligen Sträuchern auf flachen großen Steinen. Und sie hatten Zeit ihren Blick auf die gewaltigen Hänge und auf das zurückgelassene Tal zu richten. Ab einer bestimmten Höhe aber blieben die beiden Frauen zurück. Inge hatte schon längere Zeit Beschwerden mit ihrer Hüfte. Sie hatte sich bis hierher tapfer geschlagen. Aber nun war für sie die Grenze erreicht. Christa blieb bei ihr, und sie fanden schnell eine bequeme Sitzgelegenheit mit phantastischem Ausblick in die Berge. Hier wollten sie bleiben und auf die Rückkehr ihrer Männer warten.

Frank und Lothar sahen nach oben zu dem Höhenrücken, der ihnen noch immer den Blick auf den Gipfel des fast 3500 m hohen Berges versperrte. Aber sie meinten, dass es bis da hoch nicht mehr allzu weit sein könnte, und sie machten sich wieder auf den Weg. Der in langgestreckten Serpentinen angelegte Wanderpfad wurde jedoch immer steiler, und der Aufstieg schien kein Ende zu nehmen. Frank merkte, dass Lothar nun Mühe hatte, ihm zu folgen. Schließlich ließ sich Lothar erschöpft auf einen Stein nieder und sagte, dass er Herzschmerzen hat und lieber abbrechen möchte. Frank wusste, wenn Lothar aufgab, dann musste es wirklich schlimm sein, denn er war ehrgeizig und hätte es nur allzu gern bis auf den Höhenrücken geschafft, der nun nicht mehr allzu weit entfernt sein konnte. Frank schaute auf seinen Höhenmesser, den er bei solchen Touren immer mit sich führte. „Knapp über zweitausend Meter", informierte er seinen Gefährten. Lothar ermunterte ihn, das letzte Stück allein zu gehen. Er würde hier auf ihn warten und sich ausruhen. Sehr still war es in dieser Höhe, und man fühlte sich verlassen und einsam. Nur ganz selten kamen Wanderer vorbei, die bis in diese Region vorgedrungen waren. Frank war sich nicht sicher, ob es richtig war, seinen Freund hier allein zurückzulassen. Aber Lothar meinte, er brauche sich keine Sorgen zu machen. Er solle nun das verbliebene Stück in Angriff nehmen, sonst wäre die ganze Exkursion und der mühevolle Aufstieg doch ein Misserfolg gewesen.

Frank brauchte noch zwanzig Minuten, bis er wirklich ganz oben war. Der Blick auf die riesige Bergkulisse war überwältigend. Hinter ihm lag der gewaltige Talkessel und vor ihm breitete sich hinter einer weiteren Talsenke jenes Bergmassiv mit seinem hohen Gipfel aus. Der Gipfel erschien Frank immer noch in unerreichbarer Ferne. Er war sich nun sicher, dass eine Besteigung einfache Touristen überforderte. Der Aufstieg bis ganz oben war wohl durchtrainierten Bergwanderern vorbehalten und innerhalb einer Tagestour sicher auch gar nicht zu schaffen. Frank zog wieder seinen Höhenmesser aus der Hosentasche: 2250 Meter. Da wäre bis zum 3480 Meter hohen Berggipfel doch noch einiges zu tun gewesen. Als junger Mann hätte er die Kraftreserven besessen, um noch ein Stück weiter zu gehen. Aber nun setzte auch ihm sein Alter Grenzen. Er fühlte sich nach dem mühsamen Aufstieg sehr erschöpft, er spürte sein Herz heftig schlagen und merkte, wie ihm die dünner gewordene Luft zu schaffen machte. Von dem hohen Plateau aus, das nur ganz spärlich bewachsen war, sah er sich noch einmal in alle Himmelsrichtungen um. Er nahm seine Nikon aus der Ledertasche und versuchte mit ein paar Aufnahmen das umliegende Panorama zu erfassen, schließlich auch als Beweis, dass er es überhaupt bis hierher geschafft hatte. Dann begann er gemächlich mit dem Abstieg. Dabei lag der gewaltige Talkessel immer vor ihm. Bald war Lothar in seine Sichtweite gekommen, und Frank fühlte sich erleichtert, als er sah, wie ihm sein Gefährte stehend zuwinkte.

„Wie geht es Dir?", rief er ihm zu, als er nur noch ein kleines Stück von ihm entfernt war „Geht schon!", beruhigte ihn Lothar. „Es ist schon wieder besser." Sie setzten den Abstieg nun gemeinsam und ohne Hast fort. Frank berichtete, was er vom Gipfel des Höhenrückens aus in der Ferne gesehen hatte. Dann entdeckten sie kaum hundert Meter entfernt einen Steinbock, der sich wie zur Präsentation auf einem Felsvorsprung positioniert hatte und von da aus hinunter ins Tal schaute. Frank griff schnell zur Kamera. Doch in dem Moment flüchtete der Steinbock, und Frank hatte Mühe, noch etwas von ihm aufs Bild zu bekommen. Er schaute auf dem kleinen Monitor nach und zeigte die Aufnahme Lothar. „Na ja, gerade noch zu sehen." Er veränderte mit der Zoom-Taste den Bildausschnitt, und nun konnte man das scheue Tier doch noch gut erkennen.

Bei dem entspannten Abwärtslaufen nahmen sie vieles genauer wahr als bei dem mühsamen Aufstieg. Und sie wunderten sich, wie weit sich der Weg hinzog bis zu jenem langen steilen Abhang, wo die beiden Frauen auf ihre Rückkehr warteten. Dort angekommen hatten sie sich erst einmal zu entschuldigen. Die vereinbarte Zeit war deutlich überschritten, und ihre Frauen hatten sich schon Sorgen gemacht.

Der gemeinsame Abstieg dauerte mehr als drei Stunden. Die Männer erzählten von ihren Erlebnissen und Lothar war es letztlich doch peinlich zugeben zu müssen, dass er kurz vor dem Ziel schlapp gemacht hatte. Aber mit den Einzelheiten dieses Vorfalls hielt er sich zurück. Erst am späten Abend, als ihre Urlaubsfreunde nicht mehr dabei waren, berichtete Frank etwas genauer über das, was passiert war. Christa meinte: „Da können wir ja heil froh sein, dass es noch so glimpflich ausgegangen ist. Dieser hochgelegene Ort inmitten der Berge, der keine Anfahrt mit einem Fahrzeug zuließ ... und ohne Handy für einen Notruf ... Nicht auszudenken, was hätte passieren können, wenn Lothar in ernsthafte Schwierigkeiten gekommen wäre."

Monate später erfuhren es Frank und Christa telefonisch. Lothar hatte nun auch ohne besondere Anstrengung des Öfteren Herzschmerzen. Als Ursache wurde eine Herzkranzverengung festgestellt, und Lothar erhielt vom Arzt striktes Verbot, sich noch einmal an einer solch anstrengenden Tour in dieser Höhenlage zu beteiligen.

Aber in diesen Tagen ging es Lothar gut. Die aufgeschlagene ADAC-Karte lag auf seinen Beinen, und er machte einen sehr zufriedenen Eindruck. Statt in großer Höhe bewegten sie sich nun nahe dem Meeresspiegel, und das schien ihm weit besser zu bekommen. Frank sprach ihn an und ließ sich die Stelle zeigen, wo sie gerade waren. Die momentane Position war immer noch ein ganzes Stück von der Meeresküste entfernt. Doch die dicht bewachsenen Bergrücken, welche die Strecke säumten, wurden immer höher. Dann zeigte Christa wichtigtuend nach draußen. Zu beiden Seiten der Fahrstrecke sah man die ersten vereinzelt stehenden Pinien. Franks Aufmerksamkeit galt nun den schönen hohen Bäumen, deren breite Kronen sich wie ein schützender Regenschirm über den Boden aufspannten. Ihre Stämme standen meist nicht senkrecht. Sie wuchsen unter dem Druck starker Winde oft stark geneigt nach oben. Die Rinde der hohen astfreien

Stämme war glatt, und ihre Farbe pendelte zwischen grau und hellbraun. Mit den hellgrünen Nadeln ihrer mächtigen Kronen hoben sich die Pinien deutlich von der Umgebung ab. Irgendwie hatte Frank beim Anblick dieser südlichen Kiefernart ein gutes Gefühl. Und ihm erschien es, als stünden diese schönen Bäume hier zur Begrüßung und als hätten er nun zusammen mit Christa und der ganzen Reisegruppe gerade das Eingangstor zur Cote d'Azur passiert.

Dann lenkten ihn auffällige Aktivitäten der Blondine von der Beobachtung der Umgebung ab. Sie suchte etwas in ihrer silbergrauen Tasche. Wenige Augenblicke später beobachtete Frank, dass sie eine kleine Nadel in ihrer Hand hielt und dann den Stich in ihre Fingerkuppe. Sie berührte den herausquellenden Bluttropfen mit der Sonde eines kleinen handlichen Messgerätes. Danach kramte sie erneut in ihrer Tasche, und dann sah er die kleine Spritze in ihrer Hand und wie sie diese an ihrem schlanken Oberarm ansetzte. Also es stimmt, dachte Frank, was Inge schon am Vortag bemerkt und es dann während einer Fahrtpause erzählt hatte. Frank gab Christa möglichst unauffällig einen Schubs. Aber er brauchte sie nicht darauf aufmerksam zu machen. Sie hatte es selbst schon beobachtet.

Christa fühlte, wie ihn die Krankheit der jungen Frau berührte, und sie versuchte, die Angelegenheit herunterzuspielen. „Du siehst doch, heute gibt es Mittel, dass die Betroffenen selbst damit zurechtkommen und kaum noch durch diese Krankheit behindert sind ... und sie kann sogar an einer solch langen Reise teilnehmen."

Frank sagte nichts mehr. Stimmt schon, dachte er sich. Sie macht ja auch sonst keinen kranken Eindruck, und sie bewegt sich flott wie jede andere junge Frau. „Und trotzdem", ging es ihm durch den Kopf. „Da wird es Einiges geben, was man so gar nicht wahrnimmt. Wie viele Einstiche in ihre zarten Finger und in ihre schlanken Arme kommen da im Laufe eines Jahres zusammen. Sie ist so ein hübsches Mädchen, aber wie macht sich das, wenn sie mit einem jungen Mann zusammen ist, wenn ständig diese Blutzuckerkontrollen erfolgen müssen und sie vielleicht im unpassendsten Moment erst ihre kleine Spritze ansetzen muss, bevor sie sich ihrem Partner wieder zuwenden kann. So mancher junge Mann wird es sich bereits überlegt haben, ob er eine dauerhafte Verbindung mit ihr eingehen will."

Frank konnte mit niemand darüber sprechen, was ihm beim Nachdenken über diese junge Frau bewegte. Man würde vielleicht fragen, was ihm die gesundheitlichen Probleme des Mädchens eigentlich angehen. Aber die hübsche Blondine war ihm mittlerweile vertraut geworden, und nun ging sie ihm etwas an. Es spielte keine Rolle, ob es andere verstanden. Er verstand auch so vieles nicht. Da gab es diese langen Fernsehserien und all jene, die es auf keinen Fall verpassen durften, wenn die Fortsetzung kam. Sie waren mit ihren Filmhelden so innig verbunden, dass sie oft in auffälliger Weise Anteil an deren Schicksal nahmen. Und wenn einem dieser Helden Unglück widerfuhr, dann wurden schon mal die Taschentücher hervor geholt, um die Tränen abzuwischen. Dabei waren die Menschen, die so viel Anteilnahme und Mitgefühl erfuhren, nur Schauspieler und die Handlung war eine erfundene Geschichte. Die junge Frau vor ihm aber war keine Gestalt in einer Filmrolle. Was er von ihr wahrnahm, war real, und ihre Probleme waren real und

Frank bedauerte es, dass er so wenig von ihr wusste. Frank fragte sich manchmal, ob es überhaupt etwas in dieser Welt gab, dass einem gar nichts anging. Wenn die Reise durch eine neue unbekannte Ortschaft verlief, dann fixierte er oft ein einzelnes Haus, die Tür, seine Fenster und den Garten. Und er fragte sich, wer wohl darin wohnte, ob es ein Haus voller Leben war, ob da Kinder wohnten, junge Leute oder Ältere, vielleicht einsame Menschen, Gebrechliche, Hilfsbedürftige. Er hätte gern angeklopft und sich erkundigt. Aber der Bus hielt nicht an, um seine Neugier zu befriedigen. Und er hätte auch nicht überall anklopfen können.

Ein Tagesausflug auf der Mittelmeerinsel Zypern hatte sie vor Jahren durch einige Dörfer geführt, die tief im Inneren des Landes lagen. Frank fiel auf, dass gegen Abend viele ältere Leute vor ihren Wohnhäusern auf Stühlen und kleinen Bänken saßen und in der noch wärmenden Sonne das Leben auf der vorbeiführenden Straße beobachteten. Vor einem dieser im landestypischen Stil gebauten kleinen Häuser saß ein alter Mann ganz allein. Er hielt etwas zittrig einen Gehstock in seiner Hand, und da der Bus die Stelle ganz langsam passierte, konnte Frank seine tiefbraune Gesichtshaut wahrnehmen, die von tiefen Falten durchfurcht war. Und Frank dachte, dass es schade war, dass er nichts von ihm wusste. Er hätte sich gern zu ihm gesetzt und den alten Mann aus seinem Leben erzählen lassen. Lebte seine Frau noch, oder wohnte er ganz allein in dem Haus. Wie viele Kinder hatte er und wie viele Enkel und hatte er oft Besuch von ihnen? Was war sein Beruf, und was hatte er alles so erlebt in den vielen Jahren seit seiner Kindheit. War er als Soldat im Krieg, hatte er Schlimmes erlebt oder große Enttäuschungen?

Was waren seine glücklichsten Stunden, und worauf war er besonders stolz? Frank ahnte, dass das, was dieser alte Mann aus seinem Leben zu erzählen hatte, einen Roman füllen würde. Und so war es bei vielen Menschen, wenngleich sie einem oft nur flüchtig begegneten. Aus der zufälligen Begegnung mit dieser jungen Frau, die hier in seinem unmittelbaren Blickfeld saß, aber könnte auch mehr als eine flüchtige Bekanntschaft werden, dachte sich Frank. Und er wusste, dass es sich bis zum Ende des zweiten Anreisetages möglicherweise entscheiden würde.

Nach dem erneuten Start von einem Parkplatz westlich von San Remo wurden Monikas Reisegäste zunehmend unruhiger. Zur rechten Seite ragten die Berge immer höher empor. Sie waren nun überall mit Pinienwäldern bedeckt. In den südlichen Ländern, die Frank und Christa bisher kennen gelernt hatten, waren die Berge in diesen Höhen meist nur spärlich bewachsen, nur von niedrigen anspruchslosen Pflanzen bedeckt. Die heiße Sonne hatte den Pflanzen arg mitgespielt. Braun und grau waren die dominierenden Farben der Höhenrücken. Aber hier schmückten ausgedehnte Pinienwälder die Berge, und das satte Grün der Baumkronen erstrahlte im hellen Licht der südlichen Sonne in allen Schattierungen. Zur linken Seite hatte das Gelände ein zunehmend stärkeres Gefälle, und Monikas Reisegäste warteten gespannt auf jenen Moment, wo sich zwischen Felsmassiven, wuchernden Büschen und Pinienwäldern ein freier Blick in die Ferne bot. Und dann ging ein Raunen durch die Reihen. Für wenige Augenblicke gab es diese Sicht auf eine große grau schimmernde Fläche, die am Horizont im Dunst verschwand. Wie auf ein Kommando richteten sich die

Köpfe der Reisegäste nach links. Ihr Reisebus hatte die italienische Mittelmeerküste erreicht, und sie wussten, dass sie nach der langen Reise nicht mehr weit entfernt waren von jenen Orten der Cote d'Azur, die sie besuchen wollten. Der Fahrer schaltete das Mikrophon ein und erklärte, dass die Reise nun längs der Mittelmeerküste weiter geht und bis zum ersten Reiseziel, dem Fürstenstaat Monaco, nur noch 70 km zurückzulegen sind.

Noch eine Fahrpause musste er einschieben. Kurz vor dem nächsten Rastplatz steuerte er den weißen Reisebus auf die rechte Fahrspur und lenkte ihn dann stark abgebremst über eine enge Kurve in ein weitläufiges Parkgelände. Die Reisegruppe verließ den klimatisierten Bus und zerstreute sich schnell auf den Plätzen und Wegen der gepflegten Anlage. Bereits nach Ankunft auf dem zuletzt erreichten Parkplatz hatte man einen Anstieg der Temperatur wahrgenommen. Aber nun war es ganz auffällig, und alle spürten die wohlige angenehme Wärme, und sie bemerkten, dass die Sonne sehr hoch am Himmel stand. Es ging auf den Monat Oktober zu, aber hier fühlten sie sich wie mitten im Sommer, doch eine sanfte Brise, die vom Meer her wehte, machte die sommerlichen Temperaturen gut erträglich.

Frank und Christa liefen in einem großen Bogen das ganze Parkplatzgelände ab. Wenn sie einem Ehepaar ihrer Reisegruppe begegneten, war Zeit für einen kurzen Gedankenaustausch und für ein paar freundliche Worte, die einander näher brachten. Sie alle hatten den größten Teil der langen Reise hinter sich gebracht, aber das wohltuende Klima und die Aussicht, bald am Ziel zu sein, vertrieb die Müdigkeit. Frank spürte ihre Aufgeschlossenheit und die gehobene Stimmung, in der sie nun alle waren.

Er schaute auf seine Uhr. „In zehn Minuten müssen wir zurück sein", sagte er zu Christa. Sie standen an einer Stelle, wo die breit auslaufende Krone einer Pinie Schatten spendete. Christa bückte sich und zeigte dann Frank einen kleinen abgefallenen Pinienzweig. Die langen hellgrünen Nadeln waren büschelartig um den Stil herum angeordnet. Christa strich mit ihrer Hand sanft über die Nadeln. „Nimm mal", sagte sie zu Frank. Er berührte vorsichtig den Pinienzweig. Es war ein ganz anderes Gefühl als bei den Fichtenzweigen, die er aus seiner Heimat kannte, wo die Nadeln viel kürzer waren und stachelten, wenn man sie berührte. Die Piniennadeln aber waren biegsam und weich. „Weich und sanft wie eine Frau!", meinte Frank. Christa sah ihn schmunzelnd an. „Na, du hast ja wieder Vergleiche!" Frank strich noch einmal mit seiner Hand über den kleinen Pinienzweig. Es war angenehm, die hellgrünen dünnen Nadeln zwischen den Fingern gleiten zu lassen. Dann sah er nach oben zu der weit gespannten Baumkrone. Er fand, dass von dem Baum etwas Friedliches und Beschützendes ausging, und es festigte sich seine Überzeugung, dass diese Pflanzen von weiblicher Natur waren.

Frank und Christa schlenderten gemütlich zu ihrem Bus zurück. Sie wählten einen kleinen Umweg, um die angenehme laue Luft, die vom Meer herüber wehte, noch eine Zeit lang zu genießen. Sie betrachteten die exotischen Pflanzen, die den Weg säumten und in verschiedenen Farben blühten. Sie bewunderten die Sauberkeit der Anlage, und ihr Blick schweifte über die umliegenden Berge, die mit dem hellen Grün der Pinienwälder geschmückt waren. Frank versäumte es, noch einmal auf die Uhr zu schauen, und sie ließen sich zu viel Zeit. Sie vermissten die gewohnte Ansammlung am Bus kurz vor der Abfahrt, und hinter den großen Glasscheiben war zu erkennen, dass alle schon auf ihren Plätzen saßen. Nur die Bordhilfe Monika stand wartend noch draußen vor der Fahrertür. „Entschuldigung", sagte Christa. „Nicht so schlimm", erwiderte Monika und winkte mit freundlicher Mine ab. Mit ein paar Minuten Verspätung setzte sich der weiße Reisebus wieder in Bewegung.

Frank schaute sich im Bus neugierig um, als wollte er prüfen, ob sich auch wirklich alle eingefunden hatten. Keiner der Reisegäste wirkte müde. Die meisten erschienen ihm wie aufgezogen, und sie schauten ständig nach draußen. Einige hielten ihre Kamera in Bereitschaft und warteten auf den Moment, wo erneut der Blick auf das noch weit entfernte Meer frei wurde. Nur das blonde Mädchen machte ihm einen müden Eindruck, und es schien, als versuchte die neben ihr sitzende alte Dame sie aufzumuntern. Sie redete ständig auf sie ein. Doch das junge Mädchen hielt ihre Zeitschrift in der Hand und zeigte kaum noch Lust, ihr zuzuhören. Was die alte Dame ihr Wichtiges zu erzählen hatte, konnte Frank nicht mitbekommen. Nur das leise und lang gezogene m...m, das gelegentlich aus dem Mund der jungen Frau kam, war von seiner Sitzposition aus zu hören. Frank empfand ihre gelangweilte Reaktion gegenüber der alten Dame schon fast als unhöflich. Aber die alte Dame merkte nicht, dass es nun besser war, das Mädchen neben ihr in Ruhe zu lassen.

Dabei war die Situation am Morgen des zweiten Reisetages noch eine ganz andere. Frank hatte während einer Fahrpause von Inge davon erfahren. Inge hatte den Gesprächen auf der Sitzreihe vor ihr hin und wieder gelauscht. Die alte Dame berichtete von Begegnungen mit Prominenten und Künstlern. Jedenfalls erzählte sie so detailliert von solchen Kontakten, dass Inge annahm, sie hatte berufsbedingt einmal häufig mit solchen Leuten zu tun. Die Blondine hatte interessiert zugehört und Fragen gestellt, die vermuten ließen, dass sie selbst in irgendeiner Weise künstlerisch tätig war oder werden wollte.

Frank fiel sofort ein, dass auch Cannes zu den Zielorten ihrer Reise gehörte. Vielleicht trennt sich das blonde Mädchen gar nicht in Nizza von ihrer Reisegruppe, sondern erst in Cannes, dachte Frank. Vielleicht hatte sie dort einen Treff mit Filmschauspielern oder einen Vorstellungstermin bei einem Regisseur. Auch das hätte das Rätsel ihrer Beteiligung an dieser Reise geklärt. Und so ganz absurd erschien Frank der Gedanke nicht. Sicher gab es hunderte und tausende junger Frauen, die genau so gut aussahen wie sie, oder noch hübscher waren. Aber in ihrem Antlitz fand sich etwas Besonderes. Ihre Gesichtszüge waren unverwechselbar, und Frank war sich sicher, dass er sie bei einer zufälligen Begegnung zehn Jahre später sofort wiedererkennen würde. Ihre nach außen spitz zulaufenden Augen wirkten exotisch, und ihr verträumter Blick vermittelte einen Hauch von Melancholie und manchmal von Trauer. Es war nicht auszuschließen, dass sie ein Filmproduzent entdeckt hatte, und meinte, dass er eine bestimmte Rolle in seinem neuesten Filmprojekt mit ihr gut besetzen könnte. Vielleicht hatte sie sich darüber mit der alten Dame unterhalten, dachte Frank. Aber im Moment befasste sie sich nur mit ihrer Zeitung, und sie war nahe daran, dabei einzuschlafen.

Der Großteil der Reisegäste wirkte dagegen sehr aufgeweckt und beobachtete fast ununterbrochen das vorbeiziehende Panorama. Und dann vernahm Frank hinter sich laute Stimmen. Er schaute nach links und wusste sogleich, was der Grund der Aufregung war. Das Gelände fiel jetzt zur linken Seite steil ab, und es bot sich ein Blick auf das Meer, das jetzt nur noch wenige hundert Meter von der Fahrstrecke entfernt war. Der Reisebus war nach langer Fahrt direkt an der italienischen Riviera angelangt, und den Augen der Reisenden bot sich ein phantastischer Anblick. Frank beeilte sich, seine Kamera in Position zu bringen. Unter den Strahlen der hochstehenden Sonne zeigte sich das Meer in himmelblauer Farbe, ganz so, wie es in den Reiseprospekten versprochen war. Die steil zum Meer hin abfallende und weitgehend felsige Küstenlandschaft wirkte bizarr, und sie war von vielerlei Pflanzenarten bewachsen, welche die Reisenden aus ihrer nördlichen Heimat nicht kannten. Auch die Blondine war durch die allgemeine Unruhe im Bus munter geworden. Unerwartet schnell hatte sie ihre Handykamera aus der Tasche geholt. Die alte Dame drückte sich wieder höflich nach hinten an die Sitzlehne, um der jungen Frau unbehinderte Sicht nach draußen zu gewähren. Ein tiefer Talkessel, der von einer langen steinernen Brücke überspannt wurde, erschien im Blickfeld der Reisenden. Zwischen den Brückenbögen glitzerte das Meer. Die Blondine drückte ein paar Mal den Auslöser ihrer Kamera. Frank verpasste den richtigen Augenblick. Eine bewaldete Bergkuppe versperrte für einige Zeit den Blick auf die Brücke. Erst aus größerer Distanz und nach rückwärts gewandt gelang ihm die Aufnahme von dem imposanten Bauwerk mit dem blauen Meer im Hintergrund.

Dann entfernte sich die Fahrstrecke erneut von der Meeresküste, und es lohnte sich kaum noch nach besonderen Motiven Ausschau zu halten. Frank prüfte die aufgenommenen Bilder auf dem Monitor seiner Kamera, und er nutzte die Zeit, um alle misslungenen Bilder zu löschen. Er stellte die Bildwiedergabe auf das erste Foto, das er während der Fahrt entlang der Küste gemacht hatte, und übergab Christa seine Kamera. Sie schaltete durch Drücken der Pfeiltaste Bild für Bild weiter und fand lobende Worte für die gelungenen Aufnahmen.

Der weiße Reisebus mit den Palmwedeln bewegte sich indes weiter entlang der Küstenstraße in südwestliche Richtung, und nach einiger Zeit kam er dem Meer erneut sehr nahe. Doch kaum hatten es einige Reisende entdeckt, verschwand es schon wieder hinter Bergrücken und Pinienwäldern. Zeitweise fuhr der Bus aber so nahe entlang der Meeresküste, dass man den sanften Wellengang und die Brandung am Ufer beobachten konnte. Dann bemerkte Frank einen auffälligen Anstieg des Streckenverlaufes und dass es nun zur linken Seite extrem steil nach unten ging. Bizarre felsige Hänge verbanden die Meeresküste mit der weit oben gelegenen Küstenstraße. Zwischen den felsigen Hängen wachsende Kakteen, exotisches Buschwerk und kleinere Palmen mit ausgereiften Früchten belebten die Küstenlandschaft mit vielen Farben. Bald entdeckten die Reisenden auch einzelne weißgetünchte Häuser mit roten Dächern, und schließlich sahen sie ganze Dörfer, die wie Schwalbennester an die steilen Küstenhänge gebaut waren. Erneut ging die Fahrt ein Stück weiter nach oben, und der Fahrer steuerte den Bus um einen bewaldeten Hügel, der den Reisenden noch einmal den Blick auf das Meer versperrte. Doch als der Hügel umfahren war, wurde es plötzlich sehr laut im Bus, und die große Aufregung ließ auch den letzten müden Reisegast munter werden. Einige der Fahrgäste auf der rechten Sitzreihe erhoben sich von ihren Plätzen, um nichts zu verpassen. Eine ganze Stadt, die dicht an den steilen Uferhang empor gewachsen schien, war in ihr Blickfeld gekommen. Es war das erste Ziel ihrer langen Reise. Lothar blickte mit froher Miene zu seinen Urlaubsfreunden. „Monaco!", sagte er wichtigtuend. Der Fahrer schaltete das Mikrofon zu, um seinen Fahrgästen mitzuteilen, was sie in dem Moment schon wussten. Von nun an eröffneten sich den Reisenden immer neue Blicke auf die sonderbare Stadt. Auf engstem Raum konzentriert drängte sich ein Häusermeer an die nach oben führenden Hänge. Man sah eine Mischung moderner Hochhäuser und alter ehrwürdiger Gebäude und einen größeren Hafen, in dem Schiffe verschiedenster Bauarten sowie zahlreiche kleinere Boote festgemacht hatten. In einiger Entfernung zur Hafeneinfahrt ankerte ein großes Kreuzfahrtschiff. Die Rückseite der Hafenanlage wurde durch eine auffällige Landzunge begrenzt. Es handelte sich um eine felsige Halbinsel, die zum Teil nach Art einer Festung durch hohe steinerne Mauern vom Meer abgetrennt war. Man erblickte auf ihr einige große historische Gebäude und in ihrer Mitte dicht zusammengedrängt eine Vielzahl kleinerer Wohnhäuser mit roten Dächern. Das satte Grün mehrerer Parkanlagen lockerte die Bebauung der weit ins Meer ragenden Halbinsel auf. Der Fahrer bemühte sich die wichtigsten Informationen per Lautsprecher an seine Reisegruppe zu vermitteln. Aber viele der Fahrgäste wussten ohnehin schon Bescheid. Auf der befestigten Halbinsel befand sich das wichtigste Gebäude der Stadt, der Fürstenpalast.

Die felsige Landzunge war der traditionelle Regierungssitz dieses kleinsten Staates der Welt. Auf dem Dach des Palastes wehte eine rot-weiße Fahne „Die gehisste Fahne auf dem Palast bedeutet, dass sich der Fürst von Monaco in seiner Residenz aufhält", wusste der Herr, der hinter Christa saß, beizusteuern.

Eine halbe Stunde später hatte der weiße Reisebus seinen Standplatz in einer weiträumigen Tiefgarage erreicht. Nach zurückgelegter Fahrt durch einen längeren Tunnel wussten weder Frank noch seine Urlaubsfreunde, an welcher Stelle der Stadt sie sich nun befanden. Eine Reiseleiterin, die bei einem kurzen Halt inmitten der Stadt zugestiegen war, sammelte ihre Gruppe und mahnte alle eindringlich, ihr zu folgen und dicht zusammenzubleiben. Sie hatte allen Grund besorgt zu sein. Der Weg führte durch belebte Hallen und Gänge. Über mehrere Treppen und Aufzüge und inmitten des Gedränges zahlreicher anderer Reisegruppen ging es Etage für Etage nach oben. Frank nahm Christa an die Hand, um sie in diesem Durcheinander nicht zu verlieren. Nur dann, wenn sie auf der Stufe einer Rolltreppe standen, die sie gemächlich nach oben beförderte, war Zeit sich etwas umzusehen. Die Blondine war nicht mehr im Blickfeld. Aber nur wenige Meter voraus sah Frank die alte Dame, die sich mit einer Krücke unter dem Arm und gestützt von ihrer Begleiterin bemühte mitzuhalten. Am Ende der Rolltreppe führte jeweils ein längerer Gang zur nächsten. Niemand hatte hier die Möglichkeit, sich nach eigenem Ermessen vorwärts zu bewegen. Man musste einfach im Strom der Menschenmenge mitschwimmen, und Frank sah die alte Dame mit hochrotem Kopf, er sah ihre stark gebeugte Körperhaltung und die hektisch schnell bewegte Krücke unter ihrem rechten Arm. Und er fühlte, dass sie am Ende ihrer Leistungsfähigkeit angekommen war. Ihre Begleiterin bemühte sich, den Anschluss nicht zu verlieren und zerrte sie durch die Gänge dieses Labyrinths. Frank dachte, dass sich die alte Dame mit dieser Reise wohl doch etwas zu viel vorgenommen hatte. Es berührte ihn, und er fühlte sich erleichtert, als sicher war, dass sie es doch geschafft hatte. Frank und Christa und die alte Dame mit ihrer Begleiterin kamen gemeinsam oben an.

Nach der Rückkehr ans Tageslicht versuchte Frank herauszufinden, wo sie sich denn nun befanden. Er war etwas überrascht, denn sie standen direkt vor einem jener gewichtigen Gebäude, die sie schon bei der Annäherung an die Stadt auf der befestigten Landzunge entdeckt hatten. Das im klassischen Stil erbaute Gebäude vor ihnen war das Marinemuseum und befand sich am hinteren Ende der Landzunge.

Die Reiseleiterin wartete neben dem Ausgang jenes unterirdischen Labyrinths. Mit lebhaften Gebärden versuchte sie ihre Gruppe um sich zu versammeln. Doch ihr Versuch, die Vollständigkeit der ihr anvertrauten Reisegruppe mittels Durchzählen zu kontrollieren, wurde auf dem überaus belebten Platz zu einer schwierigen Angelegenheit.

Frank hielt Christa immer noch an der Hand, und er entdeckte nun auch das blonde Mädchen wieder. Sie stand inmitten der Menschenansammlung dicht neben der Reiseleiterin, und Frank brauchte sie nicht als vermisst zu melden. Es erschien Frank fast wie ein Wunder, dass sich hier alle eingefunden hatten. Die Reiseleiterin winkte zum Aufbruch und führte ihre Gruppe an eine Stelle, wo es etwas ruhiger war. Sie begann etwas über das ozeanische Museum zu erzählen. Einige Herren interessierte mehr das kleine gelbe Tauchboot, das vor dem Museum aufgestellt war, und sie konnten es kaum fassen, dass es ein Mensch, so auf kleinstem Raum eingezwängt, gewagt hatte, in die finsteren Tiefen des Meeres zu tauchen. Wer in der Nähe der Reiseleiterin blieb und zuhörte, erfuhr nun etwas über die Geschichte des Museums und dass es durch den bekannten Meeresforscher Jacques-Yves Cousteau, der lange Zeit Leiter des ozeanischen Museums war, weltberühmt wurde. Die Sonne stand immer noch hoch am Himmel, und es wurde auf dem Platz für einige schon unerträglich warm. Die Reiseleiterin bemerkte es, beendete ihren Vortrag und führte ihre Gruppe entlang der schattigen Wege einer Parkanlage zur nächsten Stelle, die ihr für weitere Ausführungen geeignet erschien. Inge blieb oft zurück, um ihr völlig unbekannte Pflanzen mit außergewöhnlichen Blüten und Blattformen genauer zu betrachten. Christa gesellte sich dann meist zu ihr, und sie bestaunten gemeinsam die Vielfalt exotischer Koniferen, die im Schatten hoher Pinien ihre Blütenpracht entfalteten. Die Reisegruppe bewegte sich gemächlich auf schmalen, im Wechsel leicht fallenden und dann wieder nach oben führenden Wegen durch die Parkanlage. Dabei gaben Bepflanzungslücken immer wieder den Blick auf das tiefer liegende und blau glitzernde Meer frei, das die mit dicken Steinmauern befestigte Halbinsel umschloss.

Als die Reiseleiterin ihre Gruppe erneut um sich versammelte, hatte sie einen schattigen Platz neben einer sehr breiten Treppe ausgesucht, die von der Parkanlage auf eine höher gelegene Plattform führte. Die grau asphaltierte

Plattform war der Vorplatz eines monumentalen Gebäudes. Die Reisegruppe stand vor der berühmten Kathedrale der Fürstenresidenz. Die Reiseleiterin begann mit ihren Ausführungen zur Geschichte der Kathedrale, die über mehrere Jahrhunderte Begräbnisstätte der Fürstenfamilie von Monaco war. Sie informierte ihre Gäste über die baulichen Besonderheiten des Gotteshauses, das im neoromanischen Stil erbaut worden war, und sie sprach über Fürst Rainer 3. und seine Gemahlin Gracia Patricia, die man als letzte in der Fürstengruft bestattet hatte. Dann gab sie noch ein paar Hinweise zu den Sehenswürdigkeiten im Innenraum der Kathedrale, den ihre Gäste gleich betreten sollten. Alle Informationen mussten draußen gegeben werden, ließ sie ihre Gäste wissen, denn im Inneren der Kathedrale galt für die Führer von Reisegruppen Redeverbot.

Das Wichtigste war gesagt, und die Mitglieder ihrer Reisegruppe drängelten sich nun zusammen mit einer Menge anderen Touristen durch das kunstvoll gestaltete Eingangsportal der Kathedrale. Frank war noch damit beschäftigt, die günstigste Position für eine Außenaufnahme der Kathedrale zu finden. Er betrat den dunklen Innenraum der Kirche als Letzter. Mehrere Reisegruppen bewegten sich auf dem breiten Mittelgang. Sie schoben sich langsam zwischen den Bankreihen hindurch bis an das hintere Ende des hohen Kirchenschiffes. Eine wachsende Menschenmenge staute sich dort. Frank drängelte sich dazwischen und hatte bald herausgefunden, was es an dieser Stelle zu sehen gab. Die Besucher der Kathedrale verweilten an der Grabstätte der Fürstenfamilie. Zwischen zwei mächtigen Säulen im Hinterteil des Kirchenschiffes war sie in Form eines Rondells angelegt, das man umrunden konnte. Frank entdeckte in diesem Menschengedränge das blonde Mädchen, das schon dabei war, die Grabplatten zu fotografieren. Sie stand dicht vor den steinernen Grabplatten an dem dicken Absperrseil, das das gesamte Rondell umspannte und die Besucher der Grabstätte auf Abstand hielt. Frank lief an ihr vorbei und reihte sich in den Strom der Besucher ein, welche langsam um die Grabstätte herum liefen. Die Bewegung geriet immer wieder ins Stocken, und als Frank fast das halbe Rondell umrundet hatte, schaute er hinüber auf die andere Seite, wo die Blondine immer noch eifrig dabei war, eine Grabplatte nach der anderen abzulichten.

„Was soll das?", sprach er sie über das Rondell hinweg in Gedanken an. „Du kennst doch die Leute, die hier bestattet liegen, so und so nicht – nicht einmal von ihren Namen her!"

Es schien Frank, als hätte sie seine Anmerkung wahrgenommen. Nur wenige Augenblicke später nahm sie ihre Handykamera beiseite und reihte sich ohne weitere Grabplatten abzulichten in die Besucherschlange ein, die sich nur langsam vorwärtskommend um die abgesperrte Grabanlage herum bewegte. Auch Frank ließ sich von der schaulustigen Menschenmenge treiben, und er blieb erst wieder stehen, als er entdeckt hatte, was er eigentlich suchte. Er drängelte sich ganz dicht an das Absperrseil heran, schaltet seine Kamera ein und stellte sie wegen der schlechten Lichtverhältnisse und Blitzlichtverbot auf die höchste ISO-Zahl um. Er zoomte mit der Kameraoptik bis die ganze Grabplatte im Bild, die Innschrift aber immer noch gut zu lesen war. Dann löste er mehrmals aus, und man hörte das leise Klicken seiner Kamera. Als er gerade dabei war, seine Kamera wieder in der kleinen schwarzen Ledertasche zu verstauen, stand plötzlich das blonde Mädchen direkt neben ihm. Na ja, dachte sich Frank, wo ein Herr ihrer Reisegruppe stehen blieb, um zu fotografieren, da musste es doch etwas Wichtiges zu sehen geben. Frank ging höflich einen Schritt zur Seite, so dass sich die junge Frau direkt an das Absperrseil vor der Grabplatte stellen konnte. Es war die letzte Ruhestätte Fürst Rainers Gemahlin, der bekannten Schauspielerin Grace Kelly, die vor fast dreißig Jahren bei einem Autounfall ums Leben gekommen war. Eine noch ganz frisch wirkende dunkelrote Rose war auf ihrer Grabplatte abgelegt und zeugte von der Verehrung, die man der verstorbenen Frau, der einstigen Fürstin von Monaco, nach so langer Zeit noch entgegen brachte. Das blonde Mädchen brachte ihre Handykamera in Position, suchte auf dem kleinen Monitor nach dem richtigen Bildausschnitt und drückte mehrmals ab. Frank fühlte, dass dies der Moment war, mit ihr ins Gespräch zu kommen. War es doch ganz natürlich, dass man sich bei solch einer Gelegenheit etwas näher kam und nicht abgeneigt war, mit einem Mitglied der eigenen Reisegruppe ein paar Gedanken auszutauschen. Dennoch überlegte Frank, wie er sie ansprechen sollte, ohne dass es irgendwie aufdringlich und plump wirkte. Und ihm wäre es am liebsten gewesen, sie würde zuerst etwas sagen. Aber sie sagte nichts, und Frank zögerte zu lange. Sie brach ihre Fotoaktion ab, verschwand schnell hinter seinem Rücken und reihte sich in die Menge der Leute ein, die sich ohne Hast wieder auf den Ausgang der Kathedrale zu bewegten. Frank sah sich noch eine Weile in dem ehrwürdigen Gebäude um, und als er über die Stufen des Eingangsportales nach außen kam, wartet Christa dort auf ihn, und die Reise-

leiterin versammelte mit lebhaften Gesten und lautem
Rufen ihre Gruppe um sich. Dann schritt die wendige
Frau in ihrem dünnen Sommerkleid wieder voran, und
sie führte ihre Reisegruppe weiter entlang einem breit
angelegten Fußweg, der durchgängig mit rotbraunen
Pflastersteinen belegt und von blühenden Büschen und
stachligen Kakteen gesäumt war. Sie führte ihre Gruppe
entlang der hohen Festungsmauer bis zu einer Stelle,
von der aus das ganze Häusermeer der sonderbaren
Stadt und ihre Hafenanlage in das Blickfeld ihrer Gäste
kamen. Sie suchte nach einem ruhigen Ort und Distanz
zu dem quirligen Touristenstrom. Nachdem jeder einzelne ihrer Reisegruppe seinen Platz im Schatten hoher
Pinien gefunden hatte, begann sie über die Entstehungsgeschichte der Stadt zu erzählen, über ihre Eigenheiten
und Sehenswürdigkeiten und über die gegenwärtige Bedeutung dieses zur Stadt geschrumpften Zwergstaates.
Ehrwürdige alte Gebäude und modernste Architektur
drängten sich auf eine Fläche von knapp zwei Quadratkilometer. Aus Platzmangel waren viele Einrichtungen
unter der Erde angelegt, wo sie durch ein Labyrinth von
Tunneln und Aufzügen miteinander verbunden waren.
Vor allem der Tourismus war die Einnahmequelle, welche
die Stadt zum Wirtschaftsriesen gemacht hatte. Infolge
Steuerfreiheit und niedriger Kriminalität war sie zu einer
Oase für Millionäre geworden. Die Reiseleiterin zeigte
über die Mauer und den Hafen hinweg zu dem Stadtteil Monte Carlo, wo sich das von hier aus gut sichtbare
berühmte Spielkasino befand. Dann erkundigten sich
einige Männer ihrer Reisegruppe nach dem spektakulären
Formel1-Rennen mitten durch die Stadt. Sie hatten sich
von dieser Stadt und ihrer Beengtheit ein Bild machen

können, und nun fiel es ihnen schwer, sich ein Autorennen auf diesen Straßen vorzustellen. Aber die letzten Fürsten von Monaco waren Autoliebhaber. „Sie wollten es so!", erklärte die Reiseleiterin.

Der sehr munter und interessant gehaltene Vortrag ging zu Ende, und Frank nahm Christa wieder an die Hand, um sie in dem Touristentrubel nicht zu verlieren. Auch Lothar und Inge waren bis zum Schluss aufmerksame Zuhörer geblieben. Nur einige der eifrigsten Fotografen hatten es beim Anblick des Stadtpanoramas nicht abwarten können und sich bereits abgesetzt. Auch das blonde Mädchen hatte sich schon vor Ende des Vortrags von der Gruppe entfernt. Sie lief eilig zwischen Pinien, Mandelbäumchen und blühenden Kakteen umher, und nun ging sie nach immer neuen Motiven Ausschau haltend mit ihrer Handykamera an der langen Steinmauer entlang, die fast senkrecht hinunter zum Meer und der angrenzenden Hafenanlage abfiel. Die Reiseleiterin zeigte den verbliebenen Zuhörern den Weg zum Fürstenpalast, der bald erreicht sein sollte, wenn man sich in der eingeschlagenen Richtung entlang der Festungsmauer weiter bewegte. Die Sicht auf die einzigartige Stadt und ihre Hafenanlage wurde immer beeindruckender. Auch Frank und Lothar begaben sich nun auf die Jagd nach Motiven, und sie entfernten sich dabei immer öfter und immer weiter von ihren Frauen. Jeder der umherstreunenden Hobbyfotografen beobachtete das Treiben der anderen. Hatte Frank eine besonders gute Stelle ausfindig gemacht, so dauerte es meist nicht lange, bis ein anderer der Reisegruppe mit seiner Kamera neben ihm stand. Das überwältigende Panorama und die verbindende Absicht, davon so viel wie möglich mit der Kamera einzufangen, machte sie alle aufgeschlossen und gesprächig. Auch das blonde Mädchen interessierte sich sehr für jene Stellen, an denen sich andere ihrer Reisegruppe auffällig lange mit ihrer Kamera aufhielten. Hin und wieder war sie auch Frank dabei sehr nahe gekommen. Und Frank nutzte die Gelegenheit, das hübsche Mädchen in einigen seiner Aufnahmen einzubeziehen, wobei er dann einige Schritte hinter ihr stand, so dass sie es nicht bemerkte. Auf einem etwas höher gelegenen Plateau seitlich des Panoramaweges, der sich nun von der Festungsmauer entfernte und nach einem Linksschwenk in Richtung Fürstenpalast führte, entdeckte Frank erneut einen großartigen Ausblick auf die Stadt. Es dauerte nicht lange, und das blonde Mädchen stand nur wenige Schritte entfernt neben ihm. Der Großteil der Reisegruppe war schon weiter gegangen, während das Mädchen nahe bei ihm auf dem Plateau stand und in dichter Folge die Auslösetaste ihrer Handykamera drückte. Na, dachte sich Frank, du findest die Stelle wohl auch gut! Wenn du deine Kamera in diese Richtung hältst und etwas heranzoomst, bekommst du auch noch das weit hinten liegende Spielkasino mit aufs Bild. Nur wenige Augenblicke später sprach er sie in Gedanken erneut an: „Willst du mir nicht mal deine Kamera geben, ich könnte eine schöne Aufnahme von dir machen – mit diesem Stadt- und Hafenpanorama im Hintergrund." Frank merkte, dass er immer häufiger in Gedanken mit ihr redete. Und er sprach sie dabei ohne zu zögern mit du an, gerade so, als würde er sie schon längere Zeit kennen.

Er wusste, dass er das nicht machen konnte, falls es tatsächlich zu einem Gespräch mit ihr kommen würde. Es war so eine günstige Gelegenheit dafür, und er dachte, dass es nun wirklich an der Zeit ist, einen Anfang zu machen. Ein einziger freundlicher Blick von ihr hätte genügt. Er wartete darauf, dass sie mit irgendeiner netten Geste Kontaktbereitschaft signalisierte. Frank hatte längst beobachtet, dass sie sich auch zu den anderen Teilnehmern der Reisegruppe sehr distanziert verhielt, und er hatte sie auch noch nie mit einem der alten Herrn im Gespräch gesehen. Aber jetzt, wo sie so nahe bei ihm stand, musste er es ihr noch einmal deutlich sagen, und er hoffte, dass sie es vernahm, auch ohne dass er es laut aussprach. Frank schaute ihr von der Seite zu und beobachtete, wie sie eifrig mit ihrer Kamera hantierte. „Hörst du", sprach er sie in Gedanken an. „Ich sage es dir noch einmal. Du kannst meinetwegen all diese ergrauten Herren deiner Reisegruppe ignorieren, aber nicht mich!" Vielleicht hätte er es doch besser laut sagen sollen. Denn sie enttäuschte seine Hoffnungen erneut. Als sie ihre Aufnahmen gemacht hatte, lief sie, ohne ihn auch nur die geringste Aufmerksamkeit zu schenken, von der Stelle weg, um sich jenem Teil ihrer Reisegruppe anzuschließen, der sich schon ein Stück dem Fürstenpalast genähert hatte.

Auch Frank verließ nun die von dicken Mauern eingegrenzte Plattform. Er ging an einer großen Skulptur vorbei, deren Bedeutung er nicht kannte, an pyramidenförmig aufgestapelten Kanonenkugeln und einer alten großen Kanone, die auf das offene Meer gerichtet war. Er schaute sich suchend um und sah, dass es sich Christa und seine Urlaubsfreunde auf einer im Schatten gelegenen Bank gemütlich gemacht hatten und dass sie auf ihn warteten. Als er zu ihnen trat, erhoben sie sich sogleich von ihren Plätzen. Frank nahm Christa wieder an die

Hand, und nach wenigen Minuten stand er zusammen mit ihr inmitten einer großen Menschenansammlung, die nur eine dicke eiserne Absperrkette davon abhielt, sich dem Gebäude, vor dem sie standen, noch weiter zu nähern. Die meisten der Touristen musste das dreigeschossige Gebäude mit seiner hellorangen Fassade an einen Palast aus der Märchenwelt erinnern. Hier waren bauliche Stilrichtungen vom Mittelalter bis zur Renaissance vereint. Mehrere mittelalterliche Türme mit Zinnen überragten das Gebäude und das kunstvoll gestaltete barocke Eingangsportal wurde von zwei Wachhäuschen mit roten Dächern frankiert. Ein Wachsoldat, dessen Helm und weiße Uniform an längst vergangene Zeiten erinnerten, stand unbeweglich mit Gewehr bei Fuß vor einem der beiden Wachhäuschen. Zusammen mit den hohen bewaldeten Bergen im Hintergrund bot der Palast den Augen der Besucher ein malerisches und unverwechselbares Panorama.

Frank drängelte sich bis vor an die Absperrkette und zog Christa hinter sich her. Die Reiseleiterin hatte auf die bevorstehende Wachablösung hingewiesen. Frank schaute auf die Uhr, holte seine Kamera aus der schwarzen Ledertasche und stellte sie auf Videoaufnahme um. Nur wenige Minuten später kam Bewegung in die Szene. Ein Offizier in der weißen Uniform der Palastwache erschien am Eingangsportal des Palastes und leitete die Wachablösung. Frank startete die Videoaufnahme. Erst seit einiger Zeit war er im Besitz einer Kamera, die auch filmen konnte. Die Wachablösung vollzog sich nach einem festen militärischen Zeremoniell. Man sah zackig und präzise ausgeführte Bewegungen und nach einigen Minuten war der Wachsoldat am Eingang des Palastes durch einen anderen ersetzt. Dann bot sich wieder das gleiche Bild wie wenige Minuten zuvor, und man sah den Soldaten in weißer Uniform reglos wie eine Wachsfigur vor dem Wachhäuschen stehen.

Die Menschenansammlung vor dem Fürstenpalast löste sich schnell auf, und Frank sah höchstens zehn Meter entfernt das blonde Mädchen stehen. Sie stand zusammen mit der alten Gouvernante und ihren beiden Freundinnen noch immer an der Absperrkette. Na, hätte er sie gern gefragt, hast du die Szene auch gefilmt? Waren mit der Handykamera, die sie hatte, überhaupt Filmaufnahmen möglich? Das alles hätte er sie fragen können, und er bedauerte es sehr, dass es bisher zu keiner Annäherung gekommen war. Es schien ihm so, als gab es für diese junge Frau keine anderen Gesprächspartner, als die drei alten Damen.

Der Blick über den Vorplatz des Palastes war nun wieder frei geworden. Frank fiel auf, dass die braun asphaltierte Fläche vor dem Palasteingang durch mehrere helle Muster unterbrochen war. Bei genauerem Hinsehen erkannte man das geometrische Muster einer großen Windrose, deren Pfeile wie vom Eingangsportal ausgehende Strahlen erschienen.

Nun kam es Frank deutlich in Erinnerung. Er wusste, dass er die Stelle schon einmal gesehen hatte, und er sprach Christa darauf an. „Erinnerst du dich? Ist das nicht der Ort, wo der lange rote Teppich ausgerollt war – am Tag der Trauung des Fürstenpaares?" Christa überlegte einen Moment und dann meinte sie: „Stimmt, hier muss es gewesen sein!" Erst wenige Monate zuvor hatten sie die Feierlichkeiten zur Trauung des Paares im Fernsehen verfolgt. Hier waren die hohen Gäste aus aller Welt empfangen worden. Sie fuhren mit ihren Limousinen bis zu dieser Stelle vor und schritten dann über den roten Teppich bis zu ihren Sitzplätzen auf dem Vorplatz des Palastes.

Christa hätte sich normalerweise nicht die Zeit genommen, um diese spektakuläre Trauung zu verfolgen, die weltweit über die Fernsehkanäle ausgestrahlt wurde. Aber als ihr Frank das Bild auf dem neuen großen Fernsehmonitor gezeigt hatte, konnte sie sich der Faszination der übertragenen Bilder nicht entziehen. Die kräftig leuchtenden Farben, die extreme Schärfe der Bilder und die großformatige Darstellung ließen sie nicht mehr vom Fernsehgerät weichen. Man sah die prachtvolle Hochzeitskutsche und die hübsche doch sehr angespannt wirkende Braut mit ihrer ernsten und fast bewegungslosen Mine in Großaufnahme. Man sah ihren langen weißen Schleier, blumengeschmückte Gebäude, mit Fähnchen winkende Menschen an den Straßenrändern und berittene Begleiter in farbenprächtigen mittelalterlichen Kostümen. Und so fühlte man sich eingetaucht in eine Märchenwelt.

Frank erinnerte Christa daran, dass sie noch am selben Tag auch die kirchliche Trauung des Fürstenpaares verfolgt hatten. „Ja", dämmerte es Frank, „die Trauung erfolgte wegen der hohen Gästezahl im Innenhof des Palastes." Nicht nur die Bilder des Paares vor dem Traualtar hatten Frank und Christa fasziniert. Auch die musikalische Begleitung des Geschehens durch religiöse und weltliche Chorgesänge und die schönen Stimmen weltweit bekannter Künstler war durch die moderne Art ihrer Übertragung zu einem besonderen Erlebnis geworden. Die Raumklangtechnik machte es möglich. Frank und Christa vernahmen die Klänge samt ihrem Widerhall an der Innenfassade des Palastes ungewöhnlich klar und aus mehreren Richtungen kommend. Und bei geschlossenen Augen hätten sie glauben können, selbst Hochzeitsgäste inmitten des feierlichen Geschehens zu sein.

Frank und Christa sahen sich noch einmal auf dem Platz mit der weiß gezeichneten Windrose um. Es war schon ein besonderes Gefühl, nun genau hier zu stehen, wo nur wenige Monate zuvor Monarchen und Prominente aus aller Welt dem Brautpaar die Ehre erwiesen hatten. Jetzt tummelten sich an dieser Stelle Touristengruppen.

Lothar war noch mit seiner Kamera beschäftigt, als Frank zu ihm trat. Seine Digitalkamera war eine Neuanschaffung, und er hatte sie zum ersten Mal mit im Urlaub. Stolz zeigte er, dass es auch ihm gelungen war, die Wachablösung vor dem Palast zu filmen. Dann rief er Inge herbei, die irgendwo am Rande des Palastvorplatzes wieder eine unbekannte orange blühende Pflanze entdeckt hatte. Er schaute auf die Uhr und meinte. „Ich glaube wir müssen zurück!"

Sie wählten den kürzesten Weg. Sie gingen durch belebte schmalen Gassen, in denen sich ein Souvenirladen an den anderen reihte. Das Wohnviertel mit den rot gedeckten Dächern war schnell durchlaufen. Und als sie das im klassischen Stil erbaute große Gebäude erreicht hatten, in dem das Meeresmuseum untergebracht war, sahen sie an der Treppe, die zum unterirdischen Parkplatz führte, ihre Reiseleiterin stehen. Sie zählte noch ein paar Mal durch und war dann sichtlich erfreut, dass sich ihre Gruppe vollzählig wieder eingefunden hatte.

Kurze Zeit später bewegte sich der weiße Reisebus wieder durch die Straßen von Monaco. Beim Verlassen der Stadt bot sich den Fahrgästen erneut ein schöner

Blick auf die von Felswänden und hohen Festungsmauern begrenzte Halbinsel und auf das Meer, das sich bis hin zum Horizont in tiefblauer Färbung und mit silbern glitzernden Wellenkämmen zeigte. Dann aber entfernte sich der Bus vom Meer. Frank ließ sich von Lothar die Karte Südfrankreichs zureichen, die infolge der intensiven Nutzung schon etwas mitgenommen aussah. Ein kurzer Blick auf die Karte genügte, und er wusste, dass es nicht mehr weit war bis Nizza – jenem Nizza, wo nach Christas Vermutung die Blondine vielleicht von ihrem Freund abgeholt wird. Aber der Fahrer wählte die Strecke über die Autobahn, und eine halbe Stunde später war Frank klar, dass sie Nizza nördlich umfahren hatten. Da kann also niemand auf sie warten, dachte sich Frank. Der Bus hielt weiter Kurs auf der Autobahn, und nach einiger Zeit sah Frank ein Hinweisschild, dass die Ausfahrt in Richtung Cannes anzeigte. Aber der Fahrer ließ den Blinker aus und somit auch Cannes zur linken Seite liegen. Auch diese Variante konnte Frank nun in seinen Überlegungen streichen. Einen Termin in der Festivalstadt gab es offenbar auch nicht, und er war sich von nun an ziemlich sicher, dass das blonde Mädchen ein Reisegast war wie alle anderen in diesem Bus. Sie hatte offenbar doch die Absicht diese Urlaubswoche an der Cote d'Azur völlig ohne Begleitung und inmitten dieser Rentnergesellschaft zu verbringen. Schön, sagte sich Frank. Es hätte ihn beruhigt zu wissen, dass sie trotz ihrer Krankheit einen Freund hatte. Aber hier gab es diesen erst einmal nicht. Eigentlich hatte er ja gehofft, dass das Mädchen bleibt. Frank war sich sicher, dass es den anderen älteren Herrn im Bus wohl ziemlich egal war, ob die Blondine hier ausstieg oder nicht. Es war ihnen egal, weil sie so und so nichts mit der jungen Frau anzufangen wussten. „Und weißt du etwas mit ihr anzufangen?", nahm sich Frank selbst ins Verhör.

Frank dachte nach, und ihm war klar, dass nur die wenigsten in seinem Alter soviel mit jungen Leuten zu tun hatten wie er. Seine berufliche Tätigkeit an der Hochschule brachte das mit sich. Jahrelang hatte er in seinem Arbeitszimmer junge Männer an seiner Seite, Praktikanten, Studenten oder junge Mitarbeiter, die gerade ihren Hochschulabschluss hinter sich gebracht hatten. Er kannte die Mentalität der jungen Leute, und er verstand es, mit ihnen umzugehen. So fand er Akzeptanz und oftmals entstanden aus dem beruflichen Zusammenwirken persönliche Freundschaften. Auch junge Kolleginnen hatte er oft an seiner Seite, und die Zusammenarbeit mit ihnen funktionierte überraschend gut. Er kam mit den jungen Damen gut zurecht und sie mit ihm und auch mit seinen unverblümten neugierigen Fragen, die mehr und mehr auch ganz persönliche Angelegenheiten betrafen.

Auch die praxisbezogene Unterrichtung der Studenten hatte seine Erfahrungen im Umgang mit den jungen Leuten vertieft. Sie erfolgte in kleinen Gruppen von drei bis vier Personen. Er musste die teils schwierigen Themen verständlich und locker behandeln, wenn er ein Stück seiner Begeisterung für technische Probleme auf die jungen Leute übertragen wollte.

Fast die Hälfte davon waren Studentinnen. So manche junge Dame, die sich ganz in Schweigen hüllte, hatte er schon aus der Reserve locken und ihr Vertrauen gewinnen müssen. Und er wusste es zu würdigen, wenn sie sich auch mit dem Wenigen, das sie wusste, in das Gespräch einbrachte.

Dann gab es diese besonders hübschen Studentinnen, die glaubten, ungenügende Vorbereitung oder Wissenslücken mit ihrem Scharm überspielen zu können. Im Laufe der Jahre hatte er da schon einiges erlebt. So mancher jungen Frau musste er helfen, ihre Angst beim Umgang mit den vielen Tasten und Drehknöpfen teurer Messgeräte zu überwinden, und bei anstehenden Bewertungen durfte er sich von lieben Blicken und schönen Augen nicht irritieren lassen. Wenn aber am Ende der Übung so eine hübsche Studentin an ihn herantrat und ihm auf sehr charmante Weise sagte: „Danke, es war gut!", so berührte ihn das schon. Geschah es am Ende eines Arbeitstages, so packte er schnell seine Sachen und fuhr nach Hause. Er begrüßte seine Frau freundlicher als sonst, und sie wunderte sich, dass er so gut gelaunt war.

Doch weshalb interessierte er sich für das blonde Mädchen? Vielleicht war sie für ihn auch nur so eine scheue zurückhaltende Studentin, deren Vertrauen er gewinnen wollte. Und er hoffte Antwort auf all jene Fragen zu finden: Weshalb hatte sie diese Reise allein angetreten? Hatte sie einen Freund und wo war er? Welchen Schulabschluss hatte sie, und womit beschäftigte sie sich am liebsten? Auch über ihre Krankheit und wie sie damit zurechtkam, wollte er etwas erfahren. Er kannte ihre verträumten Augen, und manchmal hatte er auch eine Spur von Traurigkeit aus ihnen gelesen. Er hatte stets dieses ernste Gesicht wahrgenommen und ihre abweisende Art gespürt. Dabei hätte er so gern einmal einen lieben freundlichen Blick von ihr eingefangen. Es musste doch möglich sein, sich ein bisschen mit ihr anzufreunden, dachte Frank. ... und sie dann bei lockerer Unterhaltung auch einmal zum Lächeln zu bringen. Er empfand all dies mehr und mehr als Herausforderung, und jetzt war er sich ganz sicher, was er eigentlich wollte. Er wollte sie einmal lächeln sehen.

Für die Fahrgäste im weißen Reisebus war nun schon längere Zeit der Blick auf das Meer verloren gegangen. Frank sah auf der Karte, dass die Autobahn weit nördlich von jener Straße angelegt war, die dem Küstenverlauf folgte. Doch es war verständlich, dass der Fahrer in der Endphase der Reise zügig vorankommen wollte. Der Blick aus dem Fenster lohnte sich dennoch. Die Autobahn durchquerte das ausgedehnte Gebirgsmassiv im Süden Frankreichs. Man erblickte keine weißen Gipfel wie bei der Durchquerung der Alpen. Aber das nahe gelegene Meer sorgte mit ständiger Zufuhr von Feuchtigkeit dafür, dass das hohe Gebirgsmassiv von einer geschlossenen Baumlandschaft überzogen war. Frank beeindruckte die Vielfalt der farblichen Schattierungen dieser Landschaft zu beiden Seiten der Fahrstrecke.

Dunkles sattes Grün vermischte sich mit helleren Farben, und die Kronen der Bäume leuchteten abwechselnd silbrig und dann wieder goldfarben in der Sonne, die in den letzten Stunden des Tages flacher in die Landschaft einstrahlte und sich allmählich dem Horizont zuneigte. Und wo man auch hinsah, überall dominierten ausgedehnte Pinienwälder das Landschaftsbild zu beiden Seiten der Autobahn. Den ganzen Tag lang war die Reisegruppe von Sonnenschein begleitet worden, und wenn die Fahrgäste für kurze Zeit ihren Bus verließen, spürten sie nun diese angenehme Wärme und den sanften Hauch der Seeluft, die vom nahe liegenden Meer herüber wehte.

Der Reisebus kam zügig voran, und kurz bevor es dunkel wurde, war der eigentliche Zielort der beiden Tagesreisen erreicht. Der Bus verließ die Autobahn und bog in Richtung Süden ab, wo einige aufmerksame Fahrgäste schon bald das Ortseingangsschild mit der Aufschrift Hyéres entdeckt hatten. „Na, da haben wir es ja bald geschafft!", wandte sich Frank an Christa. Doch die restliche Fahrt dauerte länger, als es die meisten Reisegäste vermuteten. Die Ortsdurchfahrt zog sich hin, und dann schien es, als hätten sie diese Stadt wieder verlassen. Auf der rechten Seite kam eine große Wasserfläche in ihr Blickfeld, die durch niedrige Dämme in viele Teile gegliedert war, und im Hintergrund sahen die Reisenden das in den letzten Sonnenstrahlen silbrig glitzernde Meer. Lothar erkannte auf seiner Karte, dass sie sich nun auf einer lang gestreckten Halbinsel bewegten und weiter in Richtung Süden fuhren. Der Fahrer schaltete sein Mikrofon zu und erklärte, dass es sich auf der rechten Seite um künstlich angelegte flache Gewässer handelt, die ursprünglich für die Salzgewinnung angelegt waren. Noch während der Fahrer ins Mikrofon sprach, hatte Christa beim Blick aus dem Fenster etwas entdeckt, und sie zeigte mit ihrer Hand in die Richtung, wo es offenbar etwas ganz Besonderes zu sehen gab. Zwei Flamingos standen dort im seichten Wasser und stocherten mit ihren langen Schnäbeln nach etwas Fressbaren auf den Grund. Noch nie hatten sie die rosafarbenen großen Vögel in freier Natur gesehen. Der Bus fuhr geradezu eine lange Allee entlang. Auf der rechten Seite waren fortwährend diese abgegrenzten flachen Gewässer sichtbar. Doch dann ging ein Raunen durch den Bus. Sie waren an eine Stelle gelangt, wo sich hunderte von Flamingos versammelt hatten. Auch Frank war fasziniert von dem ungewohnten schönen Anblick. Er konnte den Trageriemen seiner Kamera gerade noch schnell genug vom Griff der Sitzlehne lösen, um den Anblick festzuhalten. Auch hinter sich hörte er nun wieder das Klicken der Kameras. Das blonde Mädchen aber schien gerade aus ihrem Schlaf erwacht zu sein. Sie erkannte den Grund der großen Aufregung erst im letzten Moment. Eilig griff sie nach der silbergrauen Handtasche, um ihre Handykamera herauszuholen und in Aufnahmeposition zu bringen. Aber es war bereits zu spät, und man sah wieder das leere Flachgewässer, das sich rechter Hand endlos hinzuziehen schien.

Doch es vergingen nur noch wenige Minuten, bis der Fahrer merklich abbremste und den Reisebus schließlich am rechten Fahrbahnrand zum Stehen brachte. Frank wunderte sich, denn es war nichts zu sehen, als jene lang gestreckte Allee, die auf seiner Seite vom seichten Wasser und auf der Fahrerseite von einem Pinienwald begrenzt wurde. Nur eine unauffällige Einfahrt, die durch ein eisernes Tor verschlossen war, unterbrach die dichte Baumreihe. Monika verließ den Bus und begab sich zu dem Eisentor. Nun hatten auch einige ihrer Fahrgäste ein blau-weißes Schild neben dem Tor entdeckt, das den Namen der Hotelanlage auswies, den sie aus ihren Reiseunterlagen kannten. Da das Tor verschlossen war, suchte Monika nach einem Klingelknopf, und dann schien es, dass sie sich über die Sprechanlage mit jemand unterhielt. Aber niemand kam, um die Reisegruppe in Empfang zu nehmen. Das eiserne Tor öffnete sich ferngesteuert, und Monika gab dem Fahrer ein Zeichen. Ihre Reisegäste waren nach zweitägiger Fahrt nun tatsächlich am Ziel angekommen. Die Toreinfahrt war für einen Reisebus beängstigend schmal. Der Fahrer lies seinen Bus noch ein paar Meter vorwärts rollen. Dann legte er den Rückwärtsgang ein und begann bei laufendem Verkehr auf der Allee mit einem schwierigen Rückwärtsmanöver. Monika gab Unterstützung, und man sah sie mit beiden Händen hantierend mitten auf der Straße stehen. Dann schob sich der große Reisebus schon beim ersten Versuch zentimetergenau zwischen den beiden Torsäulen hindurch. Die Reisegäste im Bus bestaunten die Ruhe ihres Fahrers und sein Geschick. „Ja, unser Harald ist schon ein wahrer Künstler!", meinte einer der Fahrgäste voller Bewunderung. Nach dem Passieren des Tores bewegte sich der Bus langsam und geradlinig entlang der schmalen asphaltierten Zufahrtsstraße, die in das Innere des Hotelgeländes führte. Ein paar kleinere Parkplätze wurden sichtbar, Container mit Baumaterial und Abfällen und rechter Hand ein paar Bungalows. Der erste Eindruck von der Anlage war eher enttäuschend. Neben einem flachen und recht unscheinbar wirkenden Gebäude hielt der Bus schließlich an, und wenige Minuten später war die ganze Reisegruppe vor der Rezeption der Hotelanlage versammelt. Dicht gedrängt und wartend auf Anweisungen, wie es weiter gehen sollte, standen die Ankömmlinge mit ihrem Gepäck in dem kleinen Raum. Sie mussten sich gedulden. Dann endlich stellte sich Monika mit einer Liste in der Hand vor ihre Reisegruppe, und sie versuchte sich energisch und mit lauter Stimme Gehör zu verschaffen. Eine Menge Schlüsselkarten lag gut geordnet neben ihr auf dem Tresen. Sie rief die Namen der Reihe nach auf und händigte dann die Schlüsselkarte für den jeweiligen Bungalow aus. Meist hieß es Herr und Frau so und so für Bungalow Nr. so und so. Manchmal waren es aber auch Personen mit verschiedenen Familiennamen, die eine gemeinsame Schlüsselkarte entgegen nahmen. Offenbar gab es einige unverheiratete Paare in der Gruppe, aber auch mehrere alleinstehende Frauen, die mit ihrer Freundin oder einer Angehörigen angereist waren. Frank lauschte gespannt auf alle Namen, die verlesen wurden. Es war nicht seine Absicht, sich die vielen Namen zu merken. Doch dann rief Monika eine einzelne Frau auf, und Frank hörte zum ersten Mal den Namen des blonden Mädchens. Die Blondine trat vor und nahm ihre Bungalowkarte in Empfang. Gleich danach zog die junge Frau ihr schweres Gepäck aus dem kleinen Raum nach draußen. Frank war sich nunmehr völlig sicher, dass sie hier keine Sonderstellung hatte und dass sie ein Mitglied der Reisegruppe war wie alle anderen. „Na dann viel Spaß in dieser Rentnertruppe", hätte er ihr am liebsten nachgerufen. Dabei war er froh darüber, dass das blonde Mädchen die ganze Urlaubswoche mit dabei sein würde.

Zweites Kapitel

Frank und Christa musterten kurz den Raum, in dem sie die nächsten vier Tage wohnen würden. Der erste Eindruck war befriedigend. „Schlicht und einfach", urteilte Christa. „Aber alles recht ordentlich!" Schnell warf sie noch einen Blick in die Sanitärzelle. Sie hatte nichts zu kritisieren. Da wird wohl alles in Ordnung sein, dachte sich Frank.

Obwohl der Bus pünktlich angekommen war, lag bereits Dunkelheit über der Anlage, als sie sich nach Aushändigung der Schlüsselkarte auf die Suche nach ihrem Bungalow gemacht hatten. Frank hatte den Ehrgeiz, sich mit Hilfe des ausgehändigten Planes der Anlage allein zurechtzufinden. Dann war er aber doch froh, dass einer der jungen Männer, welche die angekommenen Gäste in Empfang nahmen, seine Hilfe anbot. Der junge deutsche Hotelangestellte hatte sie entlang einem Labyrinth schmaler Wege durch die Anlage geführt.

Niedrige Laternen warfen hier und da ein schwaches Licht auf die sandigen Wege und die zweigeschossigen Bungalows, die sich auf großer Fläche verstreut inmitten eines Pinienwaldes befanden. Und Frank war klar geworden, dass sie es nicht geschafft hätten, ohne seine Unterstützung den Weg zu ihrer Unterkunft zu finden.

Es verblieb nicht viel Zeit bis zum Abendessen, das für die neuen Gäste sehr spät angesetzt war. Sie sollten sich so schnell wie möglich im Hotelrestaurant einfinden. So waren Frank und Christa bald wieder auf dem Weg durch die Anlage. Sie merkten, dass sie den Weg, den sie gekommen waren in der Dunkelheit nicht mehr zurück fanden, und sie irrten ziemlich ratlos in der weitläufigen Anlage umher. An einer Weggablung begegneten sie vier anderen Mitgliedern ihrer Reisegruppe. Sie hatten das gleiche Problem. Man nahm die Sache gelassen, und gemeinsam witzelten sie über ihr Unvermögen, sich hier zurechtzufinden. Letztlich wussten sie nicht, ob sie eher der Zufall hierher geführt hatte. Sie standen vor einem größeren Gebäude, dessen hohe Fenster und hell beleuchtete Innenräume vermuten ließen, dass es sich um das Hotelrestaurant handelte.

Selbst das Auffinden des Eingangs bereitete in der Dunkelheit Probleme, und nach Passieren einer offen stehenden Schiebetür musterten sie die ungewöhnlichen Räumlichkeiten des Restaurants. Sowohl der Umstand, dass hier mehrere größere Räume, die gegeneinander etwas versetzt waren, dazu gehörten als auch ihre Ausstattung mit hochgewachsenen buntblättrigen Zierpflanzen, von denen man nicht sofort wusste, ob sie echter Natur oder künstlich waren, erschwerte die Orientierung. Zudem unterteilten zahlreiche Pflanzkästen mit kräftig wucherndem Grün die großen Flächen des Restaurants in kleinere Bereiche und gemütliche Separees. Im mittleren der drei miteinander verbundenen Räume war unübersehbar für die eben aus Deutschland angekommenen Gäste eine lange und mit sauberen weißen Tüchern bedeckte Tischreihe zusammengestellt und mit einem Schild versehen, das ihnen hier ihre Plätze zuwies. Aber zu dieser Stunde waren die meisten der Tische verlassen, und ein Teil der Reisegruppe hatte sich, das Schild ignorierend, bereits an anderen Stellen niedergelassen. Auch Lothar und Inge hielten sich nicht an die Vorgabe des Hotelpersonals. Bereits an einem der freien Vierertische sitzend winkten sie Frank und Christa heran, und ihre Urlaubsfreunde setzten sich noch etwas zögernd zu ihnen. Doch zur Ruhe kamen sie nicht, denn der größte Teil der Reisegruppe wirbelte, von der langen Fahrt hungrig geworden, schon zwischen den Büfetts umher, und vielleicht musste man sich wirklich beeilen, um noch etwas von den angebotenen Speisen auf seinen Teller zu bekommen. Frank blieb am Tisch zurück und bewachte die abgelegten Sachen, während sich die anderen drei auf den Weg machten. Bald hatte es sich herumgesprochen: Hier gab es kein großes zusammenhängendes Büfett, wie sie es von den anderen Urlaubsreisen kannten, sondern viele kleinere, die über das ganze Restaurant und seine verwinkelten Räumlichkeiten verstreut waren. Nur mit viel Laufarbeit konnte man sich einen Überblick über das ganze Speise- und Getränkeangebot verschaffen. So dauerte es seine Zeit, bis alle mit gefüllten Tellern und Schüsseln zurückkamen. Frank machte sich als Letzter auf den Weg. Er irrte etwas ziellos von Büfett zu Büfett und kam mit einem bescheiden gefüllten Teller zurück. Die aufwendige Suche nach den Leckereien, welche die anderen auf ihren Tellern hatten, wollte er sich für die kommenden Tage aufsparen.

Von seiner Sitzposition aus konnte er einen großen Teil des eigenwillig gestalteten Restaurants überblicken, und er schaute hin und wieder hinüber zu der langen Tischreihe, wo sich der größte Teil seiner Reisegruppe niedergelassen hatte. Die meisten genossen in Ruhe ihre Speisen. Einige waren in lebhafte Gespräche verwickelt. Aber alle machten sie, nach zweitägiger Anreise endlich am Zielort angekommen, einen zufriedenen Eindruck.

Frank sah, zwischen der Gouvernante und ihren beiden Freundinnen sitzend, auch das blonde Mädchen, und ein Stück seitwärts hatte zusammen mit ihrer ständigen Begleiterin die alte Dame mit den silbergrauen Haaren gerade Platz genommen. Und er sah die Krücke der alten Dame an der Rücklehne ihres Stuhles abgestellt.

An dem Vierertisch, an dem Frank und Christa und ihre Urlaubsfreunde gemütlich beisammensaßen, waren zunächst die Erlebnisse der beiden zurückliegenden Tage das Gesprächsthema. Doch bald richteten sich ihre Gedanken auf jene Tagesreise, die schon für den morgigen Tag angesetzt war, und sie in die Hauptstadt der Cote d'Azur führen sollte.

Es war schon ziemlich spät geworden, als sich Lothar plötzlich erhob. Mit einem fast feierlichen Gesichtsausdruck stand er am Tisch, um allen sein Vorhaben mitzuteilen.

„Zum Abschluss des Tages gönnen wir uns jetzt noch einen guten Wein", meinte er. Er hatte das Büfett mit dem exquisiten Weinangebot schon bei seinem ersten Rundgang entdeckt, und nun machte er sich zielsicher auf den Weg. Mit zwei gläsernen Karaffen in seinen Händen, die jeweils bis zur Hälfte mit goldfarbenem Wein gefüllt waren, kam er zurück. Es hatte sich mittlerweile herumgesprochen. Selbst der Wein war hier inklusive, ganz gleich, in welcher Menge man ihn an den Tisch holte. Lothar füllte behutsam die vier Weingläser, die schon auf dem Tisch standen, als sie hier eingetroffen waren. Er kostete zuerst und machte ein zufriedenes Gesicht. Dann stießen sie miteinander an, auf schöne Urlaubstage hier im Süden Frankreichs. Lothar berichtete, dass außer dem Wein, den sie gerade tranken, auf dem besagten Büfett auch Rotwein und Rosé im Angebot waren. Aber sie hatten noch einige Tage Zeit, auch die anderen Weinsorten zu verkosten. Jetzt wollten sie den Aufenthalt im Restaurant nicht weiter in die Länge ziehen. Müdigkeit machte sich bemerkbar, und man musste zurück in die Bungalows, um die Koffer auszupacken und um sich einzurichten.

Beim Verlassen des Restaurants wählten sie ohne bestimmten Grund einen anderen Weg. Sie kamen vorbei an einer Reihe geöffneter Schiebetüren, die nach draußen auf eine ausgedehnte Terrasse führten, deren Umrisse im Dämmerlicht der Laternen nur schwach zu erkennen war. Die Außenterrasse grenzte an einen Pool, in dessen klarem Wasser sich die Lichter gegenüberliegender Laternen und die beleuchtete Fassade eines hellblauen Gebäudes spiegelten. Einige der Hotelgäste saßen hier unter freiem Himmel. Sie saßen an großen runden Tischen, die mit blauen Decken belegt waren, vor ihren Weingläsern und genossen den Wein und die sanfte Brise warmer Meeresluft, die von der naheliegenden Küste herüber wehte. „Dann können wir das nächste Abendessen ja auch im Freien einnehmen", meinte Inge. „Vorausgesetzt, dass hier draußen überhaupt bedient wird", gab Lothar zu bedenken. Aber ihr Vorschlag fand bei allen Zustimmung, und es war damit klar, dass man morgen pünktlich hier sein musste. Bestimmt waren es begehrte Plätze.

Frank schaute beim Verlassen der Terrasse noch einmal durch die teils bereits geschlossenen hohen Glastüren in den immer noch hell beleuchteten Speisesaal. Nur noch ein kleiner Rest ihrer Reisegruppe saß an der langen Tischreihe. Sie waren dicht zusammengerückt und diskutierten offenbar über dies und jenes, was sie an diesem ersten Abend, kaum hundert Meter von der Mittelmeerküste entfernt, bewegte. Das blonde Mädchen war nicht mehr unter ihnen. Sie hatte sich wohl rechtzeitig auf die Suche nach ihrer Unterkunft gemacht. Und das war in der Dunkelheit, die sich längst über die Anlage gelegt hatte, nicht so einfach. Auch Lothar und Inge fühlten sich unsicher. Dabei war ihr Bungalow ganz in der Nähe des Restaurants. Frank und Christa aber verliefen sich gründlich und irrten noch eine Weile in der Bungalowanlage umher, bis sie das zweigeschossige im fahlen Laternenlicht schwach gelb schimmernde Gebäude mit der richtigen Nummer neben der Eingangstür gefunden hatten. Christa beschäftigte sich sofort mit den bereits aufgeklappten Koffern, die aber noch ungeleert auf dem Bett lagen. Frank unterstützte sie nur wenig. Er wusste, dass es für Christa nicht all zu hilfreich war, wenn er sich beim Einräumen der Schränke beteiligte. Er befasste sich stattdessen mit dem kleinen Schaltkästchen, das er gerade neben seinem Bett entdeckt hatte, und versuchte durch Herumspielen mit den Schaltern und Tasten die Funktionsweise der Klimaanlage zu ergründen.

Auch wie über Nacht mit der hohen breiten Schiebetür zu verfahren war, die zu ebener Erde nach draußen führte, musste geklärt werden. Sie waren gewohnt bei offenem Fenster zu schlafen. Doch sie konnten sich nicht entscheiden, zwecks Zufuhr frischer Luft diese Tür offen zu lassen. Christa hatte Angst, schließlich konnte so jeder geradezu von außen hereinspazieren. So blieb keine andere Möglichkeit, als die Klimaanlage laufen zu lassen, auch wenn ihr selbst in der untersten Stufe unüberhörbares Rauschen die Nachtruhe etwas stören würde.

Es ging schon auf elf zu, als sie zur Ruhe kamen. Die Auflagen und Bezüge der Betten waren, wie in den südlichen Regionen üblich, anders zurechtgemacht, so dass man etwas Mühe hatte, damit zurechtzukommen. Aber sonst war an der Schlafstätte nichts auszusetzen. Bald lagen sie entspannt und zufrieden nebeneinander, und sie unterhielten sich noch ein paar Minuten über die ersten Eindrücke von diesem Urlaubsort an der Cote d'Azur. Dann überwältigte sie die Müdigkeit, und Frank löschte das Licht der kleinen Lampe auf seinem Nachttisch. Doch er hatte Mühe einzuschlafen. Die Erlebnisse der langen Reise zogen noch einmal an ihm vorüber. Er sah den großen Golfplatz in der Nähe des Gardasees mit seinen verschlungenen Wegen zwischen den flachen grünen Hügeln. Er sah die von der hochstehenden Sonne bestrahlte Landzunge jener sonderbaren Stadt, die exotischen Pflanzen ihrer gepflegten Parkanlagen und das dunkelblaue Meer. Ihm erschien noch einmal der märchenhaft anmutende Fürstenpalast und die auf ihren Kämmen glitzernden und an die hohen grauen Festungsmauern brandeten Wellen. Er stand noch einmal vor der Grabplatte der Grace Kelly, und er sah das blonde Mädchen, das plötzlich neben ihm stand und die Grabplatte fotografierte. Und dann spürte er eine zarte Hand neben sich. Er fasste sie behutsam und sah zur Seite. Es war die Hand des blonden Mädchens. Sie lächelte ihn freundlich an, und es war ein lieber wohltuender Blick, wie er ihn von ihr noch nicht gesehen hatte. Aber sie standen nun nicht mehr vor dem Abspannseil in der Kathedrale. Sie gingen zusammen inmitten eines Pinienwaldes auf den sandigen Wegen der Bungalowanlage. Er spürte beim Gehen, wie ihm das blonde Mädchen vertrauensvoll immer näher kam. Er wandte sich ihr zu, sah ihre hübschen exotisch geformten Augen und ihre schöne, helle Gesichtshaut. Und er begann, ohne auf Widerstand zu stoßen, ein wenig mit ihr zu schmusen. Dann blieben sie stehen. Er nahm sie in seine Arme und merkte, dass sie ihm alles erlaubte, was er nur wollte. Vertrauensselig erwiderte sie all seine Zärtlichkeiten, gerade so, als hätten sie sich schon vor längerer Zeit als Liebespaar gefunden. Sie gingen weiter und blieben wieder stehen, um sich einander zuzuwenden. Dann bogen sie von dem breiteren Weg auf einen schmalen sandigen Pfad ab, der zu einem ockerfarbenen Bungalow führte. Wenige Meter vor dem Eingang umarmten sie sich erneut, und das blonde Mädchen war so lieb zu ihm, dass er sich fragte, wie es nun weiter gehen sollte. „Ehrlich gesagt", begann er sich einzugestehen, „ist sie mir etwas zu dünn." Aber das konnte er ihr so nicht sagen, ohne sie zu verletzen. Mehr und mehr spürte er ihre verführerische glatte Haut, und sie verstand es, mit liebevoller Zuwendung und dem Einsatz ihrer zarten Hände letztlich alle Geister in ihm zu wecken. Geradezu Hilfe suchend sah er an ihrem langen blonden Haar vorbei zur Eingangstür des Bungalows. Er konnte die Nummer wahrnehmen, die neben der Eingangstür angebracht war, und er wusste, dass sich gleich hinter der Tür ein bequemes großes Doppelbett befand. Er ging mit ihr ein paar Schritte auf die Tür zu. Doch noch bevor er sie öffnen konnte, erwachte er aus seinem Traum.

Was war ihm da gerade widerfahren? Frank erinnerte sich mühelos selbst an alle Einzelheiten dieses Traumes, und er wunderte sich, denn solche Begehrlichkeiten gegenüber dieser jungen Frau hatte er in den vergangenen zwei

Tagen nun wirklich nicht aufkommen lassen – nicht ernsthaft. Christa lag schlafend neben ihm, und er hörte sie ruhig atmen. Ich bin völlig unschuldig an dem, was hier passiert ist, hätte er ihr am liebsten gleich versichert. Es war ja nur ein Traum, und dagegen kann man einfach nichts machen. Doch er wusste, dass er ihr das so nicht hätte sagen können, ohne sogleich Widerspruch zu ernten. „Nein, ganz unschuldig bist du nicht!", hätte sie ihm ganz sicher erwidert. „Du befasst dich zu viel mit ihr, und da brauchst du dich über solche Träume nicht zu wundern." Vielleicht hatte sie damit nicht ganz unrecht, dachte sich Frank. Und doch war er in seinen Gedanken schon wieder bei dem blonden Mädchen. Ihre bedingungslose und vertrauensselige Hingabe verwunderten ihn, auch wenn es nur im Traum erfolgt war. Aber es schien ihm, als würde er nun wissen, wo er sie einzuordnen hatte. Da gab es jene hübschen Mädchen, die sehr kontaktfreudig und aufgeschlossen waren und im Umgang mit Männern oft besonders freundlich. Und dann nahm man hin und wieder auch so einen verfänglichen Blick aus ihren schönen Augen wahr, den ein Mann leicht als Einladung interpretieren konnte. Der Irrtum stellte sich bald heraus. Es war mehr so ein Spiel, mit dem sie möglicherweise auch ganz unbewusst ihre Wirkung auf das andere Geschlecht testeten.

Andere hielten nichts von solchen Spielchen. Sie begegneten den Männern stets korrekt, ja eher etwas kühl und reserviert, und sie stellten so von vornherein klar, dass es keinen Sinn hatte, sich irgendwelche Hoffnung zu machen. Hatten sie sich aber für einen Partner entschieden, dann gaben sie bedingungslos alles, was eine Frau zu geben hatte.

Soweit es Frank beobachtet hatte, gab es nicht einen Herrn in seiner Reisegruppe, dem das blonde Mädchen auch nur ein Lächeln geschenkt hatte, und möglicherweise verfuhr sie auch so mit jüngeren Männern. Aber Frank vermochte sich nun vorzustellen, dass sie sehr lieb sein konnte und bereit war, einem jungen Mann, für den sie sich entschieden hatte, den sie liebte und dem sie vertraute, alles zu geben. Dabei war zu bedenken, dass sich eine solche bedingungslose Hingabe nicht immer auszahlte. So mancher dieser jungen Herren verlor an einem Mädchen schnell sein Interesse, wenn er erst einmal alles bekommen hatte, was er sich von ihr wünschte. Auch ihre selbstlose und vertrauensselige Hingabe hatten dann keinen Reiz mehr für ihn. Frank fühlte, dass gerade für das blonde Mädchen, das ihm im Traum in so liebevoller Weise begegnet war, die Gefahr bestand, einmal eine solche Enttäuschung hinnehmen zu müssen. Denn wer es ehrlich und ernst mit ihr meinte, hatte zu akzeptieren, dass sie keine völlig gesunde junge Frau war und dass sie die Symptome ihrer Krankheit wahrscheinlich ihr ganzes Leben lang mit sich herumtragen würde. Frank sah das blonde Mädchen erneut deutlich vor sich, und er sah sie auf einmal mit traurigen Augen, so als wäre ihr eine solch große Enttäuschung gerade widerfahren, so als hätte sie der Mann, den sie all ihre Liebe geschenkt hatte, gerade fallen gelassen. Und dann schien es Frank, als galt ihr trauriger Blick ihm, als wäre er der Mann, der sie benutzt und dann einfach im Stich gelassen hatte. Aber Frank konnte das nicht annehmen, denn es war seine unumstößliche Überzeugung: Wer ihre Liebe annahm, musste auch zu ihr stehen und durfte sie mit ihrer Krankheit nicht allein lassen. Er vernahm noch immer ihren traurigen Blick und war sich doch sicher, dass er das nicht tun würde. Nein, ganz bestimmt nicht ... niemals ... niemals ...

Dann meinte Frank, wieder auf dem sandigen Weg unter den Kronen hoher Pinien entlang zu gehen. Er spürte eine zarte Hand an seiner Seite und wusste nicht, dass er wieder eingeschlafen war. Er blickte zur Seite und sah das blonde Mädchen neben sich. Sie lächelte ganz lieb, als er sie ansah. Und es war gerade so, als wollte sie ihm sagen, hier bin ich wieder. Er fasste ihre Hand, und sie gingen langsam weiter. Und alles begann von vorn ...

Als Frank am Morgen erwachte, drang bereits intensives Licht durch die Vorhänge an der großen Schiebetür und er ahnte, dass es draußen bereits taghell war. Das Bett neben ihm war leer, und er hörte im Bad Wasser laufen. Als schließlich der Wecker klingelte, sprang er schnell aus dem Bett. Er zog die Vorhänge beiseite und erfreute sich an dem schönen Ausblick, der sich nun bei Tageslicht bot. Die verschlungenen sandigen Pfade im Umfeld des Bungalows leuchteten, bestrahlt von der noch flach stehenden Sonne, gelblich. Dicht stehende blühende Büsche säumten die Wege, und hohe Pinien warfen lange Schatten über das weitläufige Gelände.

Christa kam in ihr Badetuch eingewickelt aus dem Duschraum, und sie erinnerte Frank, dass sie sich vorgenommen hatten, pünktlich zur Frühstückszeit im Restaurant zu sein. Frank sah auf die Uhr und erwiderte, dass bis zur Öffnung des Restaurants doch eigentlich noch viel Zeit war, und er erinnerte sich an den Hinweis des jungen Mannes, der sie im Dunkeln hierher geführt hatte. Ihr Bungalow sollte demnach ganz nahe am Strand sein. Christa willigte in seinem Vorschlag ein und war bereit, den kleinen Umweg in Kauf zu nehmen. Nachdem Frank die Bungalowtür hinter sich verschlossen hatte, nahm er sie an die Hand, um mit ihr in die vermutete Richtung zu laufen. Der immer schmaler werdende Weg führte am Nachbarbungalow vorbei und endete auf nur spärlich bewachsenen sandigen Boden vor einem Absperrzaun. Leise hörten sie nun die Brandung der Wellen, und von leichtem Dunst getrübt erschien am Horizont die gerade Berührungslinie zwischen Himmel und Meer. Durch ein kleines unverschlossenes Tor gelangten sie in den umzäunten Strandbereich der Hotelanlage. Sie liefen, ihre Schuhe in den Händen tragend, über den kaum zehn Meter breiten Sandstrand bis an jene Stelle, wo sanfte Wellen rhythmisch ein kleines Stück des Ufers überspülten und ihr beruhigendes Plätschern deutlich vernehmbar war. Sie sahen, wie sich der feine Sandboden mit leichtem Gefälle unter dem kristallklaren Wasser fortsetzte. Neugierig und prüfend gingen ihre Blicke in alle Richtungen, und sie waren sich schnell einig. Nicht immer waren die Strandbereiche der Hotelanlagen so einladend wie dieser, und sie konnten nur hoffen, dass die kommenden Tage auch genügend Zeit blieb, diesen schönen Badestrand zu nutzen.

Auf dem Rückweg zählte Frank die Schritte bis zu ihrem Bungalow. In noch keinem Urlaub zuvor waren sie so nahe am Meer untergebracht. „Na, ja", meinte Frank Besorgnis vorspielend. „Ein Tsunami darf hier aber nicht kommen, dann sind wir als Erste dran." „Da hast du allerdings recht", stimmte ihm Christa mit einem Schmunzeln im Gesicht zu.

Sie schlenderten gemütlich doch immer noch unsicher, auf dem richtigen Weg zu sein, durch die Bungalowanlage.

Eigentlich mochten sie solche Bungalowsiedlungen nicht. Aber hier konnte man sich wohl fühlen. Die schlicht gestalteten Gebäude, die von blühenden Oleanderbüschen und mannshohen Kakteen umringt waren, standen Abstand wahrend zwischen ausgewachsenen Pinien, deren hellgrüne Kronen sich schützend über die Wege und Unterkünfte der Anlage aufspannten. Die teils gelben und teils ockerfarbenen Gebäudefassaden und die kräftig blau gestrichenen Balkon- und Treppengeländer leuchteten in der Morgensonne.

Frank spürte, dass auch Christa sehr zufrieden war, und wie sie sich an der Vielfalt der Farben exotischer Koniferen, die ihren Weg säumten, erfreute.

Für einen Moment dachte Frank wieder an seinen Traum. Manchmal erzählte er Christa davon, was er nachts geträumt hatte. Doch diese Geschichte mit dem blonden Mädchen behielt er besser für sich.

Dann hörten sie plötzlich eine Stimme „Hallo" rufen. Und sie sahen, wie Lothar und Inge, eben noch verdeckt durch hohe Büsche, einen schmalen Seitenweg entlang kamen. Gemeinsam und die Erfahrungen jener ersten Nacht in den Bungalows austauschend erreichten sie das Hotelrestaurant. Diesmal ging es nicht so ruhig zu, wie an dem Abend zuvor. Eine beachtliche Menge von Feriengästen wirbelte zwischen Tischen und Büfetts durch die Räume, und Frank erschien es, als hätten sie Angst, das Speiseangebot könnte nicht für alle reichen. Die erst am vergangenen Tag angekommene Reisegruppe aus Deutschland hatte sich bei der Suche nach freien Plätzen weit zerstreut und erst nach intensivem Bemühen gelang es, einen noch freien Tisch für vier Personen zu finden. Frank bot sich erneut an, am Tisch zurückzubleiben und auf die abgelegten Sachen aufzupassen. Die Wege auf der Suche nach den gewünschten Speisen waren lang, und so blieb ihm einige Zeit, die Leute zu beobachten, die sich wichtigtuend zwischen Blumenrabatten, bewachsenen Raumteilern und hübsch hergerichteten Büfetts hin und her bewegten. Auch einige Gäste seiner Reisegruppe kamen in sein Blickfeld. Das blonde Mädchen sah er nicht. Er ging davon aus, dass sie allein in so einer Bungalowwohnung untergebracht war, und er fragte sich, ob sie es vielleicht verschlafen hatte.

Nachdem der Tisch, den er bewachte, mit gefüllten Tellern, Schüsseln und bunten Servietten belegt war, machte er sich selbst auf den Weg. Doch ohne Lust, das Angebot noch ausgiebiger zu erkunden, kam er schon bald mit einem bescheidenen Frühstück zurück. Mittlerweile waren die zahlreichen Gäste so mit dem Verzehr ihrer Speisen beschäftigt, dass es in den Räumen des Restaurants wieder angenehm ruhig wurde. Die deutsche Reisegruppe hatte bis zum Beginn ihrer Tagesreise noch reichlich Zeit, und Lothar machte sich bereits Gedanken über die Strecke, die der Fahrer für die heutige Tour wählen würde. Vermutlich ging es über die Autobahn bis nach Nizza, auf der Rückreise über Cannes und dann der Küste entlang wieder zurück nach Hyéres. Die Tagesausrüstung hatte jeder schon bei sich, und sie schlenderten nach dem ausgiebigen Frühstück entlang einer Seitenfront des Hotelrestaurants und dann über einen kurzen schmalen Weg bis zum Eingang der Rezeption. An der asphaltierten Zufahrtsstraße, die vom Eingangstor bis hierher führte, gab es beidseitig Parkplätze für die ankommenden Hotelgäste. Der weiße Reisebus mit den bunten Palmwedeln stand schon in Bereitschaft und daneben, emsig an seiner

Zigarette ziehend, der Fahrer. Wenigstens die Hälfte der Reisegruppe hatte sich bereits in der Nähe des Busses versammelt, und in unterschiedlichen zeitlichen Abständen gesellten sich immer mehr dazu. Verstreut über den Parkplatz vertrieben sie sich die Zeit mit Gesprächen, oder sie liefen ziellos hin und her. Niemand fühlte sich veranlasst, in den Bus zu steigen, und Monika kam erst jetzt mit zwei Gästen ihrer Reisegruppe um die Ecke. Sie lief auf den Fahrer zu, diskutierte mit ihm und hatte es offenbar auch nicht eilig, das Signal zum Einsteigen zu geben. Eigentlich müssten sich mittlerweile alle eingefunden haben, dachte Frank ein paar Minuten später. Dabei wusste er genau, dass noch jemand fehlte. Wo bleibt sie denn, fragte er sich. Doch kaum hatte er an die Blondine gedacht, da kam sie auch schon mit flottem Schritt aus einer Wegbiegung heraus, die bis zu dieser Stelle durch dicht gepflanzte hohe Ziersträucher verdeckt war. Frank betrachtete sie etwas verwundert. Es war heute der dritte Reisetag, und sie kam in gänzlich neuer Garderobe. Sie trug ein anthrazitfarbenes Kleid, und Frank war sich nicht sicher, ob die recht vornehm wirkende Kleidung zu den Umständen dieses Tagesausfluges an der sonnigen Küste der französischen Riviera so richtig passte. Aber gut sah sie darin aus, musste er einräumen. Ihr helles blondes Haar und ihre eher blasse Gesichtsfarbe standen in einem auffälligen Kontrast zu dem dunklen Kleid. Frank dachte für einen Moment an seinen Traum, und es war ihm fast peinlich, als sie näher kam.

Im Bereich des Parkplatzes angelangt, blieb sie nur noch wenige Meter von ihm entfernt auf der gegenüberliegenden Seite der Zufahrtsstraße stehen, und sie sah sich kurz um. Frank ahnte nicht, welche Situation im nächsten Moment auf ihn zukommen würde. Kein ankommendes Fahrzeug hinderte sie daran, die Straßenseite zu wechseln, und sich dorthin zu begeben, wo sich ihre Reisegruppe versammelt hatte. Doch kaum hatte sie ihren Fuß auf die Straße gesetzt, merkte Frank verwundert, dass sie gezielt auf ihn zu lief. Und einen Moment später stand sie in ihrem dunklen Kleid und mit ihrer silbergrauen Tasche über der Schulter neben ihm. „Das kann nicht sein!", murmelte er in sich hinein. Und dann wiederholte er es noch ein paar Mal: „Das kann nicht sein!" Ein sonderbares Gefühl überkam ihn. „Du brauchst dir nicht in den Arm zu zwicken", sagte er zu sich selbst. „Das ist jetzt kein Traum, das ist real." Sie stand so nahe bei ihm, dass er ihre zarte Hand hätte fassen können, um mit ihr davon zu gehen, und er fand, dass es hier nicht mit rechten Dingen zugehen konnte. Es war, als wollte sie ihm sagen: „Ich weiß von deinem Traum – hier bin ich." Aber in Wirklichkeit sagte sie nichts. Unbeweglich stand sie an seiner Seite und mit verträumten Augen fixierte sie irgendeine Stelle in der näheren Umgebung. Auch Christa stand nahe bei ihm, und er wusste nicht so recht, wie er in dieser Situation reagieren sollte. Doch um das Schweigen zu brechen, wandte er sich dem Mädchen zu, und er begrüßte sie mit einem freundlichen „Guten Morgen". Sie blickte kurz zu ihm und erwiderte die Begrüßung leise und mit fast ernst klingender Stimme. Dann fixierten ihre Augen wieder einen Punkt irgendwo im Umfeld des Parkplatzes, und sie verweilte erneut reglos auf der Stelle. Frank fühlte, dass es die Gelegenheit war, ein paar Worte mit ihr zu wechseln. Doch er zögerte sie anzusprechen, denn er war von ihrem Verhalten so überrascht, dass er noch keinen klaren Gedanken fassen konnte. Und dann war es auch schon zu spät. Kaum eine Minute lang hatte sie neben ihm gestanden, als Monika die Reisegruppe zum Einsteigen aufforderte. Auf ihr Kommando setzten sich alle in Bewegung, und vor den beiden Eingängen kam es zum Stau. Frank ließ Christa vor sich die Treppe hochsteigen, und dann stellte er ihr höflich frei, ob sie am Fenster sitzen wollte oder auf der Gangseite. Der Bus setzte sich sanft in Bewegung und passierte am Ende der asphaltierten Zufahrtsstraße das eiserne Tor. Er bog nach rechts auf die lange Allee ein, die zwischen dem Pinienwald und den künstlich angelegten Salzseen verlief. Frank beobachtete, dass die Blondine sogleich ihr Fotohandy aus der Tasche holte. Aha, sagte sich Frank, diesmal will sie es nicht verpassen. Da tauchten auch schon die ersten Flamingos mit ihrem intensiv rosafarbenen Gefieder auf. Sie standen in dem flachen salzigen Gewässer in kleinen Gruppen zusammen. Frank hörte die Kamera des Mädchens nicht klicken, aber er sah, wie sie auf das Monitorbild schaute und mit dem Zeigefinger immer wieder auf die Auslösetaste drückte. Immer größere Gruppen von Flamingos tauchten auf, und das blonde Mädchen betätigte in kurzen Abständen den Auslöser. Die mit niedrigen Dämmen abgegrenzten Gewässer zogen sich weit dahin, und bald sah man nur noch ein paar einzelne Exemplare der großen Vögel, die mit ihren langen Schnäbeln auf dem Grund des Gewässers herumstocherten. Das Mädchen aber hielt immer noch angespannt ihre Kamera vor sich. „Nun ist es aber gut!", sagte Frank in Gedanken zu ihr. „Jetzt hast du genug Fotos von diesen Tieren, und sie sehen ja doch alle gleich aus." Es schien ihm, als hätte sie seine

Anmerkung gehört. Sie hörte auf zu fotografieren und steckte ihr Handy wieder in die silbergraue Tasche.

Nur kurze Zeit später hatte der Reisebus das am Ende der Landzunge gelegene Hyéres erreicht, wo die Reise auf einem Parkplatz am Rande des Ortes erst einmal ihr Ende fand.

Monika hatte ihre Fahrgäste bereits über den Treffpunkt informiert. Hier wurde die Reiseleiterin erwartet, die die Gruppe auch in den folgenden Tagen und bei allen geplanten Ausflügen begleiten sollte. Aber niemand war zur Stelle, und nach längerer Wartezeit machte sich im Bus Unmut über die nicht geplante Fahrpause bemerkbar. Etwas über eine halbe Stunde lang musste sich die Reisegruppe gedulden. Dann stieg eine Frau im mittleren Alter mit kurzem sportlichen Haarschnitt und ein dünnes Sommerkleid tragend zu. Sie nahm das Mikrofon in die Hand, stellte sich vor und entschuldigte sich für ihre Verspätung. Sie wäre bei der hohen Verkehrsdichte mit ihrem PKW einfach nicht vorangekommen. „Da muss man eben etwas eher losfahren, wenn man das weiß!", kommentierte der hinter Christa sitzende Herr etwas bissig ihre Rede. Die Dame im leichten braun gemusterten Sommerkleid hatte es wohl nicht gehört, und sie begann der Reisegruppe etwas zur eigenen Person zu erzählen. Frank war es sofort aufgefallen, dass sie sehr deutlich und ohne jeglichen Akzent sprach. Sie war Deutsche, lebte aber schon über ein Jahrzehnt lang zusammen mit ihrem Mann in Frankreich. Dann begann sie ihren Reisegästen etwas über den Ort zu erzählen, den sie gerade durchfuhren, und schließlich kam sie ausführlich auf das Reiseziel des heutigen Tages zu sprechen.

Die Fahrt verlief so, wie es Lothar bereits vermutet hatte. Am Ortsausgang bog der Bus auf die Autobahn ein, und bald tauchten die ersten blauen Hinweisschilder mit der Aufschrift Nizza auf. Christa saß am Fenster und warf hin und wieder einen Blick auf die vorbeiziehende Landschaft. Eine Sicht auf das Meer war nicht möglich. Die Autobahn verlief zu weit von der Küste entfernt. Frank und Lothar interessierten sich besonders für das Landschaftsbild linksseitig der Autobahn. Ab und zu zeigten sich die hohen Bergmassive der südwestlichen Alpen und sie wussten, dass sich zwischen diesen Bergketten auch eine jener gewaltigen Schluchten befand, die zwei Tage später ihr Reiseziel sein würde.

Auch das blonde Mädchen beobachtete, ihre Handykamera wieder in Bereitschaft haltend, aufmerksam das dem Meer abgewandte und in der Ferne langsam vorbeiziehende Gebirgspanorama.

Franks Gedanken richteten sich noch einmal auf jenes sonderbare Ereignis am Morgen dieses Tages. Bisher hatte sie ihn konsequent ignoriert, und nun dieses völlig unerwartete Verhalten. War doch überall Platz, auf die Abfahrt zu warten, und sie hätte sich auch wieder zu der alten Gouvernante und ihren Freundinnen gesellen können. Aber offenbar wollte sie das nicht, vielleicht suchte sie wirklich nach einem neuen Kontakt. Aber warum gerade zu ihm und warum mit dieser überraschenden Zielstrebigkeit. Wusste sie wirklich von seinem Traum? Er konnte sich die Sache hin und her überlegen. Mit rechten Dingen konnte das nicht zugegangen sein. Aber nun plagte ihn auch Unzufriedenheit mit dem, was er in dieser Situation gemacht hatte. Er hätte das Angebot nutzen können, um mit ihr ins Gespräch zu kommen.

Es wäre so einfach gewesen. Er hätte sie fragen können, ob sie denn mit ihrer Unterkunft zufrieden ist, wie ihr diese Anlage inmitten des schönen Pinienwaldes gefällt und ob sie gut geschlafen hat oder doch, bei dem Gedanken in dem Bungalow ganz allein zu sein, ein bisschen Angst aufgekommen war. Aber so hatte es ihm in dem Moment die Sprache verschlagen. Jeder junge Mann hätte die Gelegenheit zur Kontaktaufnahme genutzt und sich mit ihr bekannt gemacht. „Aber ich war wohl wieder einmal zu langsam", ärgerte sich Frank ein wenig. Doch sie hatten noch drei Tagesreisen vor sich. Er würde das Versäumte nachholen können und vielleicht bald herausfinden, was dieser Vorfall am Morgen dieses Tages zu bedeuten hatte.

Die draußen vorbei ziehende Landschaft erschien hell und sonnig. Es kündigte sich ein schöner Tag an. „Vielleicht auch mit einer schönen Überraschung", dachte sich Frank. Der Stadtname Nizza war ihm geläufig. Aber er hatte noch keine Vorstellung von dieser Stadt an der französischen Riviera. Er musste sich eingestehen, dass er anders als sonst völlig unvorbereitet war. Er sprach Christa deswegen an. Aber sie hatten wirklich nichts zur Hand, um sich schon im Voraus ein Bild von dieser Stadt zu machen. Doch dann stellte sich heraus, dass hinter ihnen jemand saß, der mithörte. Der Herr auf dem Platz hinter Christa klopfte Frank sanft auf die Schulter. Mit freundlicher Mine schob er eine kleine Reisebroschüre über die Sitzlehne und sagte nur: „Seite einhundertzwölf". Frank und Christa bedankten sich, und sie nutzten die verbleibende Fahrzeit auf der Autobahn, um sich wenigstens ein bisschen über die Stadt und ihre Sehenswürdigkeiten zu informieren.

Die Fahrt nach Nizza dauerte reichlich zwei Stunden, und schon nach Erreichen der Außenbezirke wurde deutlich, dass sie in einer wunderschönen Stadt angekommen waren. Der Bus hielt nahe des Stadtzentrums nur kurz an, um die Reisegruppe aussteigen zu lassen. Alle Parkplätze, welche der Fahrer angesteuert hatte, waren überfüllt, und er musste sich wieder auf die mühevolle Suche nach einem Stellplatz begeben. Die Reiseleiterin ging ihrer Gruppe mit lockerem, flotten Schritt voran. Sie führte sie ein kleines Stück auf dem Fußweg neben einer mehrspurigen grau asphaltierten Straße, die gesäumt von einer langen Palmenallee parallel zur Meeresküste verlief, und dann bog sie mit ihrer Reisegruppe in eine Seitenstraße ein, die auf den bekanntesten historischen Platz der Stadt führte. Beeindruckt schaute Frank nach allen Seiten. So schön hatte er sich diese Stadt nicht vorgestellt. Inmitten jenes berühmten Platzes, dessen gesamte Bodenfläche in ungewöhnlicher Weise nach dem Muster eines Schachbrettes gestaltet war, machte die Reiseleiterin halt. Sie standen an einem großen rund eingefassten Brunnen mit bronzenen Figuren, bei dem eine Vielzahl kleiner Fontänen von oben herab in das darunter liegende Becken sprudelte und die nähere Umgebung in angenehmer Weise kühlten. Frank schaute sich um, und wohin er auch sah, gab es Schönes zu entdecken. Der gepflegte Platz mit seinen akkurat angepflanzten Palmen war an allen vier Seiten von prachtvollen Gebäuden umsäumt, deren von Arkaden gestützten malerischen Fassaden in kräftigen Farben leuchteten. Rot und rosarot, gelb und ockerfarbig strahlten die Häuserreihen, die den Platz umgaben, in der Sonne.

Es war auffällig warm in der Stadt, aber es war eine sehr angenehme Wärme, und Frank konnte aus den Gesichtern der anderen lesen, wie wohl sie sich hier fühlten. Die Reiseleiterin stellte sich an den Brunnenrand und gab rufend und winkend das Zeichen, dass sich die etwas verstreute Reisegruppe nun um sie versammeln sollte. Sie begann ihren Gästen von der Geschichte der Stadt zu erzählen, von ihren historischen Gebäuden, den Denkmälern, ihren schönen Parkanlagen und von den sehenswerten Plätzen der Innenstadt. Ihre Gäste erfuhren, dass Nizza, umgeben von grünen Hügeln und romantischen kleinen Dörfern, die Metropole der Cote d'Azur ist, dass diese Stadt auf eine 2400 Jahre alte Geschichte zurückblicken kann, dass sich schon die alten Griechen und Römer hier niedergelassen hatten und sie als Winterdomizil des russischen Adels gedient hatte. Sie erzählte, dass die Stadt in gelungener Weise berühmte barocke Bauten und moderne Architektur in sich vereint, dass man in ihr weltberühmte Museen und Galerien findet, aber auch modernst ausgestattete Kongresszentren.

Die Frau in dem dünnen braun gemusterten Sommerkleid hatte eine muntere und geradezu fesselnde Erzählweise, und man spürte, dass sie sich in dieser Stadt auskannte, ja, dass sie diese Stadt liebte und versuchte, ihr Wissen und ihre eigene Begeisterung an die Zuhörer weiterzugeben. Einige ihrer Reisegäste waren bis dahin noch etwas verstimmt, weil sie die Gruppe warten ließ, und sich erst mit erheblicher Verspätung eingefunden hatte. Aber jetzt schienen sie sich mit ihr versöhnt zu haben, und sie hörten aufmerksam zu. Nur das blonde Mädchen hatte Wichtigeres zu tun. Sie lief mit schnellem Schritt auf dem Platz umher, bewegte sich von einer Stelle zur anderen und fotografierte. Ein bisschen konnte Frank sie ja verstehen. Es boten sich so viele Motive, und die intensiv einstrahlende Sonne brachte die grünen Wedel der Palmen und die kräftigen Farben der an den Platz grenzenden Prachtbauten zum Leuchten. Schließlich hatte die junge Frau für ihre Aufnahmen eine Position nahe ihrer am Brunnen verweilenden Reisegruppe entdeckt. Frank sah zu ihr und sprach sie in Gedanken an. „Ja solltest du nicht besser erst mal zuhören, was uns hier über diese Stadt erzählt wird. Zum Fotografieren hast du hinterher immer noch Zeit!" Frank konnte nicht ausschließen, dass er sich das nur einbildete. Aber die Blondine beendete ihre Fotoaktion augenblicklich, ja gerade so, als hätte sie seinen kritischen Zuruf vernommen. Sie kam zu ihrer Reisegruppe und drängelte sich so weit nach vorn, bis sie direkt neben der Reiseleiterin stand und als wollte sie nun demonstrativ ihr Interesse an den Ausführungen der ortskundigen Frau bekunden. Da stand sie in ihrem dunklen anthrazitfarbenen Kleid und mit ihren langen blonden Haar neben dieser Frau im leichten Sommerkleid und mit dem kurzen sportlichen Haarschnitt. Frank hörte immer noch aufmerksam zu und musterte dabei die Blondine. Schon zum dritten Mal hat sie ihre Garderobe gewechselt, dachte er. Wenn das so weiter geht, dann muss man sich nicht wundern, dass sie auf der Anreise so viel Gepäck mit sich herumzuschleppen hatte. Frank stand inmitten seiner Reisegruppe und den beiden Damen nur wenige Meter gegenüber. Er suchte möglichst unauffällig nach einer Lücke zum Fotografieren und er nutzte, nach dem er sie gefunden hatte, die Gelegenheit für eine Aufnahme. Er betrachtete das Bild sogleich auf dem kleinen Monitor seiner Kamera und fand, dass es eine schöne Aufnahme der beiden geworden war. Die Wasserfontänen und Bronzefiguren des Brunnens erschienen als Hintergrund und auch ein paar andere Mitglieder seiner Reisegruppe waren mit auf das Bild gekommen. Doch eins machte Frank nachdenklich. Es ging schon auf Mittag zu, doch es gab keine Anzeichen, dass sich die Blondine ihm gegenüber anders verhielt, als die Tage zuvor. Es gab keinen weiteren Versuch einer Annäherung. Ja, es war gerade so, als hätte es diesen Vorfall am Morgen gar nicht gegeben.

Als die Reiseleiterin ihren Vortrag beendet hatte, gab sie das Signal zum Aufbruch und zur Fortsetzung der Stadtbesichtigung. Im gemütlichen Schritt voran gehend führte sie ihre Gäste vorbei an den anderen schönen Brunnen des Platzes, an hoch aufragenden Skulpturen und Denkmälern und dann entlang schattenspendender Arkaden und Palmen hinein in die engen romantischen Gassen der Altstadt. Frank bewunderte den guten Zustand der alten Gebäude, deren Fassaden in unterschiedlichster Weise mit Balkons gestaltet waren, und hinter deren kunstvoll gearbeiteten Gittern kleine Palmen und andere exotische Pflanzen das Bild der schmalen Gassen belebten. Die Reiseleiterin sprach vom italienischen Flair dieser aus dem 17. Jahrhundert stammenden Gebäude. Und man stolperte regelrecht von einem kleinen Straßenrestaurant ins andere, deren Tische und Stühle überdacht von farbigen Sonnenschirmen meist mitten auf den gepflasterten Fußgängerpassagen aufgestellt waren.

In den schmalen Gassen zog sich die Reisegruppe auseinander. Frank nahm Christa wieder an die Hand, damit sie sich in dem Gedränge von Touristen nicht verlieren konnten. Die Frau im luftigen Sommerkleid musste lange warten, bis sich der letzte ihrer Gruppe eingefunden hatte, wenn sie an einer interessanten Stelle stehen blieb und etwas zu erzählen hatte. „Haben wir auch keinen verloren?", rief sie dann laut über die Köpfe ihrer Gäste hinweg. Es war schwer für sie zu überblicken, ob sie auch wirklich alle wieder in ihrer Nähe hatte. Frank musste sich deswegen keine Sorgen machen. Christa hatte er an der Hand und Lothar und Inge meist im Blick. Auch wusste er eines stets ganz genau. Wenn die Blondine fehlte, hätte er ihren Verlust sofort melden können. Es bedurfte auch keiner besonderen Mühe, ihre Anwesenheit zu registrieren. Sie war relativ groß und inmitten der Rentnergesellschaft fiel der Kopf mit dem hellen blonden Haar immer auf. Sonst war nur noch die alte Dame mit dem silbergrauen Haar und der stets mitgeführten Krücke für ihn besonders auffällig.

Jetzt wo die Reiseleiterin ihre Gruppe vor einer im Barockstil erbauten Kathedrale versammelt hatte, saß die alte Dame etwas abseits von der Gruppe im Schatten eines Hauses auf einer Holzbank, und ihr rot gefärbtes Gesicht verriet, wie sehr ihr der lange Weg durch die Stadt und die aufgekommene Hitze zu schaffen machte. Es war die letzte Stelle der Führung durch die romantische Altstadt. Nun verabschiedete sich die Reiseleiterin von ihrer Gruppe mit einer Information über den Treffpunkt, an dem sich alle wieder einzufinden hatten. Sie gab ihren Gästen zwei Stunden Zeit, die schöne Stadt jetzt im Alleingang zu erkunden. Allmählich verstreuten sich die Mitglieder ihrer Reisegruppe in dem Gewirr enger Gassen. Frank bemerkte, wie sich das blonde Mädchen umsah, als wollte sie herausfinden, wem sie sich anschließen konnte. Doch schließlich machte sie sich allein auf den Weg, und bald war sie im Trubel der Touristenmenge verschwunden. Frank und Christa blieben mit ihren Urlaubsfreunden zusammen. Etwas planlos schlenderten sie durch die Schatten spendenden schmalen Gassen. Sie passierten zum Verweilen einladende Tavernen, deren Tische und Bänke von großen bunten Sonnenschirmen überdacht waren. Souvenirgeschäfte und Modeboutiquen, die ihre Waren im Freien ausgelegt hatten, reihten sich dicht aneinander. Allerorts fand man modische Kleidung und Schmuck und Frank dachte, dass sich die Blondine bei ihrem Alleingang durch die Stadt sicher damit beschäftigen würde.

An einer sehr belebten Stelle verloren Frank und Christa ihre Urlaubsfreunde. Es war der Kreuzungspunkt zweier Gassen, und möglicherweise hatten die beiden in einem der vielen Geschäfte etwas entdeckt, das sie längere Zeit aufhielt. Frank und Christa bummelten nun allein durch die Stadt. Und sie wunderten sich, dass sie bei ihrem planlosen Dahinschlendern plötzlich auf den Blumenmarkt stießen, der sich am Rande der Altstadt befand, und den ihre Reiseleiterin als besonders sehenswert empfohlen hatte. Sie hatte ihn als einen der beliebtesten Plätze der Altstadt beschrieben. Nun näherten sie sich den in mehreren langen Reihen aufgestellten Ständen, die von bunten Stoffdächern und Sonnenschirmen überspannt waren, und sie sahen die Blumenhändler inmitten ihrer Blütenpracht. Frank spürte, dass Christa hier an der richtigen Stelle war, und auch er fühlte sich angesprochen von dem farbenprächtigen Blumenmeer, von der unglaublichen Vielfalt von Schnitt- und Topfpflanzen, Blumengebinden, farbigen Sträußen in kunstvollen Vasen und rustikalen Blumenwagen. Frank und Christa bewegten sich ganz langsam durch das Areal inmitten der Stadt, das von der hochstehenden Sonne bestrahlt in allen erdenklichen Farben leuchtete.

Auch den zweiten Marktplatz der Altstadt erreichten sie ohne Stadtplan und Ortskenntnisse eher zufällig. Auch hier liefen sie die Reihen der unter freiem Himmel aufgestellten Warenstände ab, und Christa ließ sich viel Zeit, das Angebot an Obst, Gewürzen, Keramik, T-Shirts, Schmuck und Schuhen zu begutachteten. Doch Frank wurden langsam die Beine müde. Er meinte, dass es an der Zeit sei, eine Pause einzulegen, und er hatte wenig Mühe Christa zu überzeugen. Sie liefen zurück über den Blumenmarkt, und Frank fiel auf, dass auch dieser Platz von schönen Gebäuden mit farbenkräftigen Fassaden und italienischem Flair gesäumt war. Gemütliche Straßencafés luden zum Verweilen ein. Doch die Suche nach zwei freien Plätzen war vergebens. So begaben sie sich auf der Suche nach einer romantischen Taverne wieder in die Gassen der Altstadt.

An einem kleinen aber mit riesigem Sonnenschirm überspannten Restaurant, dessen hölzerne Bänke und Tische ein Stück seitwärts in einer Gebäudenische aufgestellt waren, winkten ihnen plötzlich einige Mitglieder ihrer Reisegruppe freundlich zu. Frank und Christa sahen es als Einladung, und es schien, dass sich zwei freie Plätze hier noch finden ließen. Auch das Ehepaar, das im Bus auf der Sitzreihe hinter ihnen saß, hatte sich für eine Mittagspause unter dem großen Sonnenschirm entschieden. Nachdem alle, die bereits auf der rustikalen hölzernen Bank saßen, etwas zusammengerückt waren, wurde Platz für die Ankömmlinge, die ihre Beine endlich unter dem Tisch entspannen konnten. Frank sah sich um, und er bemerkte, dass die meisten der Gäste

Einheimische waren. Da saßen drei ältere Herren mit schwarzem Haar und braun gebrannten Gesichtern, die sich heftig gestikulierend über irgendein spannendes Thema unterhielten, dort war eine junge Mutti, die ihren kaum zwei Jahre alten Jungen auf den Schoß hatte und geduldig versuchte, ihm etwas von ihrem eigenen Teller schmackhaft zu machen. Ringsherum sprach man französisch. Nur der Kellner, der ihre Bestellung aufnahm, sprach etwas deutsch. Der lange Tisch aber, an dem Frank und Christa Platz genommen hatten, wurde mehr und mehr zu einer kleinen deutschsprachigen Insel. Weitere Mitglieder der Reisegruppe entdeckten beim Bummel durch die Gassen der Altstadt ihre Bekannten, die es sich in der romantisch anmutenden Taverne gemütlich gemacht hatten. Sie setzten sich, frei gewordene Plätze nutzend, dazu und bestellten sogleich kleine Mahlzeiten und kühle Getränke. Interessierte Zuhörer erfuhren, was sie so alles in der Stadt entdeckt hatten. Die Zeit verging in gemütlicher Runde. Und erst nachdem der Herr neben Christa besorgt auf seine Armbanduhr gesehen hatte, machten sie sich auf, um nicht zu spät an der Sammelstelle zu erscheinen, die ihnen von der Reiseleiterin vorgegeben war. Sie gingen gemeinsam durch die vertraut gewordenen schmalen Gassen, über den Platz mit dem schachbrettartig verlegten Bodenplatten und vorbei an dem großen runden Brunnen mit seinen sprudelnden Fontänen und bronzenen Pferdeskulpturen. Und Frank fand, dass die den Platz säumenden bunten Fassaden der imposanten Bauten nun noch kräftiger in der Sonne leuchteten als einige Stunden zuvor.

Dann spürte er einen leichten Ruck von Christas Hand, was bedeutete, dass sie ihm auf etwas aufmerksam machen wollte. „Sieh mal, wer da kommt!", sagte sie. Auch ihre Urlaubsfreunde waren auf dem Rückweg zur Sammelstelle. Und nun berichteten sie ausführlich von dem, was sie in der letzten Stunde erlebt und entdeckt hatten. Einen Großteil dieser Zeit hatten sie für ein ausgiebiges Mittagessen in einem der Straßenrestaurants der Altstadt genutzt.

Während sich die beiden Frauen mehr und mehr über Einzelheiten des Warenangebots in den zahlreichen kleinen Geschäften und auf den Marktplätzen der Stadt unterhielten, ließ sich Lothar zusammen mit Frank etwas zurückfallen. Dann stieß Lothar seinen Begleiter leicht mit der Hand an, so dass Frank wusste, dass er ihm etwas Bedeutendes zu erzählen hatte. „Weißt du, wer in dem Restaurant neben mir saß?", begann er wichtigtuend seine Rede. „Unsere Blondine saß am Tisch neben mir!" „Ach so", erwiderte Frank, als wäre es ihm gar nicht so wichtig. Dabei hoffte er durchaus ein paar Neuigkeiten über sie zu erfahren. „Hast du dich denn mit ihr unterhalten?", fragte Frank bei ihm an. „Ich hätte sie ansprechen können", erwiderte Lothar. „Aber ehrlich gesagt wusste ich nicht so recht, worüber ich mit ihr reden sollte." Trotzdem hatte er bei der Unterhaltung an dem langen Tisch, an dem auch die alte Gouvernante mit ihren beiden Freundinnen saß und noch ein anderes Ehepaar der Reisegruppe einiges mitbekommen. Nach einem Blick auf ihren Teller hatte man sie etwas verwundert nach ihren Essgewohnheiten gefragt und erfahren, dass sie prinzipiell kein Fleisch ist. „Da ernährt sie sich also nur vegetarisch", warf Frank ein. Er dachte sich, so sieht sie auch aus – so sehr schlank, ja fast ein bisschen zu dünn. Und dann erinnerte er sich auch, wie spärlich ihr Teller belegt war, nach dem sie sich abends am Büfett des Golfhotels bedient hatte. „Aber vielleicht macht sie das aus gesundheitlichen Gründen, vielleicht wegen ihrer Erkrankung an Diabetes", gab Frank zu bedenken. „Scheint nicht so zu sein", erwiderte Lothar. „Sie hat gesagt, dass sie es aus einer Überzeugung heraus macht – der Tiere wegen, die geschlachtet werden müssen, um den Fleischbedarf der Menschen zu befriedigen, und dass ihr die Tiere, die dafür geopfert werden müssen, einfach leid tun."

Frank horchte auf. Da konnte er sie wohl doch nicht einfach als typisches Modepüppchen einstufen, als so ein Mädchen, das sich über nichts anderes Gedanken machte. Er hatte Freunde und Bekannte, die sich aus ganz ähnlichen Gründen auf vegetarische Kost beschränkten, und er hatte mit ihnen schon oft über Sinn und Zweck einer solchen Ernährungsweise diskutiert. Es wäre ein Thema, über das er sich auch gern einmal mit dem blonden Mädchen unterhalten hätte. Aber auch sonst brauchte er sich keine Sorgen über Gesprächsstoff zu machen, falls es erst einmal gelingen sollte, ihr ein bisschen näher zu kommen. Man musste nur herausfinden, wofür sie sich interessierte und was sie im Leben so bewegte. Frank wusste, dass der Tisch in diesem Restaurant nicht die richtige Stelle gewesen wäre, um ein Gespräch mit ihr zu beginnen, das über das momentane wohltuende Wetter, das angenehme Klima hier und die gewonnenen Eindrücke von der Stadt hinausging. So beneidete er Lothar eigentlich nicht. Andererseits hätte solch ein Zusammensein in der Taverne vielleicht geholfen, Fremdheit und die Scheu voreinander etwas abzubauen, dachte sich Frank. Nun aber musste er auf andere Gelegenheiten hoffen, und er sah es optimistisch, standen doch noch einige Reisetage bevor. Die letzten beiden Stunden hatte er die Blondine gar nicht zu Gesicht bekommen, und als er mit Christa und seinen Urlaubsfreunden an der vereinbarten Sammelstelle ganz in der Nähe des Stadtstrandes ankam, stand sie schon am Bus, und sie unterhielt sich mit den drei alten Damen. Auch die Reiseleiterin war bereits zur Stelle, und sie versuchte sich durch mehrmaliges Abzählen Gewissheit zu verschaffen, ob ihre Reisegruppe vollzählig war. Die Besichtigung der Strandpromenade von Nizza hatte sie in ihrem Programm an letzter Stelle, und ihre Gäste standen hier schon nahe der Meeresküste. Eine Lücke im Verkehrsstrom abwartend überquerte sie dann allen vorangehend die mehrspurige Küstenstraße, um auf die parallel dazu verlaufende dunkelbraun asphaltierte Strandpromenade zu gelangen. Auf der auffällig breiten Fußgängerzone angelangt, konnten ihre Gäste nun die bekannteste südfranzösische Strandpromenade in beiden Richtungen und in ihrer ganzen Länge überschauen. Sieben Kilometer weit zieht sich der Strand von Nizza hin, erklärte sie ihren Gästen. Sie zeigte auf die ausgedehnten Parkanlagen, die Villen und die palastartigen Hotels, die sich entlang der Küstenstraße aufreihten. Interessiert zuhörend hatten sich nun alle an der niedrigen, mit hellen Kalksteinen errichteten Mauer versammelt, hinter der jener breite und sich schier endlos dahinziehende Kiesstrand begann, der in der hochstehenden Sonne so hell leuchtete, dass es beim Hinsehen die Augen blendete. In der nur leicht geschwungenen weitläufigen Bucht spiegelte die Meeresoberfläche bis hin zum Horizont und belebt von dem Aufblitzen einzelner Wellenkronen den blauen Himmel wieder.

Niemand entfernte sich aus der versammelten Reisegruppe, und die aufgeweckte Frau, deren dünnes Sommerkleid in der sanften Meeresbrise leicht zu flattern begann, hatte von diesem ungewöhnlichen Strand und der Geschichte der berühmten Promenade noch viel zu erzählen. Am Ende ihrer Rede informierte sie ihre Gruppe über die Abfahrtstelle des Busses und die Zeit, die verblieb, bis sich an diesem Ort alle wieder einzufinden hatten. Dann entließ sie ihre Gäste für einen Spaziergang entlang der Promenade.

Frank hatte schon während ihres Vortrages die ersten Aufnahmen von dem Küstenpanorama der Stadt gemacht, und er ließ seine Nikon eingeschaltet, um schnell startklar zu sein, wenn sich ein neuer imposanter Blick bot. Und nun sah er, wie das blonde Mädchen einer der drei alten Damen ihr Handy überreichte und ihr die Bedienung des flachen kleinen Gerätes erklärte. Offenbar wollte sie vor dem Hintergrund dieses berühmten Badestrandes nun selbst mit auf das Bild kommen. Sie stand zusammen mit den alten Damen etwas abseits von der Gruppe, von der die meisten immer noch zögerten, die Stelle in eine der beiden möglichen Richtungen zu verlassen. Die junge Frau positionierte sich an der niedrigen Kalksteinmauer mit dem Kiesstrand und der Meeresbucht im Rücken, und die alte Dame hantierte in ein paar Meter Entfernung mit ihrer Kamera. Aber irgendwie funktionierte da etwas nicht. Das blonde Mädchen verließ ihre Position und erklärte der alten Dame noch einmal, was zu tun war. Doch auch der zweite Anlauf scheiterte, und die Blondine musste erneut Hilfestellung geben. „Siehst du", sagte Frank zu ihr in Gedanken. „Du hättest deine Handykamera wohl doch besser mir geben sollen. Dann brauchtest du nicht so viel zu erklären. Und ein erfahrener Fotograf hätte auch gewusst, wie er dich positionieren muss, damit es eine richtig schöne Aufnahme wird!" Frank erinnerte sich sogleich an den Moment, wo sie beim Fotografieren auf der hoch über dem Hafen von Monaco gelegenen Plattform ganz nahe beieinanderstanden. Sie hätte ihm ihr Handy überreichen und ihn um eine Aufnahme bitten können, bei der sie vor dem Hintergrund der imposanten Stadt mit auf das Bild gekommen wäre. Er hätte ihr den Wunsch gern erfüllt, und es wäre eine gute Gelegenheit gewesen, miteinander ins Gespräch zu kommen. Aber sie hatte das nicht gemacht, und Frank lag es fern, gegenüber der jungen Frau in irgendeiner Weise aufdringlich zu erscheinen.

Nun bemühte sie die alte Dame, die von Fotografie und der kleinen Handykamera offenbar wenig verstand. Dann schien es für einen Moment als wäre die Fotoaktion doch noch geglückt. Aber da winkte die junge Frau ab. Sie lief ein ganzes Stück zurück in jene Richtung, wo noch der Rest ihrer Reisegruppe versammelt war. Mit Zuruf und Handzeichen forderte sie die alte Dame auf, aus dieser geänderten Perspektive heraus erneut zu fotografieren. Na ja, dachte Frank, sicher will sie durch die Verkleinerung des Winkels zur Mauer erreichen, dass die attraktive Strandpromenade in ihrer ganzen Länge mit auf das Bild kommt. Offensichtlich wusste die alte Dame nun, wie es geht, und Frank sah, wie sie ein paar Mal abdrückte und danach das Handy wieder zur Seite nahm. Doch die Blondine war noch nicht zufrieden und gab zu verstehen, dass sie weitere Aufnahmen wünschte. Sie verkürzte den Abstand zum versammelten Rest ihrer Reisegruppe ein weiteres Mal. Frank und Christa standen am Rand der Ansammlung, und die Blondine bewegte sich im Rückwärtsgang direkt auf Frank zu. Sie kam immer näher, und dann fehlte nur noch ein Schritt, und sie wäre mit ihren spitzen Absätzen Frank auf den Fuß getreten. „Was soll denn das nun?", fragte sich Frank leicht irritiert. Und er ergriff, bevor sie ihm wirklich auf den Fuß trat, schnell noch die Flucht zur Seite. Er war sich indes sicher, dass die alte Dame bereits ausgelöst hatte und dass nun er und wahrscheinlich auch Christa zusammen mit der Blondine auf der Aufnahme waren. „Wollte sie das?", fragte sich Frank nach dem Zweck dieser Aktion rätselnd. Aus fotografischer Sicht hatte es jedenfalls keinen Sinn.

Allmählich machte sich nun auch der Rest der Reisegruppe auf den Weg, um ein größeres Stück der berühmten Strandpromenade in Augenschein zu nehmen, die über ihre gesamte Länge von akkurat angepflanzten Palmen gesäumt wurde. Frank und Christa schlenderten zusammen mit ihren Urlaubsfreunden entlang der breit angelegten und äußerst sauber gehaltenen Fußgängerzone, die erst durch die Kalksteinmauer und nun durch ein niedriges blau gestrichenes Rohrgeländer von dem langen Badestrand der Stadt abgegrenzt war. Der Blick auf den hell leuchtenden Kiesstrand war immer frei. Die Sonne stand hoch am klarblauen Himmel, und die sommerliche Temperatur hatte die Bewohner der Stadt und vermutlich auch eine Vielzahl von Touristen hierher gelockt. Sie lagen mit vom Sonnenöl glänzenden Körpern auf Bastgeflechten und bunten Decken, die den Druck der kleinen Kieselsteine auf den Körper erträglicher machen sollten, zwischen den vom leichten Wellengang überspülten Ufer und der höher gelegenen

Strandpromenade, auf der eine Schar von Touristen hin und her pendelte.

Die hohe Temperatur zur Mittagszeit wurde nun doch schwer erträglich. Inge hatte bald einen schattigen Platz auf einer der in regelmäßigen Abständen aufgestellten weißen Bänke gefunden. Lothar und Christa setzten sich dazu, während sich Frank, nach neuen Motiven Ausschau haltend, ein Stück von ihnen entfernte. Er fand eine Öffnung in dem blauen Geländer und ein paar Stufen, über die er den mit abgerundeten hellen Steinchen bedeckten Badestrand erreichte. Er lief hinunter bis zu der Stelle, wo die Kieselsteine unter der unruhigen Wasseroberfläche verschwanden. In dem klaren, im Randbereich hellblau schimmernden Meereswasser herrschte reger Betrieb. Kinder tummelten sich mit großen bunten Bällen und aufgeblasenen Gummitieren lautstark in der Flut, und die Kleinsten, die sich nur mit Mühe auf den Beinen halten konnten, kämpften verspielt gegen die sanft anrollenden Wellen. Weit draußen konnte man einige mutige Schwimmer beobachten, die sich zwischen schwarz gekleideten Surfern und Booten mit bunten Segeln im Wasser bewegten. Frank inspizierte den langen Kiesstrand in beide Richtungen. Das war also jener Strand, wo sich nach den Verheißungen der Werbeprospekte gern die hübschen Französinnen präsentierten. Frank sah sich um, aber eine außergewöhnliche Ansammlung attraktiver junger Damen konnte er nicht entdecken. Vielleicht war es nicht der Zeitpunkt, wo sie hier ihren Auftritt hatten. Statt schwarzhaariger Französinnen fotografierte er die Kinder, die hier ausgelassen im Wasser herumtobten. Dann schwenkte er seine Kamera wieder längs des Ufers auf den hellen Kiesstrand. Nur das von der Sonne beschienene und dadurch blass gewordene Monitorbild beobachtend versuchte er schöne Motive inmitten des Badestrandes von Nizza zu finden. Weder einen jener Herren mit dünnem Haar und gewichtigen Bauchumfang noch eine jener älteren Damen wollte er im Vordergrund seiner Aufnahmen. So positionierte er eine jüngere Frau, die sich auf einer bunten Decke sitzend sonnte, auf die linke Seite des Bildausschnittes. Er prüfte das Hintergrundpanorama und drückte ab. Doch sogleich bemerkte er, dass die junge Dame ihre Körperhaltung veränderte und ihm nun den Rücken zudrehte. Sie war unbekleidet. Er hatte es tatsächlich auf seinem blassen Monitorbild nicht bemerkt, und er wollte sich am liebsten bei ihr entschuldigen. Aber dann schien es ihm doch ratsamer, die Stelle schnell zu verlassen. Vielleicht würde ihr Ehemann erscheinen, und es könnte Ärger geben.

Als Frank von seinem Fotoausflug zurückkam, erzählte er den anderen von seinem Missgeschick. „Versehentlich?", erwiderte Inge. „Na, das kann hinterher jeder sagen!" Lothar und Christa bliesen sogleich mit in das Horn, und Inge schmunzelte. „Na gut", dachte sich Frank, „da sollen sie doch denken, was sie wollen!" Und er lief trotzig ein Stück vor ihnen her und hielt weiter Ausschau nach den hübschen Damen, die das Werbeprospekt versprochen hatte.

„Wo ist eigentlich unsere Blondine?", ging es ihm dann durch den Kopf. Wenngleich sie niemand für eine Französin halten konnte, würde sie im Bikini doch sicher einen guten Anblick bieten, und hier war für eine hübsche junge Frau in der Tat die richtige Stelle, sich zu präsentieren. Dann fiel es Frank ein, dass die Hotelanlage, in der sie untergebracht waren, auch einen schönen Badestrand hatte.

Er war gegenüber diesem viel kleiner und ruhiger. Doch es war anzunehmen, dass sie die den schönen Hotelstrand schon entdeckt hatte und man sie im Verlaufe der nächsten Tage auch einmal in Badebekleidung sehen würde. Ob sie hier die kurze Zeit für ein Bad im Meer genutzt hatte, wusste Frank nicht. Er sah sie erst wieder, als er mit den anderen zum Reisebus zurückkam. Die Sonne schien immer noch intensiv vom Himmel, und einige Mitglieder der Reisegruppe waren froh, dass sie nach Kennenlernen der Stadt und diesem Spaziergang entlang der Strandpromenade von Nizza wieder in den klimatisierten Bus einsteigen konnten.

Der weiße Reisebus setzte sich wieder in Bewegung, und mit einem letzten Blick auf Palmenalleen, auf prächtige Villen und große, gepflegte Parkanlagen nahm die Reisegruppe Abschied von dieser ungewöhnlich schönen Stadt. Das Tagesprogramm war noch nicht beendet. Der Fahrer steuerte den Reisebus in Richtung Cannes. Er wählte die schnelle Strecke über die Autobahn, und nach einhalbstündiger Fahrt war die Reisegruppe in der Stadt der Filmfestivals angekommen. Nachdem sich der Bus durch den dichten Verkehr im Stadtzentrum gequält hatte, ließ der Fahrer seine Reisegruppe im unteren Stadtteil aussteigen. Er hatte noch keine Stelle zum Einparken gefunden und musste sich wieder auf die schwierige Suche begeben. Die Reiseleiterin führte ihre Gäste an eine schattige Stelle, um ihnen einiges über die Stadt und die großen Filmfestivals zu erzählen, durch die der Ort an der Küste des Mittelmeeres bekannt geworden war. Dann entließ sie ihre Reisegruppe zur Selbsterkundung der Stadt, und sie teilte nur noch mit, bis zu welcher

Zeit alle wieder zurück sein sollten. Ganz allmählich und etwas verunsichert setzten sich ihre Gäste in Bewegung. Nur das blonde Mädchen machte sich schnell auf und davon, so dass ihr auch die Gouvernante und ihre Freundinnen nicht folgen konnten. Es sah nun tatsächlich so aus, als hätte sie hier etwas zu erledigen. Aber sie war wie alle anderen ihrer Reisegruppe in einem jener Bungalows untergebracht, ihr ganzes Reisegepäck hatte sie da zurückgelassen, und Frank konnte sich auch nicht vorstellen, dass die kurze Zeit des Aufenthaltes in dieser Stadt für einen Treff mit Prominenten oder einem Filmregisseur reichen würde. Auf Grund der begrenzten Zeit war für die meisten nur das Festivalgebäude von Interesse. Die Reiseleiterin hatte grob die Richtung gewiesen, aber nun war das Ziel im Alleingang zu finden. Auch Frank und Christa machten sich zusammen mit ihren Urlaubsfreunden auf den Weg. Aber die Suche in der fremden Stadt war mühsam. Alle liefen jene sehr belebte Straße entlang, die parallel zur Meeresküste verlief und in jene Richtung, wo man das Festivalgebäude vermutete. Bald erschwerten in immer dichteren Abständen Absperrungen das Vorwärtskommen. Einige Mitglieder der Reisegruppe kamen zurück und meinten, dass es hier nicht weiter geht. Die Straßenseite musste gewechselt werden, und das Stadtbild wurde infolge vieler Baustellen zunehmend unansehnlicher. Die wachsende Ratlosigkeit führte bald zu kleinen Ansammlungen. Einige Mitglieder der Reisegruppe tauschten Informationen aus und teilten ihren Frust über die Reiseleiterin, die sich einfach abgesetzt hatte, statt ihre Reisegäste noch ein Stück zu begleiten. Lothar schlug vor, den Ratschlägen der anderen zu folgen und es noch einmal auf der anderen

Straßenseite zu versuchen. Ein weiteres Stück in die gewählte Richtung vorangekommen, kam ihnen das blonde Mädchen entgegen. Sie hatte sich als Erste auf den Weg gemacht und gewiss ebenso mit der Absicht, das nahe gelegene Festivalgebäude zu finden. Aber sie kam wieder zurück. Wahrscheinlich unverrichteter Dinge, dachte sich Frank. Aber er meinte, dass sie sich in dieser Situation nun so verhalten würde wie die anderen Mitglieder der Reisegruppe, denen man begegnet war. Man blieb kurz stehen und tauschte Informationen aus. Die Blondine würde ihnen sagen können, ob sie auf dem richtigen Weg waren. Aber die junge Frau näherte sich mit flottem stolzem Schritt und dachte gar nicht daran, irgendetwas zu vermitteln. Schnell und wie eine Fremde lief sie vorbei, und Frank fragte sich enttäuscht, warum sie so ist.

Die eingeschlagene Richtung beibehaltend erblickte Frank Minuten später auf der rechten Seite ein auffällig großes Gebäude mit blau gestrichener Fassade, die aber zum Teil durch Baugerüste und graue Planen verdeckt war. Er begab sich über einige Treppenstufen zur wuchtigen Eingangstür und stellte fest, dass sie verschlossen war. Bei dem Versuch das Gebäude zu umrunden, stießen sie erneut auf Absperrungen. Erst ein schmaler mit braunen Pflastersteinen belegter Fußweg, der ein Stück in den Hinterbereich des Gebäudes führte, gab Gewissheit. Abdrücke von Fußspuren waren zu erkennen, und daneben standen die Namen berühmter Filmschauspieler. Weitere Möglichkeiten, das an der Küste gelegene Arsenal zu erkunden, gab es nicht. Enttäuscht machten sich die Vier auf den Rückweg. Sie passierten noch einmal die recht unansehnliche Hafenanlage, hinter deren Absperrungen aus hohen Drahtzäunen große Mengen von Baumaterial gelagert waren.

Die auf die Rückkehr ihrer Reisegruppe wartende Frau hatte es sich auf einer Bank bequem gemacht. Doch nun musste sie sich den Fragen einiger ihrer Gäste stellen, für die der Stadtbummel durch Cannes zur großen Enttäuschung geworden war. Nach Abfahrt des Busses ergriff sie das Mikrofon, um ein paar Erläuterungen zur vorgefundenen Situation zu geben. Schuld an allem wären die umfangreichen Baumaßnahmen in dem Festivalgelände, meinte sie. „Da hat man uns wohl doch zum falschen Zeitpunkt hierher gebracht!", erwiderte jemand kritisch aus den hinteren Reihen. Die Reiseleiterin versuchte zu besänftigen. Schließlich sei doch allein das Kennenlernen der schönen Stadt Nizza die Tagesreise wert gewesen. Da muss man ihr beipflichten, dachte Frank. Und dann teilte sie ihrer Reisegruppe mit, dass der Bus auf der Rückfahrt nun nicht den Weg über die Autobahn wählen würde, sondern entlang der Küstenstraße, von der aus es eine herrliche Landschaft mit Meerespanorama und schroffen Felsformationen zu bewundern gäbe. Ihre Ankündigung erschien Frank gerade so, als hätte sie diese Fahrtroute als eine Art Entschädigung für die letzten beiden Stunden in der Festivalstadt Cannes gewählt.

Die von ihr erweckten Erwartungen wurden nicht enttäuscht. Die Fahrstrecke verlief tatsächlich ganz nahe am Meer, und das ungewöhnliche Küstenpanorama fesselte die nun ständig nach draußen schauenden Insassen des Reisebusses, der sich durch hohe rötlich schimmernde Felsformationen windend immer engere Kurven durchfuhr. Schließlich fand der Fahrer auf der extrem kurvenreichen Strecke eine Nische zum Einparken. „Für eine

Fotopause", meldete er sich per Mikrofon. „So fünfzehn Minuten, dann geht es weiter."

Frank hatte es längst beobachtet. Ein großer Teil der Reisegruppe war gar nicht im Besitz einer Kamera. Sie verzichteten auf das Gerät wohl in der Überzeugung, dass man die Bilder dieser Reise auch im Gedächtnis gespeichert mit nach Hause nehmen konnte. Einige sah man nur gelegentlich mit einer Kamera in der Hand. Und dann gab es diese kleine Gruppe der besonders eifrigen Fotografen, die stets nach Motiven suchend durch das Gelände stürzten und die wahrscheinlich am Ende der Urlaubswoche ein paar hundert Bilder mit nach Hause nehmen würden. Dazu zählte der Herr, der im Bus hinter ihm saß, sowie das mit ihm befreundete Ehepaar auf der Fahrerseite. Auch der ganz junge Mann und sein Vater waren sehr aktive Fotografen und meist mit zwei Kameras vor Ort, wenn es etwas Wichtiges festzuhalten galt. Aus dem hinteren Teil des Reisebusses gehörten noch drei bis vier Herren dazu, die Frank aber noch nicht näher kannte. Frank zählte zu dieser kleinen überschaubaren Gruppe und – wie er nun wusste – auch das blonde Mädchen, das ebenfalls bei jeder Gelegenheit ihre Handykamera bereithielt, um interessante Motive und Augenblicke dieser Reise einzufangen.

Nach dem Stopp in der Parknische entfernten sich die meisten der Reiseteilnehmer nur ein wenig von ihrem Bus, um Ausschau zu halten. Aber die kleine Gruppe der engagierten Fotografen machte sich auf der Suche nach günstigen Aufnahmepositionen sofort auf den Weg. Die Fotobegeisterten eilten als Erste über die Straße, sie überschritten Geländer und Absperrungen, und sie erklommen kleine, felsige Anhöhen. Kaum eine Stelle war für sie unerreichbar, wenn diese den vermutlich besten Ausblick auf das himmelblaue Meer mit seinen bizarren Buchten, seinen vorgelagerten kleinen Inseln und auf den rötlich schimmernden Fels entlang der Küste bot. Auch die Blondine bewegte sich auf der Suche nach Motiven wieder eilig von Ort zu Ort, und sie entfernte sich dabei oft weit vom Standort des Reisebusses. Frank war das so recht. Die drei alten Damen konnten ihr nicht folgen. Das Mädchen rannte allein umher und manchmal war sie völlig aus dem Blickfeld der anderen verschwunden. Den aktiven Fotografen entging es nicht, wenn sich einer von ihnen an einer bestimmten Stelle besonders lang aufhielt. Auch die blonde junge Frau war dann neugierig, und sie positionierte sich mit ihrer Handykamera ein paar Mal auch direkt neben Frank. Auf ganz natürliche Weise ergab sich so hin und wieder die Gelegenheit mit ihr ins Gespräch zu kommen. Aber Frank war vorsichtig und zurückhaltend. Aufdringlichkeit hätte alles verderben können. Und auf eine freundliche Geste, die Kontaktbereitschaft signalisiert hätte, wartete er vergebens.

Die Sonne hatte den höchsten Punkt ihrer Bahn schon geraume Zeit überschritten, als sich der weiße Reisebus nach zwei weiteren Fotostopps auf dem letzten Abschnitt der malerischen Küstenstraße bewegte. Frank und Christa ließen all das Gesehene und Erlebte noch einmal Revue passieren. Es war ein wunderschöner Tag, und die Stadt Nizza hatte all ihre Erwartungen übertroffen. Dennoch gab es für Frank etwas, dass ihm keine Ruhe ließ, da es ihm sehr rätselhaft erschien. Ganz anders als erwartet, hatte er sich mit dem blonden Mädchen auch heute nicht anfreunden können. Er dachte an das sonderbare Geschehen vor der Abfahrt und versuchte es zu deuten.

Hatte er sie enttäuscht, war er zu zögerlich gewesen, sie anzusprechen? Frank wusste nicht, wie es sich wirklich verhielt, aber er hoffte es noch herauszufinden.

Die Reiseleiterin blieb bis zum Ende der Tagesreise bei ihrer Truppe. Sie erzählte in gewohnt temperamentvoller Weise von den Sehenswürdigkeiten Südfrankreichs und verabschiedete ihre Gäste mit dem Hinweis, dass sie sich am folgenden Tag wieder sehen würden. An der Hotelanlage angekommen meisterte der Fahrer die schwierige Einfahrt durch das enge Tor wieder mit Bravour, und gut gelaunt verließen seine Gäste den Bus, nachdem er wenige Meter vor der Hotelrezeption angehalten hatte. Die Reisegruppe bewegte sich nahezu im Gänsemarsch vorbei an den Stufen zur Eingangstür und dann entlang einem schmalen grau gepflasterten Weg, der auf der einen Seite von einer Mauer des Hotelrestaurants und auf der anderen von ein paar verkümmerten Koniferen begrenzt war. Auch das blonde Mädchen hatte sich eingereiht. Ruhig in einigem Abstand vor Frank und Christa dahin schreitend war sie auf dem Rückweg zu ihrem Bungalow. Frank und Christa unterhielten sich über den möglichen Fortgang des zur Neige gehenden Tages. Doch die Blondine schaute plötzlich nach hinten, und dann holte sie, dabei ein Stück weiterlaufend, ihre Handykamera aus der Tasche. Schließlich blieb sie mit ihrer silbergrauen Tasche über der Schulter auf der Stelle stehen und brachte Frank und Christa zugewandt ihre Handykamera in Aufnahmeposition. Frank versuchte Christa ein wenig zur Seite zu ziehen, um dem Mädchen nicht die Sicht nach hinten zu versperren. Doch noch bevor Christa überhaupt reagierte, hatte die Blondine abgedrückt. Sie drehte sich wieder nach vorn und verstaute ihre Kamera beim Weitergehen in ihrer Tasche. Frank kam sogleich ins Grübeln: Was war das nun wieder für eine Aktion? Neugierig sah er zur Seite und dann nach hinten. Hatte er irgendetwas Interessantes übersehen? Aber da war nichts von Bedeutung. Frank merkte, dass auch Christa das Verhalten der Blondine etwas verwunderlich fand. Der Ausrichtung ihrer Kamera nach zu urteilen, waren sie soeben von der jungen Frau abgelichtet worden. Aber wozu? Frank entsann sich sofort an jenes sonderbare Geschehen an der Strandpromenade von Nizza, wo er erst im letzten Augenblick verhindert hatte, dass sie ihm mit den spitzen Absätzen ihrer Sandaletten auf den Fuß trat.

Doch jetzt war keine Zeit weiter darüber nachzudenken. Bevor sich ihre Wege trennten, konnte mit Lothar und Inge das weitere Programm abgesprochen werden. Der Vorschlag kam von Frank. Die beiden hatten den nahe gelegenen Badestrand noch nicht gesehen. Da wollten sie sich eine halbe Stunde später treffen.

Das Meer war ruhig und die Wellen plätscherten nur ganz sanft ein Stück über das sandige Ufer, als die Vier dort eintrafen. Der helle feinkörnige Sand bedeckte den sauber gehaltenen Badestrand in seiner ganzen Länge. Weder größere Steine noch schwimmender Unrat behinderten den Zugang zum Meereswasser, das so klar war, dass man selbst in größerer Entfernung bis auf den Grund sehen konnte. Nur hier und da sah man ein paar gut abgerundete Steinchen, die in unterschiedlichen Farben auf dem sanft abfallenden Meeresboden lagen. Inge nahm ihre Sandalen in die Hand und lief neugierig ein Stück in das Wasser „Das ist aber schön warm!", meinte sie in dem flachen Bereich herum watend. Dann liefen sie zusammen barfuß ein Stück den Strand entlang und so dicht am Wasser, dass die auslaufenden niedrigen Wellen ihre Füße überspülten. Der ganze Strandabschnitt war für die Gäste der Hotelanlage reserviert. An einigen Stellen sah man noch weiße Liegestühle und ein paar blau-weiß gestreifte Sonnenschirme herumstehen. In einem abgegrenzten Areal war alles, was man für einen Aufenthalt am Strand benötigte, in ausreichend großer Menge gelagert. Dass sich jetzt nur noch ein paar Kinder mit ihren Eltern hier aufhielten, lag wohl daran, dass es schon relativ spät war und die tagsüber wärmende Sonne nur noch flach über dem Horizont stand.

Bis zum Abendessen war noch etwas Zeit. Aber die Vier machten sich schon bald auf den Weg zum Restaurant, denn die Plätze auf der Außenterrasse waren begrenzt, und viele würden es vorziehen, bei dem angenehmen Wetter unter freiem Himmel zu speisen. Die gläserne Eingangstür war noch verschlossen, als sie ankamen, aber die kleine Gruppe der Hotelgäste, die sich hier bereits versammelt hatten und geduldig auf den Einlass warteten, erhielt ständig Zulauf. Und als ein akkurat gekleideter Kellner die Tür endlich aufschob, bewegten sich alle so geschwind durch die großen Räume des Restaurants, als wäre zu befürchten, die Sitzplätze könnten knapp werden oder das Angebot an den Büfetts schnell zu Ende gehen. Mehrere der großen Glastüren, die den Innenraum des Restaurants von der Außenterrasse abtrennten, waren schon geöffnet, und der Kampf um die Tische im Außenbereich bereits voll entbrannt. Entschlossen und schnell handelnd sicherte sich Lothar einen der runden Tische ganz am Rande der Terrasse. Die Handtaschen der Frauen wurden auf den zugehörigen Stühlen platziert, und Frank blieb, allen signalisierend, dass hier besetzt war, am Tisch.

Er nutzte die Zeit, sich umzusehen. Die großen runden Tische des Außenbereichs waren ausnahmslos mit sauberen dunkelblauen Tischdecken belegt, auf denen man je vier Weingläser, Essbesteck und kunstvoll gefaltete bunte Servietten vorfand. Die zu den Tischen gehörenden Stühle waren farblich angepasst und ihre körpergerechten Lehnen mit Verstrebungen aus einem hellblauen weichen Kunststoff machten das Sitzen sehr angenehm. Eine ausgedehnte Poolanlage begrenzte die Außenterrasse. Das klare Poolwasser füllte die blau gefliesten Becken bis zum Rand und Frank sah, kaum zwei Meter vom Beckenrand entfernt sitzend, wie sich die Fassade des gegenüberliegenden Gebäudes darin spiegelte. Farblich gut zu der Poollandschaft passend schmückten hohe Arkaden die Vorderfront des Gebäudes und zwei hohe Pinien, deren Kronen sich deutlich vom abendlichen Himmel abhoben, wurzelten dahinter und überragten auffällig das rot gedeckte Dach.

Dann beobachtete Frank das Treiben auf der Terrasse. Einige Kellnerinnen, bemüht schnellstmöglich alle Wünsche ihrer Gäste zu erfüllen, eilten zwischen den Tischen hin und her. Und immer wieder erschienen zu spät gekommene Gäste, die nach freien Plätzen im Außenbereich des Restaurants suchten und sich dann enttäuscht wieder in die Innenräume zurück begeben mussten. Inge kam als Erste von ihrem Rundgang zurück, sie stellte gefüllte Teller und Schüsseln ab, und Frank erhob sich, um sein eigenes Menü zusammenzustellen. Er hatte immer noch Mühe, sich bei den vielen und völlig verstreut aufgestellten Büfetts zurechtzufinden. Er trödelte zwischen den Tischen umher, lief von einem Raum zum anderen und wusste doch nicht so recht, was er sich auf den Teller legen sollte. Mitten in dem geschäftigen Treiben sah er auch das blonde Mädchen. Nicht weit von ihm entfernt stand sie mit dem Teller in der Hand an einem der Büfetts, und neugierig versuchte Frank zu erkunden, was sie sich da auf den Teller gelegt hatte. „Na ja", sagte er in Gedanken zu ihr, „Ziemlich spärlich und hauptsächlich Grünzeug. Da musst du dich wirklich nicht wundern, dass du so dünn bist." Er beobachtete, wo sie mit ihrem Teller hinlief. An einem Tisch ganz in der Nähe des Restauranteinganges nahm sie Platz. Und dort war sie in Gesellschaft der alten Gouvernante und ihrer Freundinnen. Die anderen Mitglieder seiner Reisegruppe saßen weit verstreut, und nur noch wenige sah Frank an dem langen Tisch sitzen, der am vergangenen Abend der angekommenen Reisegruppe zugewiesen war. Im hinteren der drei großen Räume entdeckte er nun auch das Getränkebüfett. Einfallsreich präsentiert fand sich hier das gesamte Weinangebot des Restaurants. Glasgefäße mit geschwungenen Formen und verschiedener Größen standen zwischen schmückendem Beiwerk aufgestellt auf dem Tisch. Bei der Verschiedenfarbigkeit der Getränke war klar, dass es sich um mehrere Weinsorten handelte. Und das alles zur freien Mitnahme, das werden die Weinfreunde aber zu schätzen wissen, dachte sich Frank. Er sah, wie sich andere bereits bedienten, traute sich selbst aber nicht, etwas davon mitzunehmen. Es war auch nicht nötig, denn als er auf die Außenterrasse zurückkam, stand auf der dunkelblauen Tischdecke eine große mit Wein gefüllte Karaffe, und

Lothar empfing ihn mit bedeutungsvoller Mine. „Da wollen wir doch alle erst mal davon kosten", meinte er freundlich einladend, nachdem Frank seinen Teller abgestellt und sich gesetzt hatte. Lothar begann vorsichtig die bereitgestellten Weingläser je zur Hälfte mit der goldfarbenen Flüssigkeit zu füllen. Niemand am Tisch hatte etwas dagegen, die abendliche Mahlzeit mit einer kleinen Weinverkostung zu beginnen. Zufrieden mit dem Urlaubstag, der hinter ihnen lag, erhoben sie die Gläser auf das schöne Stückchen Erde, auf dem sie hier angekommen waren. Dann wandten sie sich hungrig geworden dem Inhalt der auf dem großen runden Tisch platzierten Teller und Schüsseln zu. Zwischendurch erhob man sich, um Nachschub zu holen oder noch ein süßes Dessert heranzuschaffen. Alles verlief ruhig und mit großer Gelassenheit, gerade so, als hätte man nun alle Zeit der Welt, das Leben zu genießen.

Nur ein junger Kellner, braun gebrannt und mit kurz geschnittenem schwarzem Haar, lief gelegentlich mit flottem Schritt zwischen den Tischen umher. Aufmerksam kümmerte er sich um das Wohl seiner Gäste. Kein geleerter Teller entging ihm, und in Windeseile war ein Tisch von nicht mehr benötigtem Geschirr beräumt. Bald standen nur noch gefüllte Weingläser auf den dunkelblauen Tischdecken, und die meisten seiner Gäste sahen keinen Grund, den restlichen Abend an anderer Stelle zu verbringen.

Das Bedienpersonal auf der Außenterrasse schien sich abzuwechseln. Nach dem jungen Mann schien für kurze Zeit eine etwas ältere Kellnerin für den Bereich zuständig zu sein. Doch gleich darauf kam es zu einem weiteren Wechsel. Nun erschien eine recht junge Frau auf der Terrasse, und fortan kümmerte sich ausschließlich sie um die Gäste, die unter freiem Himmel an der Poolanlage Platz genommen hatten. So konnte man schließlich annehmen, dass eigentlich sie für den Außenbereich des Restaurants zuständig war. Als sie an den runden Tisch der vier deutschen Gäste herantrat, um die letzte geleerte Schüssel wegzuräumen, grüßte sie zurückhaltend aber freundlich auf Französisch, und ihre Gäste erwiderten den Gruß in ihrer Sprache und mit gleicher Freundlichkeit. Wie alle Kellnerinnen des Restaurants war sie mit schwarzem Rock und einer weißen Bluse bekleidet. Sie wirkte äußerlich unauffällig, aber recht sympathisch. Und sie war trotz Fehlen jeglicher Zutaten hübsch anzusehen. Frank bemerkte, wie aufmerksam Lothar sie jedes Mal musterte, wenn sie ihre Arbeit verrichtend vorbei kam. Als sie dann an dem frei gewordenen Nachbartisch mit dem Auswechseln der blauen Tischdecke beschäftigt war, stieß Lothar Frank unterhalb der Tischplatte sanft an, und dann sagte er leise, als sollte es sonst niemand hören: „Hier bleiben wir!" Die beiden Frauen ignorierten großzügig seine Anmerkung. Sie hatten schon verstanden, aber sie taten so, als hätten sie es nicht gehört. Lothars Gesicht verriet, dass er in bester Stimmung war. Er schob seinen Stuhl zurück und erhob sich. „So", meinte er. „Jetzt probieren wir noch mal den anderen – diesen Rosé!" Er forderte Frank auf mitzukommen, und Inge sah ihn mit bedenklicher Mine hinterher. Wenige Minuten später waren die beiden Männer, zwei kleinere gefüllte Karaffen tragend, zurück, und sie füllten mit dem rosafarbenen Getränk höflich zuerst die leer gewordenen Weingläser ihrer Frauen. Ihre Bitten, doch nicht so viel einzugießen, wurden überhört. Schließlich wollte man am Ende nicht noch ungeleerte Karaffen auf dem Tisch zurücklassen. Lothar hielt sich als Erster das gefüllte Glas vor die Nase, und dann nahm er einen kleinen Schluck. „Na, der schmeckt aber ausgezeichnet!", meldete er mit äußerst zufriedenem Gesicht. Dann erhob er das Glas erneut zum Anstoßen. Als er vernommen hatte, dass der Wein auch den anderen hervorragend schmeckte, lehnte er sich mit dem Glas in der Hand und mit seinem Blick das ganze Umfeld musternd entspannt zurück. „Was sagt ihr nun?", warf er in die Runde. Frank war sich in dem Moment sicher, dass Lothar nicht allein den Wein meinte. Für eine Weile herrschte Schweigen am Tisch. Frank sah, wie die bereits untergegangene Sonne noch einen hellblauen Streifen am Horizont hinterließ, der nach unten zunehmend in ein stimmungsvolles Abendrot überging. Rings um das Poolgelände standen hohe Pinien, deren Stämme unter dem Druck stürmischer Winde schräg nach oben gewachsen waren. Die Pinien hoben sich den Konturen eines Scherenschnitts gleich vom abendlichen Himmel ab, und sie erschienen im farbigen Gegenlicht des Horizontes wie ein Gemälde. Es war ein Bild des Friedens und der Harmonie, und die mächtigen Kronen der Pinien schienen sich schützend über alles Lebende unter ihnen auszubreiten. Gläser mit schmackhaftem Wein standen auf der blauen Tischdecke, und jeder konnte soviel davon trinken, wie ihm beliebte. Eine sehr sympathische und hübsche junge Kellnerin umsorgte sie. Sie spürten diese angenehme Wärme des späten Abends und die sanfte Brise, die vom Meer her wehte. Alles schien in besonderer Weise auf menschliches Wohlbefinden ausgerichtet zu sein. Lothar sah in die Runde, als würde er immer noch auf eine Antwort warten. Aber nur Frank fand die passenden Worte für diesen Augenblick. „Das ist das Paradies", sagte er leise.

Die anderen nickten nur zustimmend. Ja, so hatten sie es noch nicht erlebt, bei all den Urlaubsreisen nicht, die sie bisher gemeinsam unternommen hatten. „Dabei war die Reise doch gar nicht so teuer", warf Inge ein. Nun war das Thema für die nächste halbe Stunde gefunden. Die bisherigen Urlaubsreisen wurden verglichen und die entstandenen Kosten diskutiert. Lothar erklärte, dass er auch für diesen Urlaub die entstehenden Ausgaben genau kalkuliert hatte und dass er im Übrigen immer versucht, sein Geld so anzulegen, dass es sich möglichst schnell vermehrt. Doch im vergangenen Jahr hatten ihn auch noch so gewissenhafte Recherchen nicht helfen können. Eine sicher geglaubte größere Geldanlage war in kurzer Zeit fast wertlos geworden. Frank wusste, dass auch Christa schon einmal eine erhebliche Geldsumme verloren hatte, als sie vertrauensselig in einen Investmentfonds investiert hatte. Und dann diese Anwälte, die ihre Hilfe anboten, angeblich um noch etwas zu retten und dann den Rest des Geldes verbrauchten. Auch Christa kannte das. Lothar und Christa waren gewissermaßen Leidensgenossen, und sie machten ihrem Ärger Luft. „Alles Betrüger!", war ihr Fazit. „So etwas hat es bei uns nicht gegeben!" „Na, ja", wandte Frank ein, „trotzdem sitzen wir nun hier – in diesem Paradies." Christa ignorierte seine Anmerkung. Sie wusste, dass sie ihren Mann diesbezüglich nicht ganz ernst nehmen konnte. Finanzielle Angelegenheiten kümmerten ihn wenig. Und Inge hatte in Geldangelegenheiten wohl nicht das Sagen. Während Lothar und Christa ihren

Gesprächsstoff hatten, hörte sie nur zu, und Frank begann vor sich hinzuträumen. Für ihn war es nur wichtig, dass Geld da war, wenn er es brauchte. Und dann war es auch immer da. Er wusste nicht, womit er sich diese finanzielle Sorglosigkeit verdient hatte, aber er hatte sich stets alle Wünsche erfüllen können. Die nächste Anschaffung war schon geplant, und er wusste, was er sich nach der Rückkehr aus dem Urlaub kaufen würde. Sogleich hatte er das flache schwarze Gerät mit den drei Bedientasten an der Frontseite vor Augen. Eine davon ermöglichte das manuelle Aufsetzen des Tonarmes. Das Gerät konnte den Tonarm vollautomatisch auf den Plattenanfang setzen, aber es war auch ein manuelles Aufsetzen an beliebiger Position möglich. Und so wollte er es haben. Eigentlich hatte er geplant, den wichtigsten Teil seiner Plattenbestände auf CD zu überspielen, um sich von der veralteten Technik der Tonwiedergabe ganz zu lösen. Doch nun kam diese Renaissance der Schallplatte. Und auch einer seiner Arbeitskollegen schwörte darauf, dass eine Plattenwiedergabe besser klingt. So hatte Frank das Projekt aufgegeben, und sich für die Anschaffung eines modernen Abspielgerätes entschlossen. Dann dachte Frank, seine geistige Abwesenheit könnte von den anderen als unhöflich empfunden werden, und er versuchte sich wieder etwas in das am Tisch diskutierte Thema hineinzuhören. Es ging immer noch um Geldanlagen und ihre Risiken. Aber Frank fühlte sich außerstande, dazu etwas Vernünftiges zu sagen. Er scheute riskante Geldanlagen und die Mühen endloser Recherchen und Vergleiche.

Nur bei größeren Anschaffungen nahm er sich die Zeit, das Für und Wider genau zu prüfen.

Erst vor einem halben Jahr hatte er gründlich recherchiert. Die Neuanschaffung eines Familienautos stand auf dem Plan, und interessiert die technische Entwicklung verfolgend, war er schon bald auf einem bestimmten PKW-Typ fixiert. Er hatte es Christa wissen lassen, traute sich aber kaum, ihr den Anschaffungspreis für einen Neuwagen dieses Typs zu nennen. Ich denke, dass wir uns das im Moment nicht leisten können, hatte er ihr gesagt. Doch Christa hatte nach den Anschaffungskosten gefragt und ihn schließlich wissen lassen, dass das Geld dafür da ist und auch die gewünschte Reserve für irgendwelche unerwartete Ausgaben bestehen bleiben würde. Frank wunderte sich, dass sie finanziell so gut gestellt waren, schließlich hatten sie weder im Lotto gewonnen noch war ihnen irgendein finanzielles Vermögen durch Erbschaft zugekommen.

Eine Reise nach Thüringen wurde zur ersten großen Ausfahrt mit dem neuen Wagen. Die Enkelin hatte ihre Studentenwohnung in Erfurt, und da noch einiges in ihrer Wohnung fehlte, entschied man sich für die Fahrt zu einem Möbelhaus am Rande der Stadt. Die blondhaarige Katrin nahm in dem neuen geräumigen Auto hinter ihrer Oma Platz. Frank drückte von ihr unbemerkt die Starttaste. Ein leiser Piepston erklang, und einen Augenblick später setzte sich das Fahrzeug völlig lautlos in Bewegung. Frank beobachtete über den Innenspiegel Katrins erstauntes Gesicht. „Aber du hast doch den Motor noch gar nicht angelassen!" „Stimmt ja", erwiderte Frank. „Habe ich ganz vergessen!" Doch während Katrin aus dem Heckfenster schaute, um sich zu vergewissern, dass nicht doch jemand das Auto durch Anschieben ins Rollen gebracht hatte, bog Frank nach links in die Fahrbahn ein und beschleunigte die Fahrt sanft und ohne den gewohnten Motorklang. Christa klärte nun ihre Enkelin darüber auf, was es mit dem ungewohnten Fahrverhalten auf sich hatte. Erst Minuten später schaltete sich der Benzinmotor leise zu, und die beiden diskutierten, ohne dies zu bemerken über Farbe und Form der gewünschten Möbel und was sie sich sonst noch in dem naheliegenden Gewerbegebiet ansehen wollten. Als Frank am Ziel angekommen abbremste und langsam über die Parkfläche neben dem Möbelhaus rollte, wurde es wieder ganz still im Auto, und man hörte nur noch das Summen des Lüfters. Er positionierte den Wagen wenige Meter von einer freien Parknische entfernt und meinte dann zu Katrin: „Und nun pass mal auf!" „Ach ich weiß schon!", meldete sich Christa ängstlich. „Aber lass mich bitte vorher aussteigen!" Katrin hatte keine Ahnung, um was es ging und blieb auf der Rückbank sitzen. Frank wählte über das Monitorbild die freie Parknische und betätigte dann zwei Tasten. „Los geht's", sagte er Katrin zugewandt und beobachtete sie dann weiter über den Innenspiegel. Demonstrativ nahm er die Arme nach oben, und Katrin konnte beobachten, wie sich das Lenkrad nun von allein drehte, der Wagen langsam auf die Parklücke zufuhr und dann wie von Geisterhand gesteuert einschwenkte. Als sich das Auto präzise zwischen den PKWs auf den benachbarten Parknischen eingeordnet hatte, ertönte leise der Ton einer Glocke, wie man es von Fahrstühlen kannte, wenn sie in der gewünschten Etage angekommen waren. Frank sah über den Innenspiegel das verdutzte Gesicht seiner Enkelin, und er freute sich wie ein kleiner Junge, der seinem Freund gerade sein neuestes Spielzeug vorgestellt hatte.

Während Frank diese Geschichte durch den Kopf ging, bemerkte er, dass sich der Abendhimmel nun völlig verdunkelt hatte und es von den nahestehenden Pinien nur noch schattenhafte Andeutungen gab. Es war ihm entgangen, dass man am Tisch inzwischen das Gesprächsthema gewechselt hatte. Jetzt ging es um Krankenversicherungen und Vorkehrungen für das Alter. „Stimmt's", sagte Christa schließlich ihm zugewandt, „so eine Patientenverfügung müssen wir auch mal machen!" „Natürlich", erwiderte Frank etwas verlegen. So genau hatte er gar nicht zugehört. „Aber jetzt sind wir doch erst einmal hier und alle gesund", brachte er sich nun wieder ein. „Und wir freuen uns auf morgen!"

„Hast ja recht!", stimmte ihm Lothar zu. Frank wusste, dass er über diesen Reiseführer des ADAC verfügte und vorsorglich auch einige Artikel aus Zeitungen ausgeschnitten hatte, die sich mit der Gegend an der französischen Mittelmeerküste befassten.

„Wie ich dich so kenne, hast du dich schon gründlich mit unserem morgigen Reiseziel befasst. Erzähl doch mal was!", forderte ihn Frank auf. Aber Lothar schien wenig Lust zu haben, nun einen Vortrag zu halten. „Schussfahrt nach Saint-Tropez", gab Inge als Stichwort. Ja, zumindest den Titel des Filmes hatte fast jeder schon gehört. Der Film war an diesem Ort von einem prominenten Regisseur und in Starbesetzung gedreht worden. „Und Brigitte Bardot hat sich am Strand von Saint-Tropez zum ersten Mal völlig unbekleidet filmen lassen", fügte Lothar hinzu „Ach das ist wohl das Einzige, was du dir bei deinen Studien gemerkt hast?", fragte Christa schmunzelnd an. Lothar quittierte die spitze Bemerkung mit einem Lächeln und sein Blick streifte über die vier leer getrunkenen Gläser auf dem großen runden Tisch. „Wisst ihr was?", meinte er. „Jetzt holen wir uns noch etwas zum Nachfüllen!" Inge war von der Idee nicht begeistert, und sie schaute besorgt auf ihre Armbanduhr. „Es ist schon gleich zehn!" Die meisten Tische waren bereits verlassen. „Wann machen die hier eigentlich Schluss?", fragte Christa sich auf der Terrasse umsehend. „Und morgen müssen wir zeitig raus!", gab Inge nochmals zu bedenken. Lothar musste sich fügen. Sie erhoben sich von ihren Plätzen, rückten ihre Stühle ordentlich an den Tisch und machten sich auf den Heimweg. Frank und Christa liefen auf der Suche nach ihrem Bungalow immer noch ziemlich orientierungslos durch die Anlage. Nur ein paar schwach leuchtende kleine Laternen erhellten hier und da den Weg, und im Dunkeln sah alles so ganz anders aus. Bei der Stille, die sich über die weitläufige Bungalowsiedlung gelegt hatte, erschienen ihnen die verwinkelten Wege der Anlage fast etwas unheimlich. Aber es war immer noch angenehm warm, und sie nahmen den verlängerten nächtlichen Spaziergang gern in Kauf.

Beim Betreten ihrer Unterkunft vernahmen sie das Rauschen der Klimaanlage, und es schien das Einzige zu sein, das die nächtliche Ruhe etwas stören könnte. Frank drehte sie um eine Stufe zurück und war dann als Erster im Bett. Die Bilder und Eindrücke des vergangenen Tages gingen ihm durch den Kopf, die bunt leuchtenden Fassaden und die Parkanlagen der Stadt Nizza, der unübersehbare lange helle Kiesstrand und die rötlich schimmernden bizarren Felsformationen an der kurvenreichen Küstenstraße. Dann dachte er an das blonde Mädchen und die letzte Nacht. Würde ihm die Blondine wieder im Traum erscheinen?

Du darfst dich nicht so sehr mit ihr beschäftigen, belehrte er sich selbst. Dann passiert das auch nicht. Doch es fiel ihm schwer, den rätselhaften Vorgang am Morgen dieses Tages aus seinen Gedanken zu verdrängen. Er sah sie noch einmal über die Straße kommen, wie sie direkt auf ihn zulief und dann auf die Abfahrt des Busses wartend so nahe neben ihm stand, dass er sie hätte berühren können. Das konnte doch unmöglich ein Zufall gewesen sein. Es passte ganz und gar nicht zu jener kühlen Distanziertheit, mit der sie ihm bisher begegnet war. Es war, als galt es in der Realität nun fortzusetzen, was sie ein paar Stunden zuvor in seinem Traum begonnen hatten. Aber anders als erwartet, war dann den ganzen Tag über nichts Besonderes mehr passiert. Und es hätte wohl auch wenig genutzt, wenn er an Stelle von Lothar in der Taverne neben ihr gesessen hätte. Frank dachte an Lothars Schilderung und sein Problem, überhaupt ein Thema zu finden, über das er mit der jungen Frau hätte sprechen können. Aber Frank hatte seine Erfahrungen im Umgang mit jungen Leuten, und er wusste, dass sich ein passendes Thema immer finden ließ.

Erst kürzlich hatte sich gezeigt, dass er auch mit ganz jungen Frauen umzugehen vermochte. Frank erinnerte sich an seine erste Begegnung mit Anja, einer jungen Kollegin, die gerade ihren Hochschulabschluss hinter sich gebracht hatte. Bedingt durch eine gemeinsame Arbeitsaufgabe entwickelte sich bald ein engerer Kontakt. Dabei erschien ihm der Umgang mit der jungen Frau anfangs schwierig. Besonders freundlich war sie zu ihm nicht. Sie wirkte eher kühl und manchmal zickig. Es sollte nichts zu sagen haben. Es kam der Tag, wo sie beide zu jener Außenstelle mussten, die man entweder mit PKW oder nur zu Fuß erreichen konnte. An einem Vormittag hatten sie sich zu vorgegebener Zeit dort einzufinden. Frank suchte sie rechtzeitig an ihrem Arbeitsplatz auf. Es war ein Raum, in dem auch noch einige andere junge Leute an ihren Rechnern saßen. Das Problem war, dass er in der Regel kein Fahrzeug mithatte und er sie deshalb fragen musste, ob sie ihm in ihrem Auto mitnimmt. Aber es stellte sich heraus, dass sie auch ohne Fahrzeug war, und somit geklärt werden musste, wie sie dorthin gelangten. „Na ja", meinte Frank etwas zögerlich. „Bis dorthin ist es zirka eine viertel Stunde zu Fuß." „Wenn man zügig läuft!", ergänzte er. Und nach einer kleinen Bedenkpause sagte er dann: „Ich weiß ja nicht, ob sie so weit laufen wollen?" ... „beziehungsweise können", setzte er nach. Kaum hatte er das ausgesprochen, vernahm er Gelächter im Raum. Und auf eine Antwort wartend sah er die belustigten Mienen ihrer Mitarbeiter. Anjas Gesicht aber verfinsterte sich. Sie schwieg, und erst nach einer Weile sagte sie, ohne aufzusehen und mit etwas verbissener Stimme: „Ich kann!"

„Na gut!", erwiderte Frank, und er unterbreitete einen Vorschlag für den Zeitpunkt des Abmarsches. Es war bis dahin noch ein wenig Zeit, und Frank machte sich Gedanken, ob er etwas Falsches gesagt bzw. gefragt hatte. Ihren Mitarbeitern war es wohl etwas kurios erschienen, dass dieser Herr, der bereits das Rentenalter erreicht hatte, der jungen Frau so eine Frage stellte. Aber Frank meinte, dass es doch gar nicht so falsch war, erst einmal ihre Bereitschaft für den kleinen Fußmarsch abzufragen. Schließlich hatte er mit den jungen Leuten schon so manches erlebt. Die behaupteten schon mal, dass sie für ihren täglichen Arbeitsweg unbedingt ein Fahrzeug brauchten, da die sonst benötigten zwanzig Minuten zu Fuß nicht zumutbar wären. Und erst kürzlich war er Zeuge geworden, wie eine Gruppe von Studentinnen sich in den Fahrstuhl begab, um ihn eine Etage höher wieder zu verlassen. Oder wollte er die junge Frau mit seiner Anfrage doch ein wenig provozieren? So ganz genau wusste er es selbst nicht.

Als sie dann auf dem Weg zur Außenstelle neben ihm herlief, schien es vergessen, und sie war recht freundlich. Es musste sich nun ein Gesprächsstoff finden, der die Zeit zu Fuß etwas verkürzte. Frank vermied es, Anja ein Thema aufzuzwingen, und er wusste auch, dass es wenig Sinn machte, die jungen Leute mit Belehrungen und irgendwelchen Lebensweisheiten zu konfrontieren. Man musste nur herausfinden, was sie interessierte und bewegte. Man musste sie einfach kommen lassen. Ganz vorsichtig stieß er ein paar Themen an: ob sie denn mit den Ergebnissen ihrer Abschlussprüfung zufrieden war, welche Fächer ihr im Studium Spaß gemacht hatten und welche weniger. Sie wohnte hier im Ort, war immer zeitig zu Hause, und er erkundigte sich nun etwas neugierig, womit sie sich denn nach Arbeitsschluss so beschäftigt. „Viel Fahrrad fahren!", verriet sie ihm mit einem freundlichen Lächeln. Frank merkte, dass er auf der richtigen Spur war. Sie hatte ein richtiges Rennrad, und sie fuhr damit fast täglich eine längere Strecke. „Sogar bei schlechtem Wetter", betonte sie. Offenbar war sie um eine gute körperliche Kondition bemüht. Frank wurde klar, dass er es mit einer sportlich sehr engagierten jungen Frau zu tun hatte, und er erkundigte sich, ob sie auch noch andere Sportarten betreibt. Ja, sie spielte aktiv Tennis, und sie hatte auch schon an einigen regionalen Wettkämpfen teilgenommen. Langsam begriff Frank den Grund für das Gelächter der anderen. Dann kamen sie auf Urlaubspläne zu sprechen. „Sind sie so ein Typ, der sich lieber den ganzen Tag am Strand liegend von der Sonne bräunen lässt, oder zieht es sie eher in die Berge?", fragte Frank an. „Eher schon in die Berge", ließ sie ihn wissen. „Wir versuchen immer beides zu kombinieren", gab Frank ihr einen Einblick in die eigenen Gepflogenheiten. „Aber höher als drei Tausend Meter waren wir bei unseren Bergwanderungen noch nie!"

„Ich war schon einmal auf 4200 Meter", erwiderte sie daraufhin nicht ganz ohne Stolz. „Allein?", fragte Frank zurück. „Nein, mit meinem Freund", erklärte sie. „Aber er war nicht mit bis ganz oben ... er hat vorher schlapp gemacht!", ergänzte sie mit etwas verschmitztem Gesicht. Aber Frank war nun völlig klar, mit wem er es bei dieser jungen Frau zu tun hatte, und dass er mit seiner Anfrage, ob sie die viertel Stunde zu Fuß laufen kann, doch ziemlich daneben gegriffen hatte. Aber sie schien es ihm nicht weiter übel zu nehmen und das locker und freundlich verlaufende Gespräch ließ die Zeit schnell vergehen.

Auch eine Stunde später auf dem Rückweg hatten sie wieder genügend Stoff für eine Unterhaltung. Frank erkundigte sich nach diesem und jenem, und seine Fragen wurden schon sehr persönlich. Sie sah ihn an und schmunzelte wegen seiner Neugier, zögerte manchmal einen Moment, und dann beantwortete sie seine Frage doch noch. Vielleicht dachte sie, wer so direkt und unverblümt fragt, kann nichts Unrechtes damit im Sinne haben. Und vielleicht fühlte sie auch, dass es nicht schlechthin Neugier war, sondern auch eine Art ehrlicher Anteilnahme an ihren Problemen und persönlichen Sorgen. Und für Frank war es angenehm zu fühlen, dass sie ihm vertraute.

Noch während ihn diese Gedanken beschäftigten, sah er das Licht einer Außenlaterne schwach durch den zugezogenen Vorhang schimmern. Er vernahm die absolute Stille, die in die Bungalowsiedlung eingezogen war, und er hörte nur Christas leises Atmen neben sich. Sie war wohl schon längst eingeschlafen, während es ihm schwer fiel, zur Ruhe zu kommen.

Das ist das ganze Problem, dachte er, dass es nicht gelingt, mit ihr einen Anfang zu finden. Seine Gedanken waren wieder bei dem blonden Mädchen. Nach einem ersten freundlichen Kontakt hätte sich bestimmt alles gut entwickelt. Auch Anja war ihm anfänglich reserviert und etwas kühl begegnet. Doch dann war alles in gute Bahnen gekommen. Fortan mussten sie bis zu zweimal die Woche zu dieser Außenstelle. Das Stück wurde gelaufen, darüber nicht mehr diskutiert, und es war niemals langweilig. Der Gesprächsstoff ging ihnen nicht aus.

Nur einmal hatte Frank vorgeschlagen, doch ein Auto zu benutzen. Und erst in dieser Situation hatte er zu spüren bekommen, dass sie durchaus nachtragend war und seine herausfordernde Anfrage vor dem ersten Gang zur Außenstelle noch nicht vergessen hatte.

Es regnete an jenem Vormittag anhaltend und ergiebig, und es waren zwei Kartons mit Gerätschaften mitzunehmen, von denen jeder einzelne etliche Kilo schwer war. „Das müssen wir uns nicht antun!", hatte Frank zu ihr an jenem Vormittag gesagt. „Wir haben doch freundliche Kollegen, und einer von ihnen wird uns heute mal raus fahren!" Doch zu seiner Überraschung lehnte Anja den Vorschlag ab, worauf Frank seine Argumente wiederholte: „Es regnet ziemlich heftig draußen, und wir müssen die beiden Kartons mitschleppen." „Ach, das geht schon!", erwiderte die junge Frau. Und als sich Frank dennoch anbot, ein Auto zu organisieren, meinte sie ziemlich bockig: „Ich will das nicht!" Frank war sich ratlos und wollte gegenüber der jungen Frau nun auch keine Schwäche zeigen. So machten sie sich kurze Zeit später mit den beiden Kartons, die mit Plastefolien vor Nässe geschützt waren, auf den Weg. Anja zog ihre Kapuze über den Kopf, während Frank den Regenschirm aufspannen musste und nur noch einen Arm zum Tragen des Kartons frei hatte. Der heftige Regen hielt an, Frank spürte bald Feuchtigkeit in seinen Schuhen, und das Gewicht des Kartons zerrte an seinem Arm. Er versuchte es mit Humor zu ertragen, und Anja schien ihm trotz des misslichen Wetters in bester Stimmung. Sie trug ihren Karton mit beiden Armen vor sich her und unterhielt sich pausenlos mit ihrem Begleiter über dies und jenes. Doch auf dem letzten Abschnitt der Strecke wurde der Gang für Frank zunehmend ungemütlicher. Der untere Teil seiner Hose fühlte sich nun feucht und kalt an, und das einseitige Tragen des Kartons führte zu leichten Schmerzen in seinem rechten Arm. Er musste die Seiten für Regenschirm und Karton wechseln, und auf dem letzten Stück vor der Außenstelle in immer kürzeren Abständen. Anja bemerkte seine Schwierigkeiten. „Wird's denn gehen?", fragte sie mit gespielter Besorgnis aber dennoch leicht verschmitzten Gesichtsausdruck an. „Doch, doch, geht schon!", ließ er sie wissen. Frank wollte sich lieber nichts anmerken lassen, und es war auch nicht angebracht, sich bei ihr zu beschweren. Denn eins war ihm klar: Jetzt waren sie quitt! Er nahm es der jungen

Frau nicht übel, dass sie sich auf diese Weise revanchiert hatte. Es schadete ihrem Verhältnis zueinander nicht, und Frank fand Anjas wachsende Offenheit und Zutraulichkeit als sehr angenehm.

Gedankenversunken öffnete Frank noch einmal die Augen. Und er bemerkte, dass die Außenlaterne nun doch abgeschaltet und es ziemlich dunkel im Zimmer geworden war. Ob das blonde Mädchen wohl auch so ein sportlicher und zäher Typ war, wie seine junge Arbeitskollegin, fragte er sich. Oder war sie doch mehr auf ihr äußeres Erscheinungsbild fixiert? Er bedauerte es, dass er immer noch so wenig von ihr wusste. Aber morgen waren sie wieder den ganzen Tag zusammen, vielleicht ergab sich morgen die erhoffte Möglichkeit, einmal mit ihr zu sprechen. ... „Vielleicht", dachte er, ... „Vielleicht" ...

Drittes Kapitel

Als Frank am Morgen erwachte, war es schon taghell im Zimmer, die Vorhänge an der Schiebetür waren aufgezogen, und er hörte im Bad die Dusche laufen. Er wusste, dass er nicht lange genug geschlafen und viel zu lange wach im Bett gelegen hatte, aber auch dass er diesmal nichts von Belang geträumt hatte. Weder von seiner jungen Arbeitskollegin hatte er geträumt noch von dem blonden Mädchen. Lothar und Inge waren zeitig aufgebrochen, und der Tisch im Hotelrestaurant war bereits reserviert, als sich Frank und Christa dort einfanden. Um draußen zu frühstücken, war es noch zu kühl, und Lothar hatte, um unangenehmer Zugluft auszuweichen, eine Stelle weitab von den geöffneten Türen und Fenstern ausgewählt. Die große runde Tischfläche war bereits mit Kaffeetassen, Besteck und schönen bunten Servietten belegt, und nun füllte sie sich allmählich mit dem, was von den Büfetts herbeigebracht wurde. Frank machte sich, die Gefahr ignorierend, dass irgendetwas Wohlschmeckendes aus dem Angebot verschwinden könnte, wieder als Letzter auf den Weg. Für ein gemütliches Frühstück blieb noch viel Zeit, und die Gedanken an den bevorstehenden Reisetag bestimmten mehr und mehr den Inhalt ihrer Gespräche. Doch war von Lothar nichts mehr über den berühmten Ort Saint-Tropez zu erfahren. Ausführungen dazu wollte er der Reiseleiterin überlassen, die das viel besser kann, wie er meinte, und dafür bezahlt wird.

Als sie sich zu dem kleinen Parkplatz begeben hatten, wo der Bus an gleicher Stelle wie am Vortag auf sie wartete, schien die Sonne schon kräftig, und der Himmel war dabei, seine gräuliche Farbe abzulegen und sie gegen ein helles Blau auszutauschen. Alles sprach dafür, dass dieser Tag wieder so angenehm warm und sonnig werden würde, wie der Gestrige.

Doch jenes sonderbare Ereignis des Vortages wiederholte sich an diesem Morgen nicht. Das blonde Mädchen stand schon inmitten der Ansammlung von Leuten ihrer Reisegruppe, die vor dem Bus warteten. Sie stand allein da und träumte vor sich hin. Erneut hatte sie ihre Garderobe gewechselt. Sie trug nun wieder ein blaues T-Shirt, etwas heller als das vom ersten Tag. Nicht sicher war sich Frank, ob sie den kurzen schwarzen Rock nicht auch schon zu Beginn der Reise getragen hatte. Am Rande des kleinen Parkplatzes entdeckte er auch die Reiseleiterin. Diesmal hatte sie sich rechtzeitig eingefunden. Offenbar wollte sie ihre Gäste nicht noch einmal so lange warten lassen. Frank sah sie umringt von einigen ihrer Reisegäste, die vermutlich schon im vorab einiges über den Tagesablauf wissen wollten. Der Fahrer traf als Letzter ein, und nachdem sich die beiden Eingangstüren geöffnet hatten, waren die angestammten Plätze im Bus schneller besetzt, als er brauchte, um das Navi zu aktivieren und sich vor seinem Lenkrad einzurichten. Die zweite der vier geplanten Tagesreisen konnte ohne Verzug beginnen.

Zunächst fiel Frank auf, dass die Blondine sogleich ihre Handykamera aus der Tasche holte. Und nur kurze Zeit nach dem der Reisebus in die lange gerade Allee in Richtung Hyéres eingeschwenkt war, begann sie zu fotografieren. Die großen rosafarbenen Vögel standen wieder zuhauf in dem seichten Wasser der Salzseen. Man sah sie auch heute, einzeln oder in größeren Gruppen zusammenstehend, den Grund mit ihren langen Schnäbeln nach Fressbarem absuchend. Zum Beginn der Tagesreise saß die junge Frau auf der richtigen Seite, und sie fotografierte mit einem Eifer, dass man meinen konnte, sie hätte sich in die anmutigen Vögel verliebt. Noch während die Blondine in schneller Folge den Auslöser ihrer Handykamera betätigte, meldete sich die Reiseleiterin in gewohnt beschwingter Art über Mikrofon, um ihre Gäste zu begrüßen und ihnen dann erste Informationen und Hinweise zu dem bevorstehenden Reisetag zu geben.

Zum Bedauern ihrer Reisegäste wählte der Fahrer für die Hinfahrt nicht die Strecke entlang der Küste, sondern, um schneller vorwärts zu kommen, die weiter vom Meer entfernte Landstraße. Das Meer kam völlig außer Sichtweite. Christa saß am Fenster und beobachtete dennoch aufmerksam die vorbeiziehende Landschaft. Frank hatte, auf der Gangseite sitzend, das blonde Mädchen, das die Handykamera inzwischen wieder in ihrer silbergrauen Handtasche verstaut hatte, erneut ganz in seiner Nähe. Beine wie Füße waren nur noch mit den dünnen hellbraunen Damenstrümpfen bekleidet und die Sandaletten unter den Vordersitz geschoben. Sie mochte ihre hochhackigen Schuhe offenbar während der Fahrt nicht. Und so war auch wieder mit Verzug zu rechnen, wenn sie sich bei der nächsten Fahrpause erst mit ihren Sandaletten beschäftigen musste, die ihr beim Anziehen immer irgendwelche Probleme bereiteten.

In Franks Kopf stauten sich die Fragen, auf die er gern von ihr eine Antwort erhalten hätte. Vielleicht fand sich heute endlich die Gelegenheit dazu. Doch wie weit konnte er überhaupt gehen, wenn andere dabei waren? Auch Christa könnte etwas dagegen haben, wenn seine Neugier und sein Interesse für die junge Frau eine gewisse Grenze überschreiten würden. Hatte er doch bereits seine Erfahrungen gemacht und gemerkt, dass diesbezüglich Vorsicht geboten war. Er dachte daran, wie er zum ersten Mal ziemlich unbekümmert von Anja und seinen Gesprächen mit ihr auf dem Weg zur Außenstelle erzählt hatte. Und da er den Weg schon mehrere Male mit ihr gemeinsam und zu Fuß zurückgelegt hatte, gab es da schon einiges, was Frank von der jungen Frau wusste. Ein bisschen neugierig war Christa ja auch. Über was unterhielt sich ihr Mann denn so mit seiner neuen Arbeitskollegin? „Ach ja", meinte Frank die Angelegenheit herunterspielend, „Wir unterhalten uns über alles Mögliche – über ihre Arbeit, ihre Freizeitbeschäftigungen, ihre Eltern, ... ihren jetzigen Freund." „Über ihren Freund?", fragte Christa etwas verwundert zurück. „Na ja, ich wollte doch nur wissen, wie er so ist." „Aber das geht dich doch gar nichts an!", hatte Christa mit kritischem Unterton eingeworfen. „Ja ...", verteidigte sich Frank. „Ich wollte doch nur wissen, ob sie mit dem besser zurechtkommt, als mit dem Vorigen." Christa hatte ihm einen verständnislosen Blick zugeworfen, und er hatte versucht sie zu besänftigen. „Das ist nun nicht unser Hauptthema, ... Wir haben auch über ihre Essgewohnheiten gesprochen. Es muss ja seine Gründe haben, dass sie so schlank ist." „Das interessiert dich auch?", fragte Christa zurück. „Ja, ich habe sie halt mal gefragt, ob sie gern Süßigkeiten ist. Und sie hat gesagt, dass sie des Öfteren auch Appetit auf Schokolade, Pralinen und anderen süßen Sachen hat – dass sie sich da nur schwer zurückhalten kann, es ihrer Figur aber nichts ausmacht."

„Ist ja interessant!", vermerkte Christa. „Dabei muss sie gar nicht so oft zum Zahnarzt", ergänzte Frank. „Und es ist ja doch verwunderlich, dass sie trotz ihrer Vorliebe für Süßigkeiten recht gesunde Zähne hat" … „Und auch noch alle", schob er etwas kleinlaut nach. „Das weißt du auch?", reagierte Christa mit fassungsloser Geste. Frank antwortete nicht mehr und beließ es bei einem fast unmerklichen Nicken. Wenn sie sich so darüber aufregt, dachte er, dann erzähl ich ihr eben nichts mehr von diesen Gesprächen.

Frank erinnerte sich noch gut an diese Unterhaltung beim Frühstück in der Küche. Und er wusste, dass es nicht ganz einfach sein würde, womöglich im Beisein anderer ein Gespräch dieser Art mit dem blonden Mädchen zu beginnen.

Noch immer bewegte sich der weiße Reisebus entlang der stark befahrenen Landstraße, die parallel zur Küste verlief, ohne dass das Meer an einer Stelle wieder sichtbar geworden wäre.

Frank nahm seine am Vordersitz baumelnde Kamera zur Hand und versuchte sich die Zeit durch Betrachten jener Bilder zu vertreiben, die er am Vortag aufgenommen hatte. Er löschte bei dieser Gelegenheit gleich alle misslungenen und nichts sagenden Aufnahmen, so dass sich das spätere Aussortieren erübrigte. Dann verweilte er mit mehrfachem Zoomen und Nutzung der mit kleinen Pfeilen versehenen Tasten bei einem seiner Fotos so lange, dass es Christa auffiel. „Was hast du denn da?", fragte sie etwas spitzbübisch an. Frank blieb nichts anderes übrig, als ihre plötzliche Neugier zu befriedigen. Er reichte ihr etwas verschämt die Kamera und erwartete ihre Reaktion.

„Aha!", kam es sogleich aus ihrem Mund. Es handelte sich um das Foto, das er von jener jungen Frau gemacht hatte, die da unbekleidet auf einer bunten Decke am hellen Kiesstrand von Nizza saß. Christa betrachtete sich die Aufnahme eine Weile und vermerkte dann lediglich „Geht ja eigentlich!" „Was heißt hier, geht ja eigentlich?", hätte ihr Frank am liebsten erwidert. Die Aufnahme war echt gut. Es gab da nichts Anstößiges. Die junge ansehnliche Frau war gut in dem belebten Badestrand positioniert. Bildausschnitt und Bildqualität stimmten, und die Aufnahme hinterließ einen ganz natürlichen Eindruck vom Alltag an dem berühmten Strand. Ohne es Christa zu sagen, meinte Frank, dass er sich mit dem gelungenen Bild sogar an einem Fotowettbewerb beteiligen könnte.

Frank erhielt seine Kamera zurück und beschäftigte sich noch eine Weile mit dem Aussortieren unbrauchbarer Bilder. Doch dann tippte ihn Christa sanft von der Seite an, um ihn auf das veränderte Landschaftsbild aufmerksam zu machen, das draußen vorbei zog. Der Reisebus hatte sich wieder der Küste genähert, und hinter grünen Hügeln sah man das noch vom Morgendunst getrübte Meer. Die Reiseleiterin ergriff das Mikrofon, um ihre Gäste über die Einzelheiten des Ablaufes bei der Ankunft an der Bucht von Saint-Tropez zu informieren. „Wir erreichen in zirka zwanzig Minuten den Ort Sainte-Maxime. Er hat einen kleinen Hafen, und von dort aus setzen wir mit der Schiffsfähre über nach Saint-Tropez." Während der Reisebus der Meeresbucht immer näher kam, klarte es über dem Meer allmählich auf. Im vorderen Bereich der Bucht begann es unter der höher steigenden Sonne zu glitzern und eine schöne blaue Farbe anzunehmen. „Wir werden einen recht warmen Tag bekommen!", kündigte die Reiseleiterin an. Und als ihre Gäste auf einem Parkplatz am Rande der kleinen Hafenstadt Sainte-Maxime den Bus verließen, spürten sie die Kraft der Sonne, und sie wussten, dass ihre Reiseleiterin wohl recht behalten würde.

Der Weg bis zum Hafen war kurz, und als die Reisegruppe an der Schiffsanlegestelle ankam, geriet sie in eine quirlige Touristenmenge. Lange Schlangen, von denen weder Anfang noch Ende auszumachen waren, zogen sich über das betonierte Hafenareal. Die Reiseleiterin hatte Mühe, sich inmitten des lauten turbulenten Geschehens Gehör zu verschaffen. Sie ermahnte die Mitglieder ihrer Reisegruppe, jetzt nicht davon zu laufen, sondern hier zu warten, bis sie zurück ist. Sie verschwand für einige Zeit in einem der schmucklosen Gebäude, die längs der Hafenanlage errichtet waren. Nach ihrer Rückkehr teilte sie lediglich den Zeitpunkt mit, wo sich die Gruppe für die Überfahrt bereithalten sollte. Und bis dahin war noch eine reichliche Stunde Zeit.

Frank und Christa blieben mit ihren Urlaubsfreunden zusammen und begannen sich, langsam dahin schlendernd, die Hafenanlage genauer anzusehen. Es gab hier mehr Schiffsanlegestellen, als sie zunächst wahrgenommen hatten. Sie beobachteten die ein- und auslaufenden Schiffsfähren, die ihnen allesamt etwas überladen erschienen. Waren die randvoll mit Touristen gefüllten Motorschiffe ein Stück hinein in die Bucht gefahren, konnte man sie, eingehüllt vom Morgendunst, der noch immer über der Bucht lag, kaum noch verfolgen. Das gegenüberliegende Ufer, das sie ansteuerten, war noch völlig vom Dunst verhangen, und man konnte nur ahnen, dass sich da drüben der berühmt gewordene Ort Saint-Tropez befand.

Nach dem Passieren der Schiffsanlegestellen gerieten die Vier auf eine ausgedehnte unbenutzte Betonfläche, deren Zweck nicht ersichtlich war. In der Hoffnung doch noch etwas Interessantes zu entdecken, gingen sie bis an ihr Ende, wo unansehnliche Gebäude und ein verrostetes Drahtgitter sie am Weitergehen hinderte. Die Sonne drückte nun immer heftiger von oben herab und begann die Betonfläche so stark aufzuwärmen, dass es auf ihr ungemütlich wurde. Es war Zeit umzukehren, um einen angenehmeren Platz zu suchen. Sie näherten sich wieder den Schiffsanlegestellen und dem lauten Touristentrubel, der ein entspanntes Warten auf die Ankunft ihrer Fähre wohl unmöglich machte. Doch spendeten hier einige Gebäudemauern und ein paar kleinere Bäume Schatten, und es waren Bänke für die wartenden Touristen aufgestellt. Zunächst waren keine freien Plätze zu finden, doch zufällig wurde schon nach kurzem Warten eine ganze Bank frei. Lothar nahm sie schnell in Besitz, und die beiden Frauen saßen nur wenige Augenblicke später sichtlich erleichtert und mit zufriedenem Gesicht neben ihm. Die Äste eines nahestehenden Baumes spendete sogar ein wenig Schatten. Die Drei rückten ein bisschen zusammen, so dass auch noch Platz für Frank wurde. Aber er winkte ab, bedankte sich für das Angebot und holte seine Nikon aus der schwarzen Ledertasche. Am Kai hin und her laufend hielt er Ausschau nach interessanten Motiven. Er versuchte das quirlige Treiben am Hafen, den Touristensturm auf die anlegenden Fähren und ihre eine weiße Schaumspur hinterlassende Fortbewegung in der Bucht festzuhalten. Erst als die beiden Frauen kleine Esspakete aus ihren Taschen holen und ihm Christa mit einem Apfel in der Hand zuwinkte, kehrte er zur Bank zurück, um neben den anderen Platz zu nehmen. Gemeinsam beobachteten sie die vollbesetzten Motorschiffe, die auf das silberblau glänzende Meer hinausfuhren, bis sie dann irgendwo auf der anderen Seite der Bucht in einem hellgrauen Dunst verschwanden. Gerade hatte eine weitere Fähre abgelegt, und die asphaltierte Fläche vor der Anlegestelle war für kurze Zeit menschenleer. Da erschien am Kai das blonde Mädchen. Sie kam allein daher und lief gemächlich, aber mit stolzem damenhaftem Schritt dicht entlang der Betonmauer, an die ohne Unterlass die aus der Tiefe der Bucht kommenden kleinen Wellen schlugen. Frank sah, dass sie ihre Handykamera in der Hand hielt und ebenfalls nach Motiven suchte, die sich im Hafengelände in vielerlei Formen boten. Plötzlich blieb sie stehen. Es war die Stelle, wo ein völlig unauffälliges Fischerboot angelegt hatte. Ein ziemlich alter Mann mit einem breitkrempigen Hut auf dem Kopf und tiefbrauner faltiger Gesichtshaut machte sich in dem Boot zu schaffen, bis ein Herr in grauer Arbeitskleidung auf ihn zukam, um einen leeren Plastekanister entgegen zu nehmen. Nahe der Stelle, wo das Boot verankert war, befand sich eine kleine Tankstelle, und der alte Mann brauchte offensichtlich Benzin für seinen Bootsmotor. Das blonde Mädchen gesellte sich dazu und beobachtete das Geschehen aufmerksam. Dann brachte sie, dabei mit dem Fischer im Boot heftig gestikulierend, ihre Handykamera in Position. Es erschien Frank gerade so, als würden sich die beiden sogar unterhalten, wobei es schwer vorstellbar war, dass die Blondine ausreichend französisch beherrschte, um ein richtiges Gespräch mit dem alten Mann zu führen. Aber sie begann nun das Fischerboot aus allen möglichen Positionen zu fotografieren, und der alte Mann war sichtlich davon angetan, dass sich das hübsche blonde Mädchen so sehr für ihn und sein Boot interessierte. Vielleicht erinnerte sie das Fischerboot mit dem alten Mann an diese Geschichte von Hemingway, dachte sich Frank. Aber er nahm sogleich auch seine Kamera zur Hand. Er musste sich nicht von der Bank erheben, da er die Szene ausreichend nahe heranzoomen konnte. Dieser alte braun gebrannte Mann mit seinem schmutzigen Schlapphut und seinem in die Jahre gekommenen Fischerboot, und interessiert danebenstehend diese hellhäutige, modern gekleidete junge Frau mit dem gepflegten langen blonden Haar. Was war das für ein Kontrast! Er durfte sich das nicht entgehen lassen. Und er drückte mehrmals ab in der Hoffnung, dass auch eines dieser Bilder so gut gelang, dass man es für eine Fotoausstellung hätte verwenden können. Es verblieb nur wenig Zeit für die Aufnahmen. Dann fand sich der Herr im grauen Arbeitsanzug wieder ein, und der alte Mann nahm mit gespannter Körperhaltung den gefüllten Benzinkanister entgegen, um ihn dann irgendwo im Inneren seines Bootes zu verstauen.

Als er jedoch ablegen wollte, hatte er ein Problem. Das lange Hanfseil, mit dem er sein Boot am Kai verankert hatte, blieb an einem schweren rostigen Metalldeckel, der auf dem Betonboden abgelegt war, hängen, und er konnte es trotz heftigem Hin- und Herschaukeln aus seinem Boot heraus nicht lösen. Das blonde Mädchen beobachtete das Missgeschick des alten Mannes nur für wenige Augenblicke. Dann stellte sie ihre hübsche silbergraue Umhängetasche auf der dreckigen Betonfläche ab und eilte dem alten Mann zu Hilfe. Sie griff nach dem verschmutzten Seil und befreite es mit einiger Anstrengung aus seiner Verklemmung. Der alte Mann konnte es nun an Bord ziehen, und er bedankte sich mit freundlichen Gesten und ein paar französischen Worten bei der jungen Frau. Frank dachte sich, dass die Begegnung mit der Blondine für den alten Fischer bestimmt ein ziemlich ungewöhnliches und schönes Erlebnis war, an das er sich am Ende seines Arbeitstages noch erinnern wird. „Ja", dachte Frank, und er schaute dabei zu ihr hinüber, gerade so, als sollte sie den Vorwurf auch hören. „Zu diesem fremden alten Mann suchst du Kontakt, und du schenkst ihm für ein paar Minuten deine ganze Aufmerksamkeit. Aber mich lässt du seit Tagen links liegen, dabei hatten wir schon so viele Gelegenheiten, uns ein bisschen näher zu kommen." Missgünstig gegenüber dem alten Fischer, der sich mit laut ratterndem Bootsmotor wieder hinaus in die Bucht bewegte, war er aber nicht. Frank gönnte ihm die Freundlichkeit und Aufmerksamkeit des blonden Mädchens, und er dachte, dass die kleine Begebenheit für den alten Mann sicher wie ein schöner Farbtupfer in seinem harten und vielleicht sehr eintönigen Arbeitsleben war.

Frank verstaute seine Kamera wieder in der kleinen Ledertasche und beobachtete, wie das blonde Mädchen etwas unschlüssig, was sie nun machen sollte, an der Kaimauer hin und her lief. Er hatte hier mehrfach solche Hanfseile liegen gesehen, wie sie der alte Mann zur Verankerung seines Bootes genutzt hatte. Teilweise waren sie länger und dicker, aber sie alle waren ölverschmiert und schmutzig. Er blickte zu der jungen Frau hinüber und rief ihr in Gedanken zu: „Nun schau dir nur mal deine Hände an! Sie dürften bei dieser Hilfsaktion doch ziemlich schmutzig geworden sein!" Vielleicht hatte sie es noch gar nicht bemerkt. Er stellte sich mit einem Schmunzeln im Gesicht die unsauberen Hände der sonst so gepflegten jungen Dame vor. Doch der Vorfall brachte sie ihm eher ein Stück näher. Wie in dem Moment, wo er von ihrer Haltung zu den Tieren erfahren hatte, fühlte er nun einen weiteren Zugewinn an Sympathie für die junge Frau.

Die Blondine schlenderte unbeirrt vom Zustand ihrer Hände und dem Umstand, dass es hier wohl keine Waschmöglichkeiten gab, nun langsam wieder in Richtung der Bootsanlegestellen für den Fährbetrieb. Einige Mitglieder ihrer Reisegruppe hatten sich dort bereits eingefunden. Dann wurden es schnell immer mehr, und man sah weit draußen in der Bucht eine Fähre, die den Hafen des kleinen Ortes ansteuerte. Obwohl es bis zum Anlegen noch einige Zeit dauern würde, erhoben sich alle, die sich an schattigen Stellen auf einer jener Bänke niedergelassen hatten, von ihren Plätzen. Man wollte möglichst weit vorn in der schnell wachsenden Warteschlange am Anlegesteg stehen. Auch die Reiseleiterin gesellte sich zu ihrer Gruppe. Sie gab einige Hinweise für das Verhalten auf der Fähre und verteilte dann die Tickets für die Überfahrt.

„Na, das scheint ja doch das richtige Schiff für uns zu sein!", meinte Christa, als sie die Fähre näher kommen sah. Und tatsächlich steuerte das Boot genau auf die Stelle am Kai zu, wo die Menge wartete. Nachdem es mit laut ratterndem Motor und ein paar umständlich erscheinenden Manövern angelegt hatte, bahnten sich die mitgebrachten Fahrgäste mühselig ihren Weg durch die wartende Touristenmenge, die startklar für den Sturm auf die besten Plätze das zügige Verlassen des Schiffes massiv behinderte. Frank verlor Christa in dem Gedränge aus den Augen. Sie hatte sich weit nach vorn gekämpft, und erst als er die steile Metalltreppe zum Oberdeck hochgestiegen war, entdeckte er sie wieder. Arg bedrängt von allen Seiten hielt sie drei Plätze frei und Frank gab Lothar, der ihm in einigen Abstand folgte, ein Zeichen, dass sie schnell nach oben kommen sollten. Vom Oberdeck aus, das mit einem blau gestrichenen Metallgeländer umfasst war und auf dessen beengter Fläche ein paar hölzerne Bänke Sitzplätze boten, hatte man einen phantastischen Rundumblick über die Meeresbucht, über die Stadt und ihren Hafen. Doch Frank war sich nicht sicher, ob es für die bevorstehende kleine Schiffsreise wirklich die beste Stelle war. Als Lothar und Inge neben Christa Platz genommen hatten, wurden sie von den nachrückenden Mitgliedern ihrer Reisegruppe so bedrängt, dass Frank kaum noch eine Möglichkeit sah, sich dazu zu setzen. Er sah Christas besorgtes Gesicht und winkte ab. „Nicht so schlimm!" Er holte seine Kamera aus der kleinen Ledertasche und war froh, dass er sich noch frei bewegen konnte. Nahe der nach unten führenden Metalltreppe an das blaue Geländer gelehnt, beobachte er das Treiben auf dem Schiff, die Vorgänge im Hafen und den Schiffsverkehr auf der weit ausgedehnten Bucht. Er sah, wie der Zugang zur Anlegestelle mit einem Seil abgesperrt wurde und wie das Boot schließlich behutsam ablegte. In Richtung auf das offene Meer gesteuert nahm es schnell Fahrt auf, und sogleich zeigte sich, dass der Aufenthalt auf dem Oberdeck nicht nur Vorteile bot. Die Schiffsfähre bewegte sich mit lautem Motorklang und erheblicher Geschwindigkeit davon. Frank sah, wie Christas langes Haar in dem heftigen Luftstrom flatterte, und ein Herr musste sich von seinem Platz erheben, um seinem verloren gegangenen Basecap hinterherzulaufen, bevor es der Fahrtwind über das blaue Geländer trug. Auch Lothar hielt ängstlich seine Mütze fest, und die mittlerweile hochstehende Sonne brannte kräftig auf den Köpfen der oben versammelten Schiffspassagiere. Frank blickte, mit noch einigen anderen Herren am Geländer stehend, in Richtung Hafen, und er beobachtete die weiße und in einem leichten Bogen verlaufende Schaumspur, die die Schiffsschraube hinterlassen hatte. Er sah, teils noch weit entfernt, andere mit Touristen gefüllte Motorschiffe über das Wasser gleiten, weiße Boote mit bunten Segeln und Server, die sich in schwarzen Anzügen gekleidet bemühten, in dem leicht böigen Wind nicht das Gleichgewicht zu verlieren. Hin und wieder kam auch eine große Yacht, die Kurs auf das gegenüberliegende Ufer genommen hatte, in sein Blickfeld.

Das Ufer am anderen Ende der Bucht war nun schemenhaft zu erkennen, der Dunst wurde schwächer, verhinderte aber immer noch das Erkennen von Einzelheiten. Frank nahm seine Kamera zur Hand und stellte sie auf Videoaufnahme. Er filmte, wie das schnell dahin gleitende Boot, sich immer weiter von der Hafenanlage entfernend, eine weiße Schaumspur hinterließ. Er schwenkte seine Kamera auf die voll besetzten Fähren, die ihnen begegneten und von deren Decks einige Passagiere freundlich herüberwinkten und dann in Richtung Bug, um das näher rückende Ufer auf der anderen Seite der Bucht zu filmen. Schließlich nahm er die Passagiere des Oberdecks ins Bild, die dicht gedrängt auf den hölzernen Bänken saßen und dann Christa, deren Haar im heftigen Fahrtwind herumwirbelte. Die ganze auf dem Oberdeck wahrnehmbare Geräuschkulisse kam mit auf seine Videoaufnahme, der laute Klang des Schiffsmotors und die heftigen Windgeräusche, welche die nur schwach vernehmbare Lautsprecherstimme übertönten, die irgendwo in den unteren Decks die Passagiere mit Informationen versorgte. Inge gab Frank zu verstehen, dass sie immer noch ein Stück zusammenrücken konnten. Doch er war im Moment nicht daran interessiert, sich zu ihnen zu setzen. Er deutete Christa seine Absicht an, zum Zwischendeck hinab zu steigen, wo man die Stimme aus dem Lautsprecher wahrscheinlich viel besser hören konnte.

Frank winkte Christa noch einmal zu, bevor er die steile Metalltreppe hinunter stieg. Auch auf den Bankreihen des Zwischendecks, die von einer großen grauen Plane überspannt waren, saßen die Passagiere dicht gedrängt. Einige standen fleißig fotografierend und filmend auf den engen Gängen herum. Aber die Stimme aus dem Lautsprecher war hier deutlich zu vernehmen. Und während Frank dem Kommentar aus dem Lautsprecher lauschte, kam der kleine aber berühmt gewordene Ort Saint-Tropez allmählich zum Vorschein. Zunächst erschien hinter einer grünen Hügelkette nur ein etwas seltsam geformter und zweifarbig gestrichener Kirchturm mit einer gelben Kuppel. Auf einem der Hügel erkannte man eine massive Festungsanlage und längs des Ufers eine Reihe von Gebäuden mit flachen roten Dächern, die von Pinien umgeben und gut in die Landschaft eingefügt waren. Die Stimme aus dem Lautsprecher kommentierte ausführlich all das, was zunehmend deutlicher in den Sichtbereich der Schiffspassagiere kam. Saint-Tropez, ursprünglich ein kleines auf einer Halbinsel errichtetes Fischerdorf, wurde von einer Burgruine aus dem 11.Jahrhundert überragt. Die sichtbar gewordenen Gebäude über dem Ufer waren, wie die Stimme aus dem Lautsprecher versicherte, Top-Villen von bekannten Künstlern und Schauspielern. Viele Prominente hatten hier ganzjährig ihr eigenes Anwesen. Saint-Tropez hatte sich seit Beginn des 20. Jahrhunderts zu einem exklusiven Kurort der High Society entwickelt. Vor allem aber Brigitte Bardot hätte den Ort mit ihren Filmen berühmt gemacht, verkündete die Lautsprecherstimme, und die lauschenden Zuhörer wurden auf den Strandabschnitt vor einem der grünen Hügel aufmerksam gemacht, wo sie zum ersten Mal ihre Hüllen fallen ließ. Na, da hatte Lothar ja gar nicht so unrecht mit dem, was er gestern Abend zum Besten gegeben hat, dachte sich Frank. Aber auch Filme mit dem bekannten Schauspieler Louis de Funes wurden hier gedreht, und der Name Gunter Sachs fiel, der eine Zeit lang mit Brigitte Bardot verheiratet war und in seinem Anwesen noch heute Partys mit erwählten Gästen feiert.

Frank hörte eine Weile aufmerksam zu. Nebenbei beobachte er die wachsende Zahl von Booten, die mit hohen gehissten Segeln majestätisch vorbei glitten und die weißen Luxusyachten, die in immer dichterer Folge auf den Hafen von Saint-Tropez zusteuerten.

Frank suchte auf den Monitor seiner Nikon schauend nach Motiven, und er schwenkte seine Kamera auch auf die dicht gedrängt auf den Bankreihen sitzenden Passagiere.

Und da fiel es ihm auf: „Wo ist sie eigentlich?" Das blonde Mädchen war nicht mit auf dem Oberdeck, und hier war sie auch nicht zu sehen. „Sie wird doch nicht die Abfahrt in Saint-Maxime verpasst haben", ging es ihm durch den Kopf. In dem Menschentrubel vor der Anlegestelle hatte er die Übersicht verloren, und ihre Abwesenheit begann ihn nun zu beunruhigen. Nach ihr suchend gingen seine Blicke in alle Nischen und Ecken des Zwischendecks, und dabei entdeckte er eine geöffnete

Tür, klein und unauffällig, und dahinter Treppenstufen, die noch weiter nach unten führten. Frank drängelte sich an einigen Herrn vorbei, die den Zugang zu dieser Tür blockierten. Dann stieg er vorsichtig und gerade so, als wäre ihm die Sache nicht ganz geheuer, Stufe um Stufe nach unten. Er erreichte das Unterdeck. Der Großteil der Schiffspassagiere hatte den unten gelegenen Raum offenbar ignoriert, denn die meisten der hier verfügbaren Sitzplätze waren frei geblieben. Frank spürte eine angenehme Ruhe, und aus einem der hier angebrachten Lautsprecher war die kommentierende Stimme besonders klar und deutlich zu hören. Er stand in dem schlicht eingerichteten kleinen Speiserestaurant des Schiffes, und er konnte die wenigen Tische und Sitzplätze schnell überblicken. Er entdeckte ein Mädchen im blauen T-Shirt und mit langen blondem Haar, das an der rechten Seite des Restaurants an einem Fensterplatz saß. Hier war sie also, und sie saß allein an einem Zweiertisch. „Was für eine Gelegenheit!", ging es Frank durch den Kopf. Niemand würde es bemerken, wenn er sich jetzt ein paar Minuten zu ihr setzt. Doch fast im gleichen Augenblick war ihm auch klar, dass er das nicht machen konnte. Er hatte sich mit ihr noch nicht anfreunden können, so gut wie noch kein Wort mit ihr gesprochen – und das war das Problem. Er wusste nicht, wie sie reagieren würde, wenn er so ganz unvermittelt auf sie zu kommen würde. Sie saß mit dem Rücken zur Eingangstür, lauschte der Stimme aus dem Lautsprecher, und Frank war sich sicher, dass sie ihn noch nicht bemerkt hatte. Er entschloss sich für eine schnelle Kehrtwende und stieg die wenigen Treppenstufen zum Zwischendeck wieder hinauf. Sie musste nicht wissen, dass er sie gesucht hatte.

Auf dem Zwischendeck angekommen lauschte er noch für ein paar Minuten der Lautsprecherstimme. Die Stadt war wohl in der Tat ein Magnet für Reiche und Prominente. Nicht nur vertraute Namen von Schauspielern wurden genannt, auch bekannte Modemacher, Models und Fußballer waren in diesem Ort Stammgäste oder verbrachten hier ihre Urlaubswochen. Die Stimme aus dem Lautsprecher wurde leiser und immer undeutlicher, als Frank die steile Metalltreppe bis ganz nach oben stieg. Christa saß mit wehendem Haar auf ihrem Platz, und Lothar sicherte immer noch mit der Hand seine Mütze. „Wo warst du denn so lange?", fragte ihn Christa neugierig, und auch Lothar sah ihn an, als erwartete er einen kleinen Bericht. Frank informierte sie nur darüber, wie gut man den Lautsprecherkommentar in den beiden unteren Decks hören konnte, und dass man da sehr interessante Informationen über die Stadt erhielt, auf die sie sich gerade zu bewegten. Aber es lohnte sich jetzt nicht mehr deswegen nach unten zu gehen, war doch der Hafen von Saint-Tropez schon sehr nahe. Die Stimme aus dem Lautsprecher hatte Frank wissen lassen, dass Saint-Tropez schon frühzeitig zu einem Anziehungspunkt für Maler und Dichter geworden war, dass auch Picasso hier verweilte und sich von den Farben und der hellen Landschaft inspirieren ließ. Nun aber war die Fähre dem Ort so nahe gekommen, dass alles vor ihren Augen lag, und sich jeder selbst ein erstes Bild von der gerühmten Gegend machen konnte. Man sah die bergige von Olivenhainen und Wein bepflanzte Landschaft, die den Ort umgab, den langen hellen Sandstrand und das himmelblaue Meer das bis weit in die Ferne von den grünen Hügeln am Rande des Golfs von Saint-Tropez gesäumt war. Eine längere Steinmole, auf deren Ende ein kleinerer Leuchtturm mit roter Kuppel stand, ließ vermuten, dass die Hafeneinfahrt des Ortes erreicht war. Der Schiffsverkehr wurde in Nähe des Leuchtturms immer lebhafter. Vollbesetzte Schiffsfähren, leichte Boote mit bunten Segeln und luxuriöse Yachten, von deren großen Decks braungebrannte Männer und schöne schlanke Frauen im Bikini winkten, fuhren nur geringen Abstand haltend ein und aus. Kurz vor dem Ende der Steinmole änderte sich plötzlich der Klang des Schiffsmotors, und der Fahrtwind ließ deutlich nach. Die Fähre steuerte mit gedrosseltem Motor um den Leuchtturm herum und schwenkte dann in das langgestreckte Hafenbecken ein. Frank filmte die Ankunft im Hafen und die schier endlos erscheinende Menge von kleineren Booten und Schiffen aller Art und Größe, die hier geankert hatten. Er schwenkte seine Kamera auf die dicht aneinander gedrängten drei- bis vierstöckigen Reihenhäuser, die das Hafenbecken säumten und deren in Pastellfarben gehaltenen historischen Fassaden im Hintergrund der verankerten Schiffe romantisch wie auf einem Gemälde wirkten.

Dann mahnte ihn Christa zum Aufbruch, und sie begaben sich gemeinsam in die schnell anwachsende, drängelnde Touristenmenge auf dem Zwischendeck, für die es im Moment kein Weiterkommen zu geben schien. Nach etwas verzögerter Freigabe des Ausganges gehörte die Reiseleiterin zu den Ersten, die den schmalen Anlegesteg passierten. Wieder auf festem Boden angekommen, stand sie mit erhobenem Arm winkend neben dem kleinen weiß gestrichenen Gebäude am Übergang zur Fußgängerzone des Hafens, um die Mitglieder ihrer Reisegruppe um sich zu versammeln. Nachdem auch der letzte Passagier die Schiffsfähre verlassen hatte, gab sie einige Hinweise zu den Sehenswürdigkeiten des berühmten Ortes und in welche Richtung sie zu finden waren. Eine Führung war nicht vorgesehen. Saint-Tropez war eine kleine überschaubare Stadt, und sie überließ es den Mitgliedern ihrer Reisegruppe selbst zu entscheiden, was sie sich ansehen wollten. Mit einer Information über den Zeitpunkt, zu dem sich genau an dieser Stelle alle wieder einfinden sollten, entließ sie ihre Reisegruppe. Jeder wusste fortan, dass einige Stunden Zeit war, sich die Stadt und deren Umgebung anzusehen. Die Reisegruppe setzte sich trotz fehlender Führung fast geschlossen in Bewegung. Alle liefen zunächst nur in die eine mögliche Richtung, die sie in die Passage längs der langen Hafenmauer führte. Frank und Christa reihten sich zusammen mit ihren Urlaubsfreunden in die sich langsam auseinanderziehende Schlange ein. Gemächlich weiter gehend inspizierten sie zuerst jenen Teil der Hafenanlage, in der die dicht an dicht liegenden großen Yachten geankert hatten. Noch nie zuvor hatten sie so viele dieser Luxusboote an einer Stelle gesehen. Man sah sie in verschiedenster Form und Bauweise, doch allesamt waren es Schiffe von beeindruckender Größe und Ausstattung. Allein die auf dem Deck erkennbare technische Ausrüstung gab Hinweise auf die komfortable Ausstattung dieser privaten Schiffe. Man sah Antennen und Radaranlagen, elektrisch betriebene Winden und ein Gewirr von Leinen zum Setzen der Segel. Bei einigen der über zwanzig Meter langen Superyachten war durch die geöffnete Heckklappe ein Blick in das Innere der Schiffe möglich, und man konnte die luxuriösen Inneneinrichtungen, mit edlen

Hölzern verkleidete Räume und vergoldete Armaturen in Augenschein nehmen. Frank und Lothar musterten die Prachtexemplare gemeinsam und hielten mit einigen Aufnahmen fest, was sich eine kleine Oberschicht der Gesellschaft leisten konnte. Dann rätselten sie über den Anschaffungspreis für solch eine Luxusyacht. Sie waren sich einig, dass ihr gesamtes Lebenseinkommen nicht gereicht hätte, um sich so ein Hobby leisten zu können. Das Ehepaar, das im Bus hinter Frank und Christa saß, stand nur ein paar Meter entfernt und schien interessiert die Diskussion der beiden zu verfolgen. Sie traten näher und der Herr, der ihnen mit seinem ADAC-Reiseführer schon einmal geholfen hatte, wusste bestens Bescheid. „Der Preis für diese Yachten wird mit einer Million US-Dollar pro Meter angegeben!", ließ er Frank und Lothar wissen. „Das ist ja eine unglaubliche Summe!", warf Frank etwas skeptisch ein. „Aber ich habe es so gelesen!", versicherte der seriös wirkende Herr aus seiner Reisegruppe. Frank und Lothar kamen mit dem Ehepaar in ein längeres Gespräch, und sie schlenderten dabei langsam weiter. Den Schiffsbesatzungen war man wohl nirgends so nahe wie hier im Hafen von Saint-Tropez. Frank beobachtete die braun gebrannten und teils athletisch wirkenden Männer, die geschäftig zwischen Masten und Seilwinden herumliefen, junge Frauen, die sich auf den großen Decks sonnten und etwas ältere, die im Inneren der Luxusschiffe mit Reinemachen und Küchenarbeiten beschäftigt waren. Dann bemerkte er, dass sich Christa, die bisher ganz in seiner Nähe geblieben und in der Menschenmenge mitgeschwommen war, abgesetzt hatte. Auch Inge wurde vermisst, aber Lothar sah noch, wie sie gerade in einer der zahlreichen Boutiquen verschwand, die längs der

Hafenmole aufgereiht waren. Nachdem sie ihr in das kleine Geschäft gefolgt waren, fanden sie auch Christa, die sich langsam durch den schmalen Gang zwischen zwei dicht behangenen Kleiderständern bewegte und den Stoff einiger Röcke und Blusen befühlte. In der hinteren Ecke des mit Damengarderobe vollgestopften Raumes entdeckte Frank ein weiteres Mitglied seiner Reisegruppe. Es war das blonde Mädchen, das sich vor einem Spiegel positioniert hatte und prüfte, ob ihr eines der beiden T-Shirts, die sie von der Stange genommen hatte, zusagte. Christa kam dem Mädchen langsam näher. Schließlich stand sie direkt neben der jungen Frau, und Frank vernahm, dass sich die beiden zu unterhalten begannen. „Diese Farbe würde ihnen, glaube ich, besser stehen!", hörte er Christa sagen. Das blonde Mädchen schien nicht abgeneigt, sich von der etwas älteren Frau beraten zu lassen. Die beiden Damen waren ins Gespräch gekommen. Frank bemerkte es und war überaus froh darüber. Ja ... ja ... hätte er ihnen am liebsten zugerufen. Aber er hielt sich auf Distanz, fühlte, dass es falsch gewesen wäre, sie zu stören und sich mit unqualifizierten Bemerkungen über Modefragen in ihre Unterhaltung einzumischen.

Hoffend, dass sich das blonde Mädchen nun mit Christa ein bisschen anfreundet, zog er sich zurück, und er wartete draußen nahe der Eingangstür der Modeboutique. Er war sehr gespannt, wie sich die Sache entwickeln würde. Nichts wäre ihm lieber gewesen, als dass die beiden zusammen herauskommen und ihr Gespräch über Mode und sonstige Dinge fortsetzen. Vielleicht war es für das blonde Mädchen ein willkommener Anlass, sich bei der weiteren Erkundung der Stadt den beiden Ehepaaren anzuschließen, die sie ja insofern recht gut kannte, dass sie im Bus ganz in ihrer Nähe saßen. Was musste sie da immer allein herumlaufen, fragte sich Frank. Sie wäre bei ihnen gut aufgehoben, waren doch auch Lothar und Inge aufgeschlossene freundliche Leute, mit denen sie sich gut hätte unterhalten können.

Aber es kam nicht so, wie Frank es sich gewünscht und vorgestellt hatte. Nach einigen Minuten kam sie allein durch die Tür der Modeboutique, und sie schwenkte, ohne ein Anzeichen, dass sie Frank überhaupt wahrgenommen hatte, auf die belebte Passage längs der Hafenmole ein. Sehr langsam und irgendwie unsicher, was sie jetzt machen sollte, ging sie weiter. Nur wenige Augenblicke später kamen Christa und Inge aus der Tür. Zu viert standen sie kurz zusammen und berieten, was sie sich in der Stadt noch ansehen wollten. Sie wurden sich nicht einig, es fehlte das richtige Konzept, und so setzten sie ihren Bummel entlang der Hafenmole fort. Auch das blonde Mädchen war offenbar unschlüssig und noch nicht allzu weit gekommen. Sie lief in geringem Abstand vor ihnen her. Frank tat es leid, sie so zu sehen und dass sie immer noch keinen Anschluss gefunden hatte. Aber er traute sich nicht, die Initiative zu ergreifen, um mit etwas schnellerem Schritt das Mädchen einzuholen. Sie selbst unternahm keinen Versuch, mit den dicht hinter ihr laufenden Bekannten ihrer Reisegruppe wieder in Kontakt zu kommen. Und Frank versuchte auch, sie zu verstehen. Die meisten Mitglieder ihrer Reisegruppe waren Ehepaare. Vielleicht hielt sie sich absichtlich zurück. Sie war ein hübsches Mädchen und konnte die Aufmerksamkeit eines Mannes leicht auf sich lenken. Vielleicht befürchtete sie, dass es Ärger geben könnte, vielleicht hatte sie da auch schon schlechte Erfahrungen gemacht.

Frank wusste, dass man nicht zwangsläufig allein und ausgeschlossen war, wenn man sich solo auf eine Urlaubsreise begab. Es lag schon einige Zeit zurück, als er selbst noch unverheiratet in einer ganz ähnlichen Situation war wie sie. Auch er hatte einmal allein eine längere Urlaubsreise angetreten, und er kannte von den mehr als tausend Schiffsreisenden niemand. Doch da fanden sich schon bald zwei junge Männer, die er bei den Ausflügen an Land kennen lernte und mit denen er sich schnell angefreundet hatte. Beide waren verheiratet und mit ihren Ehefrauen und einem schon etwas älteren Herrn auf Reise. Der ältere Herr war, wie sich später herausstellte, Vater und Schwiegervater der beiden jungen Männer. Es dauerte nicht lange, und Frank wurde in alle Unternehmungen der beiden Familien einbezogen. Er gehörte nun dazu, wenn sie mit ihrem Vater bei Landgängen unterwegs waren. Und saßen sie abends gemütlich in der Schiffsbar, wurde er eingeladen, sich dazu zu setzen. Auch zu den beiden Ehefrauen entwickelten sich bald gute Kontakte. Manchmal hatte er bei den Landausflügen und während die anderen schon ein Stück voraus waren, eine der beiden Frauen an seiner Seite. Sie unterhielten sich gern miteinander, und niemand fand etwas dabei.

Frank war froh darüber, dass er Anschluss gefunden hatte und so freundlich aufgenommen worden war. Er erinnerte sich gern an das zusammen mit den beiden Ehepaaren und dem Vater Erlebte, und er hielt auch nach dieser Reise zu seinen neuen Bekannten noch einige Zeit Kontakt.

Ihm ging diese Schiffsreise, die er damals allein angetreten hatte, durch den Kopf, als er die Blondine in dem Hafenviertel vor sich herlaufen sah. Hätte es sich mit ihr nicht ganz ähnlich entwickeln können? Wollte sie es nicht oder war sie einfach nur zu scheu, sich anzuschließen. Wollte sie dazu ermuntert, angesprochen, dazu eingeladen werden, wie es die beiden Familien bei dieser Schiffsreise mit ihm gemacht hatten? Ganz gleich wie es sich wirklich verhielt – im Moment konnte er nichts tun, was die Situation irgendwie verändert hätte. Dabei war sich Frank darüber im Klaren, dass es in seiner Reisegruppe wohl keinen anderen dieser Herren im fortgeschrittenen Alter gab, der sich so intensiv mit ihr beschäftigte. Er hätte es niemand erklären können und schon gar nicht Christa, dass er sich mehr und mehr für das allein reisende Mädchen zuständig fühlte. Er akzeptierte weder die alte Gouvernante noch ihre Freundinnen als ihre Bezugspersonen und Betreuer. Er hatte sie zu betreuen und aufzupassen, dass ihr nichts zustieß. Wenn auch im Moment die realen Möglichkeiten nicht mit seinen Wunschvorstellungen vereinbar waren und er eigentlich nur wenig für sie tun konnte – sein Gefühl sagte ihm, dass er sich um sie zu kümmern hatte. Zumindest hätte er als erster Alarm schlagen können, wenn sie plötzlich verloren gegangen wäre, und wahrscheinlich hätte er es auch zu aller erst bemerkt, wenn es ihr schlecht ging oder ihr sonst etwas zugestoßen wäre.

Doch nun war sie erst einmal nicht mehr zu sehen und irgendwo in einer Modeboutique verschwunden oder inmitten der Touristenmenge, die sich langsam an der Hafenmole von Saint-Tropez entlang schob. Zur rechten Seite lagen jetzt einige Yachten von geringerer Größe vor Anker, und schließlich sah man nur noch ein paar kleinere

Motorboote und Segelschiffe. Auf der anderen Seite der Fußgängerpassage aber reihten sich weiterhin zahlreiche Modeboutiquen, Souvenirgeschäfte und gemütliche Tavernen, von denen aus man den gesamten Hafen überblicken konnte. Porträtmaler hatten ihre Staffeleien aufgestellt und boten Touristen, die es nicht eilig hatten, ihre Dienste an. Während die beiden Frauen erneut in einem der Modegeschäfte verschwunden waren, berieten Frank und Lothar ein weiteres Mal, was sie sich in dem berühmten Ort noch ansehen wollten. Sie hätten mitten durch die Stadt laufen können und dann bis hoch zur Zitadelle, die man bereits bei der Anfahrt mit der Fähre so gut gesehen hatte. Von der Festungsanlage aus war ein phantastischer Blick über die ganze Meeresbucht zu erwarten, und man konnte in dem nahe gelegenen Museum Genaueres über die bewegte Geschichte der Stadt erfahren. Oder sollte man sich besser eines der berühmten Hotels der Stadt ansehen, die Villa der Brigitte Bardot oder das Anwesen des Gunter Sachs? Aber die beiden Frauen ließen auf sich warten, und als sie aus dem Geschäft herauskamen, besichtigten sie die unter freiem Himmel präsentierten Behälter und Garderobenständer mit preisintensiver Damen- und Herrenbekleidung, und sie interessierten sich für die Bademoden, die nach Informationen ihrer Reiseleiterin speziell für den exklusiven Kurort angefertigt wurden. Die beiden Frauen konnten sich nur schwer von dem umfangreichen Warenangebot lösen. Sie kauften nichts außer ein paar Ansichtskarten, aber es ging erst einmal weiter in die eingeschlagene Richtung entlang der Hafenmole. Als sie den geschäftigen Teil des Hafenviertels hinter sich gelassen hatten, waren die Beine für weitere Stadterkundungen zu müde geworden, und Lothar meinte, dass er auch langsam hungrig wird. So machten sie kehrt, um in einer der Hafentavernen vier freie Plätze zu suchen. Zunächst schien es aussichtslos, und die Reiseleiterin hatte gewarnt. Die Gaststättenpreise sind hier sehr hoch, und man muss es sich gut überlegen, wie viel man für einen Sitzplatz am Hafen, ein paar Getränke und ein bescheidenes Essen investieren möchte. Doch die hohen Preise schienen den Großteil der Touristen nicht abzuschrecken, und die Tageszeit spielte offenbar auch keine Rolle. Der Andrang in den Restaurants entlang der Hafenmole war groß und freie Tische nicht auffindbar. Erst als sie das ganze Hafenviertel abgeschritten hatten und bereits wieder nahe der Fährenanlegestelle waren, entdeckten sie eine mit dunkelrotem Teppich belegte Außenterrasse und einen darauf befindlichen Tisch, der offenbar gerade frei geworden war. Ein schneller Blick auf die ausgehangene Speisekarte musste klären, ob sie sich die Einkehr leisten konnten. Für eine Flasche Wein waren 70 bis 100 Euro zu zahlen. Aber für einen Kaffee nur 6 Euro. Na, das ging ja eigentlich. Schließlich war es eine exponierte Lage mit schönem Blick auf die Hafenmole, auf die romantischen Häuserreihen der Altstadt und auf die eng aneinandergereihten Luxusyachten, von denen einige nur wenige Meter vor der Restaurantterrasse ankerten. Die Vier entschlossen sich, die Chance zu nutzen, und sie nahmen an dem frei gewordenen Tisch Platz, noch bevor es sich andere hier bequem machten.

Die lederbezogenen Sessel hatten ebenso wie die Tische recht eigenwillige Formen. Doch man saß auf den quaderartig gestalteten Sitzplätzen recht gemütlich und zudem in leicht erhöhter Position gegenüber der Fußgängerpassage.

Frank schaute sich erst einmal um, und er lauschte den in Deutsch geführten Gesprächen an einigen der Nachbartische. Um eine Begegnungsstätte für Millionäre handelte es sich offenbar nicht. Hier hatten sich ganz normale Touristen niedergelassen, die ebenfalls glaubten, dass sie sich die exquisiten Plätze an der Hafenanlage dieser berühmten Stadt wenigstens einmal gönnen könnten. Doch die Bedienung ließ auf sich warten, gerade so, als wären sie hier doch nicht die gewünschten Gäste. Ungeduldig geworden erhob sich Frank von seinem Platz. Er brachte seine Kamera in Bereitschaft und suchte nach Motiven. Schließlich war festzuhalten, dass sie tatsächlich in einem Restaurant an der Hafenpromenade von Saint-Tropez Platz genommen hatten. Er filmte aber auch die quirlige Touristenmenge, die hier vorbei zog und in der sich Menschen aller Hautfarben und nicht selten in fremder exotischer Kleiderordnung bewegten. Er filmte das Ein- und Auslaufen der großen Yachten, ihre Anlegemanöver in dem engen Hafenbereich und die ansehnlichen jungen Frauen, die es sich nur leicht bekleidet auf den Decks gut gehen ließen. Lothar gesellte sich mit seiner neuen Kamera bald dazu und versuchte gleichfalls die besondere Atmosphäre im Hafenviertel dieser Stadt einzufangen. Er filmte, bis nichts mehr ging, da seine Speicherkarte voll war. Doch mittlerweile signalisierten die beiden Frauen, dass der bestellte Kaffee endlich eingetroffen war. Auch ein paar Stück Kuchen und vier Eisbecher standen auf dem Tisch. Die beiden Frauen hatten sich versichert, dass man das für einen noch erschwinglichen Preis haben konnte. Auch als die geleerten Tassen und Becher längst vom Tisch geräumt waren, verspürte niemand Lust, sich von seinem

Platz zu erheben. Es war hier so gemütlich, und für einen Aufbruch zum Besuch anderer Sehenswürdigkeiten der Stadt war es ohnehin zu spät.

Bis zur Anlegestelle der Schiffsfähre war es von hier aus nicht weit, und so reichte es aus, sich eine viertel Stunde vor dem Auslaufen auf den Weg zu machen. Die Fähre musste sie wieder zurück über die Bucht bringen, denn ihr Bus wartete auf dem Parkplatz am Rande der Hafenstadt Sainte-Maxime. Frank sah das blonde Mädchen inmitten der Leute seiner Reisegruppe stehen, die sich hier bereits versammelt hatten. Er hatte sie in den letzten beiden Stunden gar nicht mehr zu Gesicht bekommen. Wo wird sie die Zeit verbracht haben? Er hätte sie gern danach gefragt und sich mit ihr ein bisschen über die Stadt unterhalten. Und er hätte gern gewusst, welchen Eindruck der Ort bei ihr hinterlassen hatte. Aber das ging einfach nicht, und nun stand sie wieder bei der alten Gouvernante und ihren Freundinnen, und sie unterhielt sich mit ihnen. Diesbezüglich war es heute kein guter Tag, dachte Frank. Die erhoffte Annäherung war erneut ausgeblieben, und allmählich machten sich bei ihm Resignation bemerkbar und Zweifel, ob da überhaupt noch etwas zu machen war.

Die aus Hyéres kommende Reisegruppe war bald vollständig am Anlegesteg versammelt, und die Reiseleiterin war nach dem Durchzählen sichtlich zufrieden, dass niemand fehlte. Das Boot, das sie zurückbrachte, unterschied sich kaum von dem, dass sie Stunden zuvor übergesetzt hatte, und die Rückfahrt verlief etwa auf der gleichen Route, die sie gekommen waren. Doch die gesamte Meeresbucht zeigte sich nun frei von jeglichem

Dunst in einer schönen tiefblauen Färbung, und der Blick war frei bis hinüber zum gegenüberliegenden Ufer. Die Temperatur war noch einmal deutlich angestiegen und die sonnengeschützten Plätze auf den unteren Decks waren die begehrtesten. In Sainte-Maxime erwartete sie der Fahrer des weißen Reisebusses, und als sich der Bus in Bewegung setzte, saßen alle wieder auf den gewohnten Plätzen. Über Mikrofon meldete sich die Reiseleiterin zu Wort. „Hat es denn allen gefallen?", fragte sie ihren Gästen zugewandt. Und dann wollte sie wissen, was ihre Gäste in der freien Zeit so angestellt hatten. „Waren Sie oben auf der Zitadelle, oder haben sie sich die Villen und Anwesen prominenter und superreicher Leute angesehen?" Sie musterte ihre Gäste und ließ sich per Handzeichen zeigen, wer dies und jenes unternommen hatte. „Ja", meinte sie schließlich. „Saint-Tropez ist schon ein mondäner Ort. Nicht nur wegen seiner bewegten Geschichte, sondern auch wegen all der Privilegierten, die es bis zum heutigen Tage hierher zieht. Und wenn man die Gelegenheit hat, auch das nächtliche Treiben zu beobachten, all das, was in den exklusiven Hotels und Nachtlokalen geschieht, dann entdeckt man viele bekannte Gesichter und die Millionäre, die es sich hier gut gehen lassen. Und man weiß, das Kellner und Discoangestellte da schon mal auf zehntausend Euro Trinkgeld im Monat kommen." Die Frau mit dem Mikrofon in der Hand machte eine kleine Pause und setzte dann fort: „Ja, und dann gibt es diese Paradiesvögel, die man tagsüber gar nicht zu Gesicht bekommt. Sie flanieren erst am späten Abend und nachts durch die Stadt – superreiche exzentrische Herren und die gealterten Playboys mit ihren sechzehnjährigen Freundinnen." „Man kann sich die Größe des Vermögens einiger Leute gar nicht so richtig vorstellen", meinte sie schließlich. „Da schippert schon mal ein russischer Millionär mit seiner 170m langen Luxusyacht, deren Anschaffungskosten auf vierhundert Millionen Dollar geschätzt werden, von Hawaii nach Saint-Tropez. Ja, diese Leute gibt es halt ..." „Aber eigentlich brauchen wir sie nicht", setzte sie nach.

Ihre Fahrgäste konnten nun durch die rechtsseitigen Busfenster noch einmal einen Blick auf die blaue Bucht von Saint-Tropez werfen. Der Reisebus entfernte sich ein Stück vom Meer, bewegte sich dann aber erneut der Küste zu, wo es auf sehr kurvenreichen engen Straßen weiter ging. Angesichts des imposanten Küstenpanoramas bedauerte es niemand, dass der Bus nur langsam vorankam. Angespannt am Lenkrad sitzend bremste der Fahrer auf Schritttempo ab, wenn er entgegenkommenden Reisebussen oder Lastwagen ausweichen musste. Bis Hyéres war es nicht all zu weit. Auf halber Strecke legte der Fahrer eine Fotopause ein. Er konnte sich etwas entspannen, und seine Fahrgäste hatten die Möglichkeit, sich ganz in Ruhe die wunderschöne Küstenlandschaft anzusehen. Bei der Weiterfahrt fiel die zunehmende Zahl krüpplig gewachsener Bäume auf, deren Rinde teils geschält war und rot schimmerndes glattes Holz an diesen Stellen sichtbar wurde. Alle, die es nicht schon selbst wussten, erfuhren von ihrer Reiseleiterin, dass es sich um Korkeichen handelte, die hier im großen Umfang angebaut wurden. Sie hatte viel Interessantes über die Beschaffenheit dieser Bäume, das hohe Alter, das sie erreichen können und den Methoden der Korkgewinnung zu erzählen. Auch dass man aus den dicken rissigen Korkschichten nicht nur Flaschenkorken und Schuhsohlen herstellte, sondern auch Handtaschen, Tischdecken und Kleider, war vielen neu. Sie ließ den Fahrer an einer etwas breiteren Fahrbahnstelle anhalten, und Christa und Inge waren die Ersten, die vor einer verkrüppelten alten Korkeiche standen, seine dicke raue Rinde befühlten und dann versuchten, ein Stück davon herauszubrechen.

Das blonde Mädchen sprang währenddessen mit der Handykamera zwischen den Korkeichen herum und fotografierte die sonderbaren Bäume aus allen Entfernungen und Richtungen. Ihr Fotoeifer wäre so ein guter Ansatzpunkt, um mit ihr in Kontakt zu kommen, dachte sich Frank. Aber er unternahm keinen Versuch, sich ihr zu nähern. Stattdessen wechselte er die Straßenseite, wo er von einer kleinen Anhöhe aus die bizarre Küstenlandschaft samt dem dahinter liegenden im grellen Licht der Sonne glitzernden Meer ins Bild bekam. Dann fotografierte er mit Rücken zum Meer den weißen Reisebus mit den Palmwedeln und die Mitglieder seiner Reisegruppe, die sich immer noch am Rand des Korkeichenwaldes aufhielten. Schließlich nahm er Christa und Inge ins Bild, die sich von den Bäumen nicht trennen konnten und nun versuchten, mit Lothars Taschenmesser Stücke der Rinde herauszuschneiden. Er zoomte sie heran und dann das blonde Mädchen, das sich nun schon einige Zeit mit der Handykamera zwischen den Korkeichen bewegte. „Wie viele Aufnahmen von diesen Bäumen willst du denn noch machen?", hätte er sie am liebsten gefragt. „Nicht das plötzlich die Speicherkarte deiner Kamera voll ist und du vom Rest dieser Urlaubsreise keine Aufnahmen mehr machen kannst!" Aber vielleicht hat sie eine Reservekarte bei sich, dachte er dann.

Eine knappe Stunde später hatte der weiße Reisebus wieder das flache, künstlich angelegte Gewässer an der Landzunge hinter Hyéres erreicht. Die Blondine saß während der Rückfahrt nicht auf der richtigen Seite. Es nutzte nichts, dass ihr die Gouvernante sogar den Fensterplatz überlassen hatte. Das Mädchen verzichtete auf das Fotografieren der Flamingos, die schon bald wieder in dem flachen Gewässer auftauchten.

Die Sonne strahlte immer noch kraftvoll vom Himmel, als sie sich auf den von hohen Pinien gesäumten Wegen zu ihren Bungalows begaben. Bevor sich ihre Wege trennten, berieten Frank und Christa mit ihren Urlaubsfreunden das Programm für den Rest des Tages. Bis zum Abendessen war noch reichlich Zeit und die Luft angenehm warm. Sie vereinbarten, sich nach einer kleinen Verschnaufpause am Hotelstrand zu treffen. Umgezogen und mit gepackter Badetasche traten Frank und Christa eine halbe Stunde später aus der Tür ihres Bungalows.

Ihr Weg zum Strand war nahezu der kürzeste innerhalb der gesamten Bungalowanlage. Nur der unmittelbar benachbarte Bungalow, an dem sie jetzt vorbei mussten, stand noch ein paar Meter näher am Meer. Der Weg, der bei den Nachbarn vorbei und dann bis zum Hotelstrand führte, war eher eine Art Trampelpfad. Doch diesmal begegneten Frank und Christa den Bewohnern des benachbarten Gebäudes. Die meist auf einer Krücke gestützte alte Dame war gerade dabei, es sich auf dem Balkon gemütlich zu machen, und ihre große kräftige Begleiterin unterstützte sie dabei. „Hallo!", grüßte Christa freundlich. „Wir wussten ja gar nicht, dass sie unsere Nachbarn sind!" Die beiden Damen grüßten winkend zurück. „Ach so", erwiderte die große kräftige Frau. „Das ist uns auch neu!" „... Klar, man sieht sich hier ja auch kaum, wir sind doch fast ständig unterwegs!" Die Dame mit den dünnen silbergrauen Haaren hatte ihre Krücke abgestellt, sich mit Mühe in ihrem Liegestuhl zurecht gerückt, und nun machte sie einen recht zufriedenen Eindruck. Ihr Gesicht überzog ein entspanntes freundliches Lächeln. „Na, da haben sie sich ja etwas zugemutet!", sprach sie Christa an. „Wir staunen, dass sie es noch schaffen, da mitzuhalten!" „Denken sie nur nicht, dass es ihr so leicht fällt!", klärte ihre Begleiterin auf. „Ich mache mir wirklich jeden Tag Sorgen, ob ich ihr die Strapazen zumuten kann." „Aber man sieht, dass sie einen eisernen Willen hat, und unbedingt dabei sein möchte", schaltete sich Frank in das Gespräch ein. Die alte Dame nickte zustimmend. Dann meldete sie sich zu Wort und versuchte das Ganze herunterzuspielen. Und man merkte, wie sie sich freute, dass sie mit ihren Reisebekannten und Bungalownachbarn ins Gespräch gekommen war. Ihre Begleiterin sah sich nach einem weiteren Stuhl um. „Wollen sie sich nicht einen Moment setzen?", fragte sie an. „Nein danke!", erwiderte Christa. „Wir sind verabredet und wollen noch ein bisschen zum Strand und die warme Sonne genießen" „Na dann bis morgen. Sehen wir uns da im Bus wieder?", erkundigte sich Christa, ihren Blick auf die alte Dame im Lehnstuhl gerichtet. Die Dame mit den silbergrauen Haaren nickte mit einem Lächeln im Gesicht, und ihre große kräftige Begleiterin zuckte nur mit den Schultern.

Es waren nur noch wenige Schritte für Frank und Christa, bis sie die offen stehende kleine Eisentür erreicht hatten, durch die man direkt in das Strandrestaurant gelangte.

Auf der mit riesigen Sonnenschirmen überspannten Außenterrasse, von der aus man, auf weißen Plastestühlen sitzend, einen schönen Blick über den Badestrand und das blaue Meer hatte, gab es kaum noch freie Plätze. Die beiden liefen über sandigen Boden hinweg und dicht vorbei an der etwas erhöht angelegten Plattform für die Gäste des Restaurants. Etwas überrascht sah Frank an einem der im Schatten der Schirme aufgestellten Tische das blonde Mädchen sitzen. Sie hatte sich hier zusammen mit der alten Gouvernante und ihren beiden Freundinnen niedergelassen. Aber sie war noch so bekleidet, wie sie Frank die ganze Tagesreise über gesehen hatte. Er schaute möglichst unauffällig zu ihr. „Willst du denn gar nicht mal baden gehen – bei diesem schönen Wetter?", sprach er sie insgeheim an. Warum lag sie nicht mit Bikini bekleidet am Strand, so wie man es von einer schlanken jungen Frau erwartet hätte. Stattdessen saß sie in ihrer Tageskleidung hier herum. Hatte sie gar keine Lust, den schönen feinsandigen Hotelstrand zu nutzen und sich nach der langen Tagesreise in das klare erfrischende Meereswasser zu begeben? Während er an Christas Seite weiter lief, um mit ihr nach einer günstigen und noch freien Stelle für den ersten Aufenthalt an diesem Badestrand zu suchen, grübelte er über die möglichen Gründe für dieses zögerliche Verhalten der Blondine. Sie hatte eine auffällig helle Hautfarbe, so dass man denken konnte, dass sie kaum groß in die Sonne kam, oder sich zumindest sehr vorsehen musste. Aber war das wirklich die Erklärung, wo doch allerorts Sonnenschirme zur Verfügung standen? Vielleicht hing es auch mit ihrer Krankheit zusammen. Vielleicht hatte sie eine Operationsnarbe, die sie zu verstecken versuchte, oder noch ein ganz anderes Problem, von dem er nichts wusste. Es gab auf diese Frage zunächst keine Antwort, und Christa musste nicht unbedingt merken, dass er sich wegen diesem Mädchen Sorgen machte. So konzentrierte er sich nun auf die Suche nach einem Liegeplatz, der etwas ruhiger sein sollte und auf dem auch Lothar und Inge noch ihre Liegestühle aufstellen konnten.

Wie schon an den vergangenen Tagen war auch heute wieder ideales Badewetter, und auf dem schmalen Hotelstrand waren fast alle Stellen besetzt. Erst am Ende des Badebereichs war die Belegung weniger dicht. Christa platzierte schnell ihre gelbe Badetasche hinter einer flachen Düne, und Frank machte sich auf die Suche nach zwei jener weißen Plasteliegen, die hier teils noch ungenutzt herumstanden. Auch zwei der blau-weiß gestreiften Sonnenschirme waren zu organisieren und die schweren Betonteile heranzuziehen, in denen die Schirme ihren Halt fanden.

Minuten später hatten sie sich hinter der spärlich bewachsenen Sanddüne eingerichtet, die so niedrig war, dass sie die Sicht auf das Meer nicht versperrte. Der Sand, auf dem die Liegen standen, war feinkörnig und sauber und an einigen Stellen von anspruchslosen Pflanzen durchwuchert. Frank richtete die Rückenlehne auf, so dass er auf das himmelblaue Meer schauen konnte und die Boote mit bunten Segeln vorbei ziehen sah. Er sah sie zwischen zwei kleinen Palmen dahin ziehen, die auf der kleinen Anhöhe vor ihm angepflanzt waren. Dieser Badestrand war ganz anders beschaffen als jene Großstrände, wo auf glatten breiten Sandflächen Liegen und Sonnenschirme in geradezu militärischer Ordnung aufgestellt waren. Er hatte seinen eigenen Scharm. Er war nicht so monoton, hatte seine versteckten Winkel, und hier und da lockerte der Bewuchs mit Pflanzen das Areal in gefälliger Weise auf. Doch Frank kam nicht so recht zur Ruhe. Die Urlaubsfreunde ließen auf sich warten. Vielleicht hatten sie den reservierten Liegeplatz nicht gefunden und sich inzwischen an einer anderen Stelle nieder gelassen.

Nachdem noch einige Zeit verstrichen war, teilte er Christa seine Absicht mit, sich auf die Suche nach den beiden zu machen. Zunächst aber ging er mit wenigen Schritten auf das Meer zu, an die nahe gelegene Stelle, wo kleine Wellen sanft gegen das Ufer plätscherten. Erst auf den letzten Metern wühlten die harmlosen Wellen etwas den feinen Sand auf. Ein Stück weiter draußen aber war das Wasser völlig klar. Barfuß und nur mit Badehose bekleidet lief Frank ein Stück durch das Wasser, das rhythmisch einen schmalen Streifen des Sandstrandes überspülte. Er spürte seine angenehme Wärme und große Lust, sich in die tieferen Stellen hinein zu begeben. Aber er wollte sein erstes Bad im Meer auf einen späteren Zeitpunkt verschieben und dann zusammen mit Christa ein Stück hinaus schwimmen. So ging er den feuchten Sand unter seinen Füßen fühlend und sich dem Strandrestaurant nähernd gemächlich weiter. Dabei schweiften seine Blicke über die dicht belegten Liegeplätze. Aber er konnte Lothar und Inge nirgendwo entdecken. Als er nahe genug an der Terrasse des Strandrestaurants war, sah er das blonde Mädchen immer noch mit den drei alten Damen am Tisch sitzen. Ein paar Getränkegläser standen geleert auf dem Tisch. Offenbar hatte sie wirklich nicht die Absicht, sich in Badekleidung an den Strand zu begeben. Und Frank grübelte erneut nach den Gründen. Doch ein

Stück weiter sah er nun Lothar mit seiner Kamera in der Hand auf einer nahe dem Restaurant gelegenen Betonstufe herumlaufen. Frank ging zu ihm und erkundigte sich, wo denn Inge bleibt. Lothar blickte sich kurz um und einen Augenblick später kam sie mit einer schweren Badetasche durch das Eingangstor. Sie lief dicht an der Stelle vorbei, wo die Blondine saß und entdeckte dann die beiden Männer, die auf sie warteten. Frank übernahm die Führung, und sie folgten ihm bis zum hinteren Ende des Badestrandes, wo ein Drahtzaun das Areal vom benachbarten Hotelstrand abgrenzte. Christa erhob sich sogleich von ihrer Liege und war den beiden beim Einrichten ihrer Plätze behilflich. Es gab nun jemand, der ihre Sachen und die von Frank bewachen konnte. Und es war der Moment gekommen für das erste Bad im klaren Wasser der französischen Riviera.

Es bedurfte keiner Überwindung, in das angenehm warme Meereswasser einzutauchen. Bald schon hatten die Füße auf dem weichen sandigen Boden ihren Halt verloren, und ihre Körper bewegten sich auf den Wellen sanft auf und nieder. Christa war eine gute Schwimmerin, und sie gewannen schnell Abstand zum hellen sandigen Ufer, wo ihre Urlaubsfreunde standen und sie beobachteten. Erst nachdem sie eine der roten Bojen erreicht hatten, die den Badebereich abgrenzten und deren Befestigungsseil man noch bis zu seiner Verankerung im Meeresboden sehen konnte, entschlossen sie sich umzukehren. Sie bewegten sich fast mühelos im Wasser gleitend und mit öfterem Verweilen an einer Stelle wieder dem Strand zu. Und ihren Blicken bot sich ein Panorama, wie es nach den Beschreibungen im Reisekatalog zu erwarten war. Das

Meereswasser hatte hier in den Nachmittagsstunden tatsächlich diese azurblaue Färbung, in der Umgebung der Küste erhoben sich von Pinienwäldern bewachsene Anhöhen und hinter dem üppigen hellen Grün der nahe gelegenen Landschaft ragten in der Ferne hohe Berge auf, von denen einzelne Gipfel noch mit Schnee bedeckt erschienen. Frank und Christa schwammen dicht beieinander, und in ihren Gesichtern spiegelten sich Erstaunen und große Zufriedenheit mit der Region, für die sie sich diesmal entschieden hatten. Es war ihnen, als wären sie erst hier und jetzt am Ziel ihrer langen Reise angekommen. Es gab keinen Grund zur Eile, und sie ließen sich viel Zeit, an den Strand zurückzuschwimmen. Christa schwamm von hinten immer dichter an Frank heran. Dann fasste sie mit ihren Händen seine Schultern und ließ sich von ihm mit ausgestreckten untätigen Beinen durchs Wasser ziehen. Entspannt und mühelos dahingleitend sah sie Lothar und Inge auf der flachen Düne stehen und dass sie ihren Urlaubsfreunden, die sich so weit hinausgewagt hatten, zuwinkten. Christa winkte zurück und ließ sich dann wieder neben Frank ins Wasser gleiten, um mit eigener Kraft und etwas schneller auf der Strecke zum Badestrand vorwärtszukommen. Als sie den flachen Uferbereich erreicht hatte, unternahmen Lothar und Inge gerade ihre ersten zaghaften Schwimmversuche. Während sich Christa noch eine Weile mit den beiden beschäftigte, ging Frank über den warmen trockenen Sand bis zu seiner Liege. Er trocknete seinen Körper nur flüchtig und kehrte dann mit der Kamera in der Hand zurück zum Ufer. Er fotografierte seine Urlaubsfreunde, die immer noch zögerten, ein Stück hinauszuschwimmen, im Wasser. Dann bewegte er sich auf der

Suche nach Motiven langsam dem Ufer entlang. Er sah eine junge Mutti, die mit ihren Kindern im Sand herumtollte. Er fotografierte die lustige Truppe aber nur aus einiger Entfernung, da er die junge Frau sonst hätte fragen müssen, ob ihr es recht ist. Nur mit Badehose bekleidet, die immer noch etwas nass war und sich kühl anfühlte, lief er mit seiner Nikon weiter über den feuchten Sand, der in unregelmäßigen Abständen von kleinen Wellenfronten überspült wurde. Ständig musste er aufpassen, nicht in eines dieser Löcher zu treten, die die Kinder hier gebuddelt hatten. Er sah einen kleinen blondhaarigen Jungen, der wohl kaum zwei Jahre alt seiner größeren Schwester auf wackligen Beinen hinterher rannte, um sie mit nassem Sand zu bewerfen. Er beobachtete unerfahrene Server, die sich keine zehn Sekunden auf ihrem Brett halten konnten und nach mühsamem Aufrichten des Segels immer wieder ins Wasser fielen. Größere weiße Boote mit farbenprächtig gemusterten Segeln zogen majestätisch in einigem Abstand zum Badestrand ihre Bahn. Als er die Stelle erreicht hatte, wo sich die von großen Sonnenschirmen überdachte Außenterrasse des Strandrestaurants befand, hielt er Ausschau nach dem blonden Mädchen. Aber der Tisch, an dem sie mit den drei alten Damen gesessen hatte, war leer, und da er die ganze Strecke abgeschritten hatte, war er sich ziemlich sicher, dass sie auch nirgendwo am Badestrand lag, um sich zu sonnen. Er machte kehrt und sah sich beim Zurückgehen den schmalen Strandbereich noch einmal genau an. Das Mädchen war nicht hier.

Christa und seine Urlaubsfreunde ruhten auf den mit bunten Badetüchern belegten Plasteliegen, als er wieder eintraf, und sie ließen sich von der Sonne, die sich langsam dem Horizont zu bewegte, ihre Körper wärmen. Frank legte sich noch eine Zeit lang dazu, beobachtete das Treiben am Strand und die großen Schiffe, die hin und wieder weit draußen am Horizont auftauchten. Inge begann als Erste unruhig zu werden. Man brauchte noch einige Zeit sich umzuziehen, und sie wollten doch rechtzeitig zum Abendessen im Restaurant sein, gab sie zu bedenken.

So brachen sie schließlich alle vier auf. Frank und Christa folgten den beiden bis zu ihrem Bungalow, um sich auch die Unterbringung ihrer Urlaubsfreunde einmal anzusehen. Doch sie hatten sich bald davon überzeugt, dass es da keine großen Unterschiede gab. Quartier und Balkon waren auch hier zu ebener Erde. Sie konnten den beiden zeigen, wie sich die Schiebetür sicher von innen verschließen ließ, und Frank diskutierte mit Lothar über die Einstellung der Klimaanlage. Nach dem kleinen Umweg spazierten Frank und Christa wieder dem etwas breiteren Hauptweg entlang, der sie zurück zu ihrem eigenen Bungalow führte. Noch ein ganzes Stück entfernt sahen sie das blonde Mädchen auf sich zukommen. Frank wurde in dem Moment klar, dass sich ihre Unterbringung so ziemlich am Ende der Bungalowsiedlung befinden musste. Bis zum Abendessen war eigentlich noch etwas Zeit, und er fragte sich, was sie vorhatte. Ganz allein kam sie mit dem hellblauen T-Shirt und ihrem kurzen schwarzen Rock bekleidet dem asphaltierten Weg zwischen den hohen Pinien entlang geschritten. Sie näherte sich in ihrer typischen, flott und damenhaft wirkenden Gangart. Als sie bis auf zehn Meter herangekommen war, überkam Frank das Gefühl, dass Christa sogleich kontrollieren würde, wohin seine Blicke gingen. Aber er änderte seine Blickrichtung noch rechtzeitig. Und als das Mädchen wortlos an ihnen vorbeiging, schaute er nach oben zu den weit gespannten Kronen der Pinien, die sich in schönster Weise gegen den blauen Himmel abhoben.

Lothar und Inge hatten bereits einen Tisch auf der Außenterrasse reserviert, als ihre Urlaubsfreunde einige Zeit später im Hotelrestaurant eintrafen. Diesmal blieb Lothar am Tisch zurück, und Frank begab sich zusammen mit den beiden Frauen zu den Büfetts. Diesmal ließ er sich mehr Zeit bei der Zusammenstellung seines abendlichen Menüs, und Christa nickte zustimmend, als er mit seinem reichlich gefüllten Teller zurückkam.

Lothar machte sich zweimal hintereinander auf den Weg, bevor er sich wieder setzte. Und nach seinem letzten Gang standen zwei Karaffen mit unterschiedlichen Weinsorten auf dem Tisch. „Müssen wir doch mal probieren", meinte er und begann, ohne lange auf die Zustimmung der anderen zu warten, zunächst den goldfarbenen Wein in die Gläser zu füllen. Der Abend war so angenehm wie am Tag zuvor. Es war wohltuend warm, und ein Hauch vorbeiziehender Meeresluft vermischte sich mit dem angenehmen leicht würzigen Duft, der von den Pinien ausging. Schnell wurde die zurückliegende Tagesreise zum Gesprächsthema. Sie bedauerten, dass es diesmal keine Stadtführung gegeben hatte. So hatten sie sich in Saint-Tropez nur das Hafenviertel angesehen und vermutlich so manches verpasst, was sonst noch interessant und sehenswert gewesen wäre. Auch die Wahl ihrer Sitzpositionen auf dem Oberdeck war nicht so optimal, wie sie sich das gedacht hatten. Denn von den ausführlichen Informationen, die über die Lautsprecheranlage der Fähre kamen, hatten sie nur wenig mitbekommen.

Doch eines war klar. In Saint-Tropez waren einige berühmt gewordene Filme produziert worden. Und einen jener Filme, die mit der Schauspielerin Brigitte Bardot am Rande der Stadt gedreht worden waren, hatten sie ganz bestimmt gesehen, wenngleich die Erinnerung daran schon etwas verblasst war. Gemeinsam versuchten sie den Inhalt des Filmes, der viele Jahre später hin und wieder auch im Fernsehen gezeigt wurde, zu rekonstruieren. Ihre Unterhaltung war bei Spielfilmen angelangt und schließlich bei der Frage, wie sich die Ansprüche der Zuschauer im Laufe der Zeit geändert hatten. Fernsehgewohnheiten kamen zur Sprache. Lothar und Inge räumten ein, dass sie nach Jahren immer noch einer bestimmten langlebigen Fernsehserie treu sind, obwohl sie mittlerweile selbst ihre Zweifel haben, ob es sich lohnt, für die seichte Handlung die Zeit zu opfern. Dann lenkte Lothar das Gespräch auf einen erst kürzlich im Fernsehen gezeigten Spielfilm. „Habt ihr vergangene Woche diesen Film im RTL gesehen?", fragte er Frank und Christa zugewandt. „Wie hieß er doch gleich?", suchte er Inges Unterstützung. „Boluvera ... oder so ähnlich ... der war ja glashart!" Christa sann eine Weile nach. „Meinst du diesen brutalen Gangsterfilm, der vergangene Woche kam?" Man hatte sich bald geeinigt, um welchen Film es ging, und auch Frank erinnerte sich mit Schrecken an den gewalttätigen Inhalt. Er hätte an dem Abend lieber ein anderes Programm gewählt. Denn unmittelbar vor Beginn des Filmes meldete sich die Ansagerin mit der Information, dass der Film für Personen unter 18 Jahren nicht geeignet ist. Es wäre für Frank sofort ein Grund gewesen umzuschalten, denn Filme, mit solchen Altersbeschränkungen, sah er sich nicht an.

Er wusste aus Erfahrung, dass die Handlungen und gezeigten Szenen dann nichts für ihn waren. Aber diesmal war sein Cousin zu Besuch. Es wäre unhöflich gewesen, ihm den Film einfach abzuschalten, und Christa war wohl zumindest neugierig, was da kommt. So blieb Frank noch eine Weile mit den beiden am Fernseher sitzen. Doch schon nach den ersten zehn Minuten war klar, dass seine Bedenken voll berechtigt waren. Von Anfang an bestimmten brutale Gewalt und widerwärtige Sexszenen den Handlungsverlauf auf dem Bildschirm. Frank rutschte unruhig auf seinem Sessel hin und her. Er beneidete die Kinder, die vor solch einem Film ins Bett geschickt wurden. Aber er musste sich etwas einfallen lassen, um das nicht noch länger ertragen zu müssen. Er müsste draußen noch einmal nachsehen, ob die Filteranlage für den Pool abgeschaltet ist, erklärte er den beiden sein Verschwinden. Und nachdem er Minuten später zurück war, erfand er eine neue Ausrede, um das Wohnzimmer zu verlassen. Und diesmal blieb er so lange weg, dass die beiden merkten, wie wenig Interesse er daran hatte, sich den Film anzusehen.

„Ja, der Film war wirklich glashart!", räumte Lothar nochmals ein, und Frank vermochte nichts zu der Handlung zu sagen, da er das meiste davon verpasst hatte. Bestimmt wunderten sich die anderen über ihn, und sie hätten sich noch mehr gewundert, wenn sie das kleine unscheinbare Kreuzchen in der Fernsehzeitung für die kommende Woche entdeckt hätten, das er dort hinterlassen hatte. Frank wusste noch nicht, ob er an dem Vormittag dafür Zeit finden würde. Er sah sich gern Märchenfilme an, und mit Bleistift markiert hatte er „König Drosselbart".

Die Unterhaltung am Tisch verlagerte sich auf das Thema Kino- und Konzertbesuche. Sie alle waren sich einig, dass es nicht so gut war, allabendlich vor dem Fernseher zu sitzen und dass die Überwindung der gewohnten Bequemlichkeit immer das größte Hindernis war, einmal die vier Wände zu verlassen und etwas mit anderen gemeinsam zu erleben. Man musste sich um Eintrittskarten kümmern und sich an einem solchen Abend ordentlich gekleidet aus dem Haus begeben. „Ja", räumte Inge ein, „wir haben auch schon geschenkte Eintrittskarten verfallen lassen, nur weil wir keine Lust hatten aufzubrechen." „Ja, so ist's", bestätigte Lothar, und er atmete dabei tief durch.

Die für den Außenbereich zuständige junge Kellnerin lief nun emsig hin und her, um alle Hinterlassenschaften auf den Tischen ihrer Gäste abzuräumen. Lothars Blicke folgten ihr in einer Weise, dass es den anderen am Tisch nicht verborgen blieb. „Na, sie gefällt dir wohl?", fragte Christa mit einem Schmunzeln im Gesicht an. „Ja, doch!", gestand Lothar freimütig ein. Und so kam das Gespräch schließlich auf die junge französische Kellnerin, die hier abends auf der Terrasse unter freiem Himmel ihren Dienst versah. Dabei gab es eigentlich nichts Besonderes, durch das sie aufgefallen wäre. Sie trug die im Restaurant übliche Einheitskleidung der Kellnerinnen: schwarzer Rock und weiße Bluse. Ihrem Aussehen nach war sie mehr ein südlicher Typ, und sie bediente vermutlich für viele die klischeehafte Vorstellung von einer richtigen Französin. Wie viele Frauen in dieser Region hatte sie völlig schwarzes Haar und dunkelbraune Augen. Und die schlichte Bubikopffrisur passte gut zu ihrer eher etwas rundlichen Gesichtsform. Sie schien zudem keinerlei Make-up zu verwenden oder nötig zu haben, um ihr Äußeres aufzubessern.

„Eine ganz einfache hübsche junge Frau!", meinte Inge. Aber die Sympathie der beiden Frauen galt weniger ihrem Aussehen. Was ihnen vor allem zusagte, war die Art und Weise, in der sie hier ihre Arbeit verrichtete. Sie war aufmerksam und beräumte unverzüglich jegliches Geschirr von den Tischen, das nicht mehr gebraucht wurde. Sie erledigte ihre Arbeit flott und doch mit der nötigen Gelassenheit und Ruhe, so dass sich niemand ihrer Gäste durch hektische Betriebsamkeit gestört fühlte. Wenn sie an einem der Tische zu tun hatte, sah man sie mit freundlichem Gesicht, aber es war eine Freundlichkeit, die mit Zurückhaltung und einer gewissen Distanz gepaart war. Die Frauen bestätigten sich gegenseitig in ihrer Meinung zu der jungen Kellnerin und Christa meinte: „Ja, sehr angenehm!" Frank wunderte sich, denn Christa hatte an den jungen Frauen doch oft etwas auszusetzen. Ob es nun eine geschmacklose Frisur war, unpassende Kleidung oder affektiertes Benehmen. Und an dieser jungen Kellnerin hatte sie nichts zu kritisieren? Frank schaute etwas ungläubig zu ihr. „Wirklich gar nichts?", hätte er sie am liebsten gefragt.

Der runde Tisch war längst beräumt, und nur noch vier fast leer getrunkene Weingläser standen auf der sauberen blauen Tischdecke. Lothar erhob sich mit der Absicht, eine weitere Karaffe vom Büfett zu holen. Aber Inge bremste ihn aus. „Wir sollten besser Schluss machen", meinte sie. Morgen ging es zu den Verdon-Schluchten. Es war die längste der vier geplanten Tagesreisen. Sie gab zu bedenken, dass die Abfahrt sehr zeitig angesetzt war und man deshalb nicht so spät ins Bett kommen sollte.

Frank und Christa traten den Rückweg zu ihrem Bungalow ohne Eile an. Auf einem freien sandigen Platz vor dem Hoteleingang bemerkten sie eine größere Ansammlung von Hotelgästen, die lautstark irgendjemand in ihrer Mitte anfeuerten. Neugierig gesellten sich Frank und Christa zu ihnen, um zu erkunden, was da vor sich ging. Sie drängelten sich durch die Ansammlung von Leuten nach vorn und sahen, wie ein Herr aus ihrer Reisegruppe sich auf dem Sandboden einen kleinen Ball zurechtgelegt hatte und versuchte, probeweise mit dem Stock schwingend die richtige Abschussrichtung herauszufinden. Es war der Vater des jungen Mannes, der vielleicht 16 Jahre alt das jüngste Mitglied der Reisegruppe war. Der junge Mann stand zusammen mit seiner Mutter am Rande des kleinen unbegrenzten Spielfelds. Frank und Christa begrüßten die beiden freundlich und ließen sich von dem jungen Mann erklären, um was es bei diesem Spiel ging. Der junge Mann reagierte freundlich auf die Anfrage und begann sofort das Geschehen zu erläutern. Es handele sich um eine Art Minigolf, ließ er die beiden wissen, und er erläuterte, ohne dabei das sportliche Bemühen seines Vaters aus den Augen zu verlieren, die Spielregeln so eifrig und genau, als wolle er Frank und Christa zum Mitmachen bewegen. Aber nun war er erstmal selbst an der Reihe, und während er versuchte, den hölzernen Ball ein weiteres Stück dem Zielloch näher zu bringen, kam Christa mit seiner Mutter in ein längeres Gespräch über dies und jenes. Unbeeindruckt von der frühen Abfahrtszeit am folgenden Morgen verweilten die drei sportlich interessierten Mitglieder ihrer Reisegruppe weiter auf dem sandigen Spielfeld. Aber Frank und Christa machten sich nun auf den

Weg in ihre Unterkunft. Und sie waren ein wenig stolz darauf, dass sie den Weg dahin jetzt auch im Dunklen mühelos fanden. Bis zu dem roten Hydranten mussten sie auf dem Hauptweg laufen und dann in den schmalen von dicht stehenden Koniferen gesäumten Seitenweg einbiegen, der sie in Richtung Hotelstrand verlaufend zu ihrer Unterkunft führte.

Viertes Kapitel

Am folgenden Morgen klingelte der Wecker sehr zeitig. Die Morgentoilette der beiden erfolgte zügig, und was man für den bevorstehenden Tagesausflug brauchte, hatte Christa schon am Abend bereitgelegt. Als Treffpunkt mit ihren Urlaubsfreunden war die Außenterrasse des Hotelrestaurants vereinbart. Viel zeitiger als sonst konnten sie das Restaurant betreten. Der Haupteingang war offen, die großen Türen, die nach draußen auf die Terrasse führten, schon aufgeschoben und etliche Frühaufsteher wirbelten auf der Suche nach den besten Plätzen in den Räumen umher. Auch hatten sich einige der Hotelgäste bereits für einen Platz unter freiem Himmel entschieden. Die meisten der runden Tische auf der Terrasse waren jedoch noch frei, und Christa meinte, dass es draußen noch zu kühl ist, um hier zu frühstücken. Lothar und Inge waren noch nicht eingetroffen, und sie schlug vor, hier auf die beiden zu warten, während sich Frank schon mal nach einem guten Platz im Inneren des Restaurants umsehen könnte. Vor allem Lothar zuliebe war eine Stelle mit möglichst wenig Zugluft zu suchen, und der Unruhe in der Nähe der Büfetts wollte sich auch niemand aussetzen.

Frank lief mit gemächlichem Schritt und ohne auch nur zu ahnen, was ihm da im nächsten Moment widerfahren würde, zu einer der geöffneten Schiebetüren, durch die man in das Innere des Restaurants gelangte. Kaum hatte er seinen Fuß über die Türschwelle gesetzt, stieß er auf eine lange und sehr attraktiv gestaltete Tischtafel. Saubere weiße Decken überspannten die Tischreihe, die über ihre ganze Länge mit besonderem Tafelgeschirr, phantasiereich gefalteten Servietten, Kerzenständern, Obstschalen, schönen Weingläsern und Getränken aller Art belegt war.

Offenbar gab es dafür einen besonderen Anlass. Vielleicht wurde die Tischreihe zum Empfang einer bestimmten Reisegruppe in so ansprechender Weise hergerichtet. Aber Frank bemerkte sogleich auch die nur eine halbe Tafellänge entfernt stehende junge französische Kellnerin, die sie sonst abends auf der Außenterrasse bediente. Sie war offenbar für das Eindecken der Tafel zuständig und nun mit den restlichen Arbeiten beschäftigt. Frank fand nichts Besonderes daran, dass das Hotelpersonal auch schon am frühen Morgen im Einsatz war. Verwundert war er nur, dass die junge Frau bei seinem Erscheinen sofort ihre Arbeit einstellte und ihn mit einem liebevollen Blick und einem auffällig lang gezogenen „Bonjour" empfing. Frank grüßte freundlich zurück, und während er ihr näher kam, strahlte sie ihn schließlich so unverblümt an, dass er sich fragte, was es zu bedeuten hatte. Freundlich war sie zu ihren Gästen ja immer, aber diese Freundlichkeit war stets mit einer gewissen Distanz und Zurückhaltung gepaart. Aber in diesem Moment war von Zurückhaltung nichts mehr zu spüren, und Frank nahm an, dass sie ihn mit jemandem verwechselt. Doch änderte sich nichts an ihrem Verhalten, als er ihr an der Mitte der langen Tafel direkt gegenüberstand. Mit Verwunderung registrierte er, dass sie nun sogar versuchte, mit ihm ins Gespräch zu kommen. Frank sah ihre schönen braunen Augen, er bemerkte, wie sie nach Worten suchte und sich ihre Lippen zu bewegen begannen. Er vernahm ein deutsches Wort, zwei drei französische, aber es wurde für ihn nichts Verständliches. Er hatte sie abends auf der Terrasse auch noch nie ein paar Worte deutsch sprechen gehört, und seine Französischkenntnisse waren mit einem Vorrat von vier oder fünf Worten so bescheiden, dass er sich jetzt darüber ärgerte, nicht mehr für ein minimales Verständnis der Landessprache getan zu haben. Er hätte so gern gewusst, was sie ihm sagen wollte, aber nun standen sie sich völlig ratlos gegenüber. Die Situation schien festgefahren, und so entschloss er sich weiterzugehen. Langsam und nachdenklich bewegte er sich längs der gedeckten Tafel. Aber an ihrem Ende angekommen blieb er stehen, um sich noch einmal nach ihr umzusehen. Sie bemerkte es sofort, rückte beiläufig noch einen Teller zurecht und sah, sich schnell aufrichtend, zu ihm. Und Frank empfing einen Blick, wie man ihn sich schöner und angenehmer von einer jungen hübschen Frau nicht wünschen konnte. Es war ein Blick, in dem sich weiblicher Scharm, Wärme und Herzlichkeit in einer Weise paarten, dass es Frank durch und durch ging. Er wandte sich irritiert ab und lief ziellos ein Stück weiter. Er irrte zwischen Tischen und Büfetts umher, ohne sich ein weiteres Mal nach ihr umzusehen. Doch es half nicht. Er fühlte, dass er nun etwas in sich trug. Es war wie ein Stachel, der in ihn eingedrungen war, ein Stachel, der nicht schmerzte, der sich aber auch nicht mehr entfernen ließ. Ziemlich kopflos bewegte er sich durch die schnell wachsende Menge von Leuten, die auf dem Weg zu den Büfetts und ihren Tischen waren, als plötzlich Christa vor ihm stand.

„Ich denke du wolltest einen Tisch für uns suchen!"
„Natürlich", erwiderte Frank und bot ihr an, die Suche nun gemeinsam fortzusetzen. „Nicht mehr nötig", er-

klärte Christa. „Die beiden warten bereits auf uns! Wo warst du denn so lange?" Frank reagierte nicht auf ihre Frage, zuckte nur mit den Schultern und ließ sich zu dem Tisch führen, wo Lothar und Inge bereits Platz genommen hatten. Der Frühstückstisch füllte sich bald wieder mit allerlei Schüsseln und Tellern, kleinen Porzellanschalen, die mit gelber und roter Fruchtkonfitüre gefüllt waren, Körbchen mit Knäckebrot und Brötchen und Gläsern mit Fruchtsäften. Und eine Kellnerin, die sie bisher noch nicht bedient hatte, füllte die bereitstehenden Tassen mit Kaffee. Das Gespräch am Tisch richtete sich schon bald auf den bevorstehenden Reisetag, der der längste von allen werden und sie ein ganzes Stück nach Norden, hinein in die Ausläufer der französischen Alpen führen sollte. Frank hielt sich auffällig zurück und wirkte abwesend. „Ist etwas?", fragte ihn Christa verwundert. Hatte er sich nicht auf diesen Ausflug in die südfranzösische Berglandschaft ganz besonders gefreut. Er versuchte von dem eben Erlebten zurückzufinden und sich in das Gespräch einzubringen. Ja, es war eine seiner Kolleginnen, die ihm von ihrem Urlaub im Süden dieses Landes berichtet hatte und von ihren außergewöhnlichen Erlebnissen beim Durchqueren des einige hundert Meter tiefen Canyon, das Mut und eine gute körperliche Kondition voraussetzte. Doch in Anbetracht der altersmäßigen Zusammensetzung der Reisegruppe standen gefährliche Kletterpartien durch die Schluchten heute nicht auf dem Programm, und die Reiseleiterin würde sie auf der Fahrt zu den hoch gelegenen Aussichtspunkten begleiten.

Für das Frühstück ließ man sich diesmal weniger Zeit. Franks Blicke suchten beim Verlassen des Restaurants noch einmal nach der jungen Kellnerin, die ihn an diesen

Morgen in so unerwarteter Weise begrüßt hatte. Aber er konnte sie nicht entdecken. Offensichtlich war sie im Moment an anderer Stelle beschäftigt. Der Bus wartete wieder auf dem kleinen Parkplatz neben der Rezeption, und die Reiseleiterin hatte sich pünktlich eingefunden. Nachdem der Bus auf die lange Allee am Rande der flachen Gewässer eingeschwenkt war, griff sie zum Mikrofon und begrüßte in gewohnt munterer und freundlicher Weise ihre Gäste. Es folgten wichtige Informationen zu dem bevorstehenden Reisetag

Die Fahrt führte zunächst auf die Autobahn, und Monika nutzte das ruhige Dahinrollen des Busses, um ihre Gäste mit Kaffee zu versorgen. Auch auf Christas kleinem Klapptisch dampfte bald ein weißer Plastebecher mit dem heißen Getränk. Frank als auch das blonde Mädchen saßen an der Gangseite, und so war ihm die junge Frau mit dem langen blonden Haar wieder sehr nahe. Sie waren nun schon den fünften Tag zusammen, und er hatte immer noch keinen persönlichen Kontakt zu ihr gefunden. Er konnte ihre kühle abweisende Art, ihr unverändert distanziertes Verhalten nicht verstehen. Doch nun hatte sich ein weiterer sonderbarer Fall dazu gesellt. Die überaus freundliche Behandlung durch die junge französische Kellnerin war ihm jetzt ebenso ein Rätsel. Es schien ihm gerade so, als wüsste sie von seinem Misserfolg bei dem Versuch, sich mit dem blonden Mädchen anzufreunden, und als wollte sie ihn mit ihren warmherzigen Blicken trösten und entschädigen. Frank kamen nun all die Gegensätze zwischen den beiden jungen Frauen voll zu Bewusstsein. Schon rein äußerlich waren sie völlig verschieden. Die junge Frau in seiner Reisegruppe war der Prototyp einer Blondine mit heller Haut und blauen Augen. Die französische Kellnerin dagegen stand mit ihrem schwarzem Haar, dunklem Teint und tiefbraunen Augen für den südländischen Frauentyp. Aber die krassesten Unterschiede fand Frank in ihren Verhaltensweisen. Von der hübschen Blondine hatte er im Verlaufe der vier zurückliegenden Tage noch nicht einen freundlichen Blick einfangen können. Noch kein Wort hatte er mit ihr gesprochen. Dabei bot doch das tägliche Zusammensein reichlich Gelegenheit, sich miteinander bekannt zu machen. Und nun hatte er zu Beginn des Tages diese Begegnung mit einer jungen Frau, die sich völlig anders verhielt. Sie nutzte den winzig kleinen Zeitraum des Zusammentreffens während ihrer Arbeit, um ihm soviel Aufmerksamkeit und Herzlichkeit entgegen zu bringen, wie er es unter den gegebenen Umständen einer flüchtigen Bekanntschaft überhaupt nicht erwarten konnte. Sie hatte sofort versucht, mit ihm ins Gespräch zu kommen. Eine Unterhaltung war nur an der Sprachbarriere gescheitert, und sie war nahe daran, ihn mit ihrer scharmanten und liebevollen Art aus dem seelischen Gleichgewicht zu bringen. Das sollte eigentlich nicht passieren, dachte sich Frank. Christa saß neben ihm und schaute interessiert aus dem Fenster, während sich seine Gedanken nicht so schnell von dieser ungewöhnlichen Begegnung lösen konnten. Es fand sich dafür keine einleuchtende Erklärung. Nur in einem war er sich ziemlich sicher. So ganz unsympathisch konnte er ihr nicht gewesen sein. Nun war die junge französische Kellnerin erst einmal weit weg, und sein Problemfall – das blonde Mädchen – saß kaum mehr als eine Armlänge von ihm entfernt.

Frank spürte, dass der Vorfall am Morgen nicht ohne Wirkung geblieben war. Er fühlte sich beflügelt und nun mutig genug, es noch einmal mit der Blondine zu versuchen. Es war heute ihre letzte gemeinsame Tagesreise, und danach würden sich vielleicht kaum noch Möglichkeiten für eine Kontaktaufnahme bieten. Und heute konnte er mit optimalen Bedingungen rechnen. Die Suche nach Motiven, das damit verbundene Herumstreunen im bergigen Gelände und der häufige Aufenthalt an abseitigen, versteckten Stellen führte die eifrigen Fotografen immer wieder zusammen. Man kam sich nahe, und man diskutierte. Und beeindruckt am Rande der tiefen Schluchten stehend, würde gewiss auch sie das Verlangen spüren, Gefühle und Gedanken mit anderen auszutauschen. So musste es heute einfach funktionieren. Frank war in guter Stimmung und sehr optimistisch.

Nach einstündiger Fahrt hatte der Reisebus die nur mäßig interessante Strecke auf der Autobahn in Richtung Nizza hinter sich gelassen. Bei Cabassa verließ er die dem Meer nahe Fahrtroute, um die Reise auf Straßen, die nach Norden in die französische Voralpenlandschaft führten, fortzusetzen. Überraschenderweise kündigte der Fahrer jetzt schon eine Pause an. Nur noch wenige Tankstellen gab es in den höheren Regionen, meinte er, und er müsste jetzt noch einmal nachtanken.

Die Fahrpause kam für die meisten seiner Gäste etwas überraschend, vor allem aber für die Blondine. Sie hatte ihre Sandaletten wieder unter den Vordersitz geschoben und musste sie erst hervorholen. Dann stellte sie ihre Beine in den Gang, um sich die hochhackigen Schuhe mit den dünnen Riemchen wieder anzuziehen. Dabei verursachte sie einen kleinen Stau im Gang, den sie nicht zu bemerken schien. Mittlerweile hatten sich einige Leute, allen voran ein paar Herren der Reisegruppe, dazu entschlossen, den Bus durch die Fahrertür zu verlassen. Sie wurden von der jungen Dame daran gehindert, machten aber alle einen sehr ausgeruhten und entspannten Eindruck. Schweigend schauten sie ihr zu, und Frank sah im Gesicht jenes Mannes, der jetzt direkt neben ihm stand, ein großzügiges, verständnisvolles Schmunzeln. Schließlich bemerkte die Blondine, dass sie den Ausgang blockierte. „Entschuldigung!", wandte sie sich dem Herrn etwas erschrocken zu. Sie machte die Bahn frei, und nach dem sich der kleine Stau aufgelöst hatte, setzte sie ihre Beine erneut in den Gang, um mit den Riemchen ihrer Sandaletten zu hantieren. Auch Frank beobachtete sie amüsiert und vor sich hin schmunzelnd. Eins musste er ihr jetzt aber sagen – wie immer lautlos und doch ahnend, dass sie es irgendwie vernahm. „Wie wäre es denn, wenn du die Schuhe mal zum Schuster schaffst oder dir gleich ein paar neue kaufst, wenn das so nicht mehr funktioniert."

Eigentlich wollte auch er vor der Weiterfahrt noch einmal nach draußen gehen, um sich die Beine etwas zu vertreten. Aber es war nicht nötig, die Blondine bei ihrer schwierigen Beschäftigung ein weiteres Mal zu stören. Er wählte, ohne dass sie es bemerkte, den Hinterausgang, und Christa folgte ihm auf diesem Weg nach draußen.

Viel unternehmen konnten sie nicht, denn nach Auffüllen des Tanks setzte sich der Bus unverzüglich wieder in Bewegung. Die Fahrt ging nun leicht bergauf, und im Hintergrund zeigten sich die ersten Gipfel einer hohen Gebirgsregion.

Zunächst aber erreichte der Bus eine nahezu ebene Landschaft, auf deren rotbrauner Erde kniehohe Pflanzen, die keiner der Reisegäste einzuordnen wusste, in einer Vielzahl langer paralleler Reihen angeordnet waren. Die Reiseleiterin griff zum Mikrofon. „Wir kommen leider nicht zur richtigen Jahreszeit hier vorbei", erklärte sie mit Bedauern. „Dies sind die Lavendelfelder der Provence, die in den Sommermonaten in ihrer Blüte stehen, und dann die weit ausgedehnten Flächen blauviolett einfärben." Sie ließ ihre Gäste wissen, dass die Hochebenen in der Küstenregion des Mittelmeeres die Heimat des Lavendels sind und dass dessen Blüten für die Herstellung von Parfümen und Arzneimitteln Verwendung finden. „Aber auch Honig wird aus Lavendelblüten gewonnen", ergänzte sie ihre Informationen. Dann meinte sie: „Versuchen sie sich einmal vorzustellen, welchen Anblick man hat, wenn sich die ganze Ebene bis hinter zu den Bergen mit diesem schönen Blau des blühenden Lavendels eingefärbt hat." Ihre Gäste blickten nach vorn, wo in noch einiger Entfernung ein Streifen hellgrün leuchtender Pinienwälder die Lavendelfelder ablöste und den Übergang zu jener hoch aufragenden Bergregion bildete, die sich urplötzlich aus der Ebene erhob. „Ja diese Berge im Hintergrund sind über zwei Tausend Meter hoch!", erklärte die Frau mit dem Mikrofon. „Und was sie da vor sich haben, ist die Gebirgsregion, in die wir heute hineinfahren wollen und die seit 1997 den Status eines regionalen Naturparks besitzt. Die imposante Verdonschlucht, die wir heute besuchen wollen, befindet sich inmitten des Naturparkes Verdon und ist die touristische Attraktion dieser im Süden Frankreichs gelegenen Gegend. Zuvor werden wir aber einem malerischen Bergdorf einen Besuch abstatten", fügte sie abschließend hinzu.

Noch waren die Berge ein Stück entfernt, und der Bus kam auf der flachen Strecke schnell voran. Frank hörte immer häufiger hinter sich die Kameras klicken, und Monika bediente ihre Gäste, bevor die ersten Ausläufer der Gebirgsregion erreicht waren, noch einmal mit Getränken. Es war die letzte Möglichkeit, denn dann wurden die Straßen zusehends steiler, und der Bus bewegte sich immer häufiger hin und her schaukelnd durch enge Kurven.

Es war die Fahrt durch das Hinterland der Cote d' Azur, eine Fahrt entlang hoher Bergmassive und durch die engen Gassen kleiner Orte mit landestypischem Flair und roten Ziegeldächern. Lothar entdeckte ein Hinweisschild mit der Aufschrift Saint Croix de Verdon. Er schlug seine Karte auf, um den Ort zu suchen. Dann reichte er die noch leicht zusammengefaltete Karte Frank und zeigte auf die am Ufer eines großen Stausees liegende Stadt. Sie hatten den Stausee noch nicht zu Gesicht bekommen. „Wir werden ihn wahrscheinlich auf dieser Strecke hier nördlich umfahren", meinte Lothar. Er sollte Recht behalten. Doch der Busfahrer hatte mit immer steileren Anstiegen zu kämpfen und mit Streckenabschnitten, wo sich sein Bus engen unübersichtlichen Kurven folgend durch eine bizarre Felslandschaft hindurchwinden musste. Und nach einer halben Stunde Fahrt durch die grandiose Berglandschaft tauchte linksseitig und an einer Stelle, wo man gewiss keinen Wohnort vermutete, eine größere Häusergruppe mit roten Ziegeldächern auf. Der kleine Ort schien am Fuße einer schroffen hohen Felswand zu kleben, die sich unmittelbar hinter den Häusern aufragend mehrere hundert Meter höher zu gewaltigen in den blauen Himmel zeigenden Bergspitzen ausformte.

Die Reiseleiterin, die auf ihrem Platz neben der vorderen Eingangstür sitzend die erstaunten Gesichter ihrer Gäste wohl erahnte, meldete sich zu Wort. „Ja, wir haben soeben das etwa 700 Einwohner zählende Bergdorf Moustiers-Sainte-Marie erreicht. Der Ort zählt zu den schönsten und beeindruckendsten Dörfern Frankreichs. Wir werden in fünf Minuten da sein, und sie werden eine reichliche Stunde Zeit haben, den Ort zu besichtigen."

Es ging noch ein kleines Stück steil bergauf, und dann durchfuhr der Bus langsam die schmalen Gassen des Bergdorfes, bis am höchsten Punkt der Ortsdurchfahrt ein Platz zum Anhalten gefunden war.

Die Frau mit dem kurz geschnittenen dunkelblonden Haar, und der zurückgeschobenen braunen Sonnenbrille auf dem Kopf versammelte die ausgestiegenen Reisegäste in ihrer Nähe, um ihnen noch einige Informationen zur Ortsbesichtigung zu geben. „Sie können sich hier nicht verlaufen", meinte sie. „Sie gehen hier durch den Ort nach oben, an einer Reihe hübscher kleiner Läden vorbei. Sie finden Geschäfte mit Töpferwaren, aber auch viele Souvenirläden und Modeboutiquen." „Ja, was das Töpferhandwerk anbetrifft", fuhr sie fort, „so hat der Ort eine viele Jahrhunderte alte Tradition. Schauen sie sich das reiche Angebot an Töpferwaren einmal an, oder besuchen sie das in einem alten Gewölbe untergebrachte Museum, in dem sie etwas über die Entstehungsgeschichte dieses sonderbaren Ortes und sein Handwerk erfahren können."

Sie unterbrach kurz ihre Rede, um mit dem Fahrer ein paar Worte zu wechseln. Dann wandte sie sich, mit ihrem Arm dabei steil nach oben zeigend, wieder ihren Gästen zu.

„Oberhalb des Ortes werden sie auf einem hohen Felsmassiv die Wallfahrtskirche Notre-Dame-de-Beauvoir erblicken, die bereits im fünften Jahrhundert aus einem Kloster heraus entstanden ist. Sie können die kleine Wallfahrtskirche zu Fuß über einen steilen Kreuzweg erreichen. Der Aufstieg dauert ungefähr fünfzehn Minuten. Aber denken sie daran, dass sie dann pünktlich wieder zurück sein müssen. Wenn sie sich das nicht zutrauen, können sie sich die im Ort gelegene katholische Pfarrkirche ansehen, eine im romanischen Stil errichtete Kirche aus dem 12. Jahrhundert. Im oberen Teil des Dorfes führt eine Brücke zur anderen Seite des Ortes, von wo aus sie dann wieder nach unten laufen können."

Abschließend verwies sie darauf, dass der Bus wegen Parkverbot nicht mehr hier stehen wird. „Wir treffen uns aber alle hier auf diesem Platz, und ich führe sie dann runter zu der Stelle, wo der Bus auf uns wartet." Die Reiseleiterin warf allen, die sich um sie versammelt hatten, noch einen freundlichen Blick zu, und sie wünschte ihren Gästen viel Spaß beim Erkunden dieses malerischen Ortes und viele interessante Entdeckungen.

Zunächst schob sich ihre Reisegruppe in fast geschlossener Formation auf einem grob gepflasterten und nach oben führenden Weg zwischen den Fassaden alter Häuser hindurch. Nach Durchlaufen der schattigen Gasse wurde der Blick frei auf das sonnenbestrahlte Zentrum des Ortes und auf die dahinter aufragenden hohen Felsspitzen, die wie eine Theaterkulisse im Hintergrund des Örtchens aufgestellt erschienen. Das am Hang errichtete Bergdorf lag vor ihnen, und es erschien Frank, als hätte sich der Ort für eine bevorstehende Feier herausgeputzt. Die ähnlich wie in Saint-Tropez in Pastellfarben gehaltenen Fassaden der zwei- bis dreistöckigen Gebäude waren allesamt von üppig wachsenden Pflanzen überwuchert. Efeu rankte sich an den Häuserwänden empor, und Pelargonien aller Farben hingen von steinernen Fensterbänken und hohen Terrassen herunter. Wild wachsende Oleanderbüsche säumten die gepflasterte Dorfstraße, und in große Pflanztöpfe eingesetzter blühender Oleander füllte oft die Balkone. Rustikale hölzerne Tore und Hauseingänge mit Rundbögen gaben dem Ort sein Gepräge, und man sah offen oder geschlossen an allen Häusern die für die Orte der Region typischen Fensterläden.

Der Weg durch den Ort hatte einen recht steilen Anstieg, und die Reisegruppe zog es allmählich auseinander. Die Gouvernante und ihre Freundinnen konnten der Blondine nicht mehr folgen, die sich zusammen mit einem Ehepaar an die Spitze der sich nach oben bewegenden Gruppe gesetzt hatte. Frank sah sie mit flottem Schritt mehrfach die Straßenseite wechseln und Ausschau halten nach alledem, was es hier mit ihrer Handykamera festzuhalten gab. Dann verschwand sie in einem der kleinen Läden, die die Straße durch den Ort säumten.

Als Frank noch einmal zurückschaute, entdeckte er weit unten, als letzte in der lang gezogenen Reihe und gestützt von ihrer Begleiterin, die alte Dame mit ihrer Krücke. Er sah, wie sie sich nach oben quälte. Er konnte sich vorstellen, dass ihr dieser steile Anstieg einiges abverlangte, und er dachte, dass sie sich da vielleicht zu viel zumutete.

Dicht gedrängt schmiegten sich die alten Häuser an die aufwärts führende Straße. In den urigen kleinen Geschäften fand man die Waren auf engstem Raum, manchmal in geradezu erdrückender Menge und Vielfalt und in schrillen Farben zusammengestellt.

Inge suchte nach einem Mitbringsel, und sie ließ kaum einen der Miniläden aus. Lothar merkte, dass sich ihre Urlaubsfreunde dabei etwas ausgebremst fühlten, und er meinte, sie könnten die Ortsbesichtigung doch auch erst mal allein fortsetzen. Frank und Christa nahmen den Vorschlag an, und als sie die gerade inspizierte Boutique verließen, war auch die Blondine, die bisher stets ein Stück vor ihnen hergelaufen war, nicht mehr in ihrem Blickfeld. Frank und Christa näherten sich der schmalen, doch recht tiefen Schlucht, die den Ort in zwei Teile trennte. Ein Gebirgsbach floss laut rauschend durch die Schlucht ins Tal, und schließlich erreichten sie eine Stelle, wo das Wasser über einen felsigen Absatz hinweg fast zehn Meter tief nach unten stürzte. Ein Wasserfall inmitten des Wohnortes, das war schon sehr ungewöhnlich. Pflanzen wucherten an den Hängen der Schlucht und ein hohes Gebäude, das dem Abhang gefährlich nahe auf einer stützenden Steinmauer errichtet war, hatte in halber Höhe einen umlaufenden Balkon, der von einem dicken Band blühender Pelargonien geschmückt war. Nur ein kleines Stück weiter nach oben gelangt, standen Frank und Christa vor der hohen steinernen Bogenbrücke, die sich harmonisch in das Landschaftsbild einfügte, und die beiden durch die Schlucht getrennten Ortsteile miteinander verband. Ganz dem lieblichen Antlitz des Ortes angepasst, sah man die Geländer der Brücke in voller Länge mit Blumen geschmückt, die aus den daran befestigten Pflanzkästen rankten.

Frank und Christa verweilten, sich interessiert in alle Richtungen umsehend, kurze Zeit auf der Brücke. Und sie übersahen doch fast, was sich bei einem steilen Blick nach oben den Augen bot. Nicht weit entfernt, aber in unerwarteter Höhe befand sich, auf einen Felsvorsprung errichtet, die Klosterkirche. Sie stand an eine Felswand angeschmiegt und flankiert von einigen schlanken Zypressen am Rande jener Schlucht, die sich nach unten bis in den Ort fortsetzte, aber weit oben als tiefer Einschnitt in das Felsmassiv begann. Es war ein Bild voller Romantik und gerahmt von einer überwältigenden Naturkulisse. Die Versuchung war groß, den steilen Aufstieg über den Kreuzweg in Angriff zu nehmen. Aber Frank schaute besorgt auf die Uhr. Sie hätten sich das eher vornehmen sollen. Fünfzehn Minuten nach oben, hatte die Reiseleiterin gesagt. Die gleiche Zeit zurück und noch etwas verweilen, um den Ausblick zu genießen. Das wurde jetzt knapp. Sie einigten sich, auf den Aufstieg zu verzichten. Sie liefen über die Brücke auf die andere Ortsseite und sahen sich die alte und in ihrem Baustil recht ungewöhnliche katholische Pfarrkirche von außen und von innen an. Dann gingen sie allmählich durch enge Gassen nach unten, verliefen sich dabei etwas und kamen erst über den Hinterhof eines der alten Häuser wieder auf die beidseitig abwärts führende Einbahnstraße und dem kleinen Platz, auf dem der Bus angehalten hatte. Die Reiseleiterin war bereits dabei, die Vollständigkeit ihrer Gruppe zu überprüfen. Einige fehlten noch, aber niemand kam zu spät. Lothar und Inge gehörten zu den Letzten, die eintrafen. Franks Blicke durchsuchten die versammelte Reisegruppe. Die alte Dame mit dem silbergrauen Haar und ihre Begleiterin waren zur Stelle, und auch das blonde Mädchen wartete auf den Abmarsch. In Formation einer lang gezogenen Kolonne ging es mit der Reiseleiterin voran ein Stück bergab. Frank und Christa hatten sich nahezu am Ende der Kolonne eingereiht. Doch bald hatten sie das älteste Mitglied ihrer Reisegruppe mit ihrer Begleiterin vor sich. Obwohl die Reiseleiterin, wissend, dass einige schon recht alte Herrschaften in ihrer Gruppe waren, ein gemächliches Tempo angeschlagen hatte, fielen die beiden immer weiter zurück. Es ging auf Mittag zu, und die Sonne strahlte intensiv vom Himmel. Das Bergablaufen schien der alten Dame noch größere Schwierigkeiten zu bereiten, als der Gang durch den Ort nach oben. Ihre Schritte waren kurz, die Bewegungen ihrer Krücke hektisch, und als Frank und Christa dicht hinter ihr liefen, sahen sie ab und zu ihr puterrotes Gesicht.

Ihre Begleiterin bemerkte, dass die Bungalownachbarn aufgeschlossen hatten und sich über die Verfassung der alten Dame und die rigorose Art, mit der sie vorwärts gezogen wurde, Sorgen machten. „Was soll ich machen?", versuchte sie sich zu entschuldigen. „Wir dürfen doch den Anschluss nicht verlieren!" „Nun ist es auch noch ziemlich warm heute", offenbarte Christa ihre Bedenken. „Ja", gestand die große und kräftig gebaute Begleiterin. „Ich habe echt Angst, dass sie bei diesem Stress einen Herzinfarkt bekommt." Frank und Christa überholten die beiden nicht. „Lassen sie sich doch Zeit!", versuchte Frank sie zu besänftigen. „Wir kommen schon noch rechtzeitig an!" Tatsächlich musste die Reiseleiterin nicht mehr lange warten, bis die Vier zusammen und als letzte eintrafen.

Monika ging noch einmal durch den Gang nach hinten und zählte die freien Plätze. Dann gab sie das Zeichen zum Start. Obwohl es nun eine unruhige und kurvenreiche Strecke stark bergab ging, blieb die Reiseleiterin, sich mit einer Hand am Griff der vordersten Sitzreihe festhaltend und ihren Reisegästen zugewandt, im Gang stehen. Neugierig begann sie ihre Gäste auszufragen. „Na, wie hat ihnen dieses einsame Dorf in den Bergen gefallen?" „Und hat sich denn jemand bis ganz oben zur Klosterkirche gewagt?", setzte sie ihre Befragung schließlich fort. „Ja, wir beide!", antwortete laut vernehmlich und nicht ganz ohne Stolz der Herr, der hinter Christa saß. Das Gesicht der Reiseleiterin verriet Anerkennung, und auch Frank und Christa drehten sich zu ihren Hinterleuten um. „Toll!", lobte Christa. „Da hätten wir ja mitgehen können!", meinte sie Frank zugewandt. „Aber wir haben es uns zu spät überlegt!" „Schade", meldete sich die Ehefrau des hinter Christa sitzenden Herrn. „Sie hätten den Aufstieg bestimmt nicht bereut. Es war beeindruckend, und wir hatten von da oben eine phantastische Aussicht!"

Aber nach halbstündiger Abwärtsfahrt bot sich nun auch den anderen Reisegästen ein beeindruckendes Panorama. Eingebettet in eine Landschaft voller grüner Hügel zeigte sich mit verschlungenem Ufer und ausgedehnt über eine sehr große Fläche ein See mit so ungewöhnlich kräftiger Blaufärbung, dass man geneigt war zu vermuten, es hätte jemand mit einer Unmenge blauer Tinte nachgeholfen, um den Touristen einen besonderen Anblick zu bieten. Ein heller sandiger Badestrand war zu erkennen, der von grüner Bewaldung begrenzt sich dem buchtenreichen Ufer entlang zog. An seinem im Vordergrund befindlichen verjüngten Ende überspannte den tiefblauen See eine hohe steinerne Brücke, welche die sich zu beiden Seiten um den See schlängelnden grauen Asphaltstraßen miteinander verband. Es war zu erkennen, dass die Verkehrswege in einiger Höhe über dem See angelegt waren, aber der Reisebus bewegte sich in einer noch viel höheren Etage, und so bot sich den Reisegästen das reizvolle Landschaftsbild tief unten im Tal.

Frank suchte neugierig geworden das Gespräch mit Christas Hintermann, der gerade einen Blick in seinen ADAC-Führer warf. Es handelte sich unten im Tal um den bereits erwarteten Stausee, der sich laut Karte Lac-de Ste-Croix nannte. Mit Hilfe der Karte war auch zu erkennen, dass sie den Stausee nördlich umfahrend nun schon nahe der Verdonschlucht, dem eigentlichen Ziel ihrer Reise, waren. Im Wechsel erhielten Frank und Christa nun Informationen von dem kontaktfreudigen Ehepaar hinter ihnen und der Reiseleiterin, die nun von ihrer Sitzposition hinter der großen Frontscheibe des Busses aus per Mikrofon zu ihren Gästen sprach. „Der Lace-de-Ste-Croix ist einer von fünf Stauseen, mit denen man den Fluss Verdon gezähmt hat", erklärte sie. „Er ist der größte der Kette und bildet das untere Ende der berühmten Verdonschlucht. Er wird sowohl zur Energiegewinnung als auch zur Trinkwasserversorgung genutzt, und er ist ein beliebtes Ziel für Touristen. Sie sehen den großen Badestrand an seinem Ufer und ringsherum findet man viele Campingplätze." Nach Durchfahren einer engen Kurve fuhr sie fort: „Und jetzt sehen sie ganz unten im Tal auch wieder die hohe steinerne Brücke, die den See an seiner schmalsten Stelle überquert. Hier mündet der Fluss in den Stausee, und man kann vom Stausee aus auch stromaufwärts mit Tretbooten und Kajaks ein Stück in den Canyon hineinfahren und sich von der grandiosen Landschaftsszenerie beeindrucken lassen."

Der Reisebus gewann weiter an Höhe, und schon nach kurzer Zeit eröffnete sich den Reisenden der erste Blick in die Verdonschlucht. Sie war hier noch sehr breit, ihre üppig bewachsenen Wände verliefen zu beiden Seiten allmählich nach oben, und nur vereinzelt sah man schroffe steile Felsformationen. Tief unten im Tal floss der smaragdgrün schimmernde Fluss ruhig dahin.

Die Reiseleiterin meldete sich erneut zu Wort und teilte mit, dass sich der Reisebus nun auf der Ringstraße um den Canyon bewegt. Und während sich der weiße Reisebus auf der immer enger werdenden Straße, die teils in Felsgestein eingehauen und zur anderen Seite durch eine helle Steinmauer gesichert war, mühsam nach oben schraubte, erfuhren ihre Gäste das Wichtigste über die Entstehungsgeschichte der spektakulären Schlucht.

Zerbrechende Kalksteinmassive, durch die sich der Verdon sein Bett bahnte, standen am Anfang dieser Entwicklung. Die der Eiszeit folgende Eisschmelze brachte gewaltige Wassermassen hervor, die sich immer tiefer in das Gestein einschnitten. „Hier sind die Flanken der Schlucht noch bis zu 1200 Meter entfernt, aber weiter oben teils nur noch 200 Meter, und dort wird die Schlucht dann bis zu 700 m tief", erklärte sie ihren Gästen. „Unsere Fahrtroute wird uns immer wieder ganz nahe an die Schlucht heranführen", versicherte sie schließlich.

Nach Durchfahren einer besonders engen Felsformation erschien auf der dem Tal zugewandten Seite eine ausgebaute und von Mauern aus Kalkstein gestützte Nische, auf der einige PKWs und ein Kleintransporter parkten. Aber auch einige wuchtige Motorräder mit schwer beladenen Seitengepäckträgern waren hier abgestellt, und man sah an dem blau gestrichenen Absperrgeländer auch etliche ältere Herren in schwarzer Motorradkluft und mit ihrem Helm in der Hand. „Wir werden an diesem Aussichtspunkt unsere erste Fahrpause einlegen", meldete sich die Reiseleiterin. Der Fahrer bremste den Bus ab, und noch während er nach einer Stelle zum Einparken suchte, wies sie auf die PS-starken Zweiräder zeigend ihre Gäste darauf hin, dass die Strecke wegen ihrer vielen Kurven und der tollen Ausblicke besonders beliebt bei Bikern ist.

Ihre Gruppe hatte sich bald staunend an dem blauen Geländer eingefunden, das die Parknische von der Schlucht trennte. Der in die Tiefe des Canyons führende Abhang war hier noch nicht all zu steil, und man sah in Richtung Stausee blickend in verschiedenen Höhenlagen auch Teile jener Straße, die sich in Serpentinen bis an diese Stelle gewunden hatte. Fasziniert blickten ihre Gäste aber auch über die Schlucht, die hier schon eine beträchtliche Tiefe erreicht hatte, hinweg, hinüber zu dem grauen Gebirgsmassiv, das sich an Höhe wachsend hinter dem Canyon auftürmte. Blauer Himmel breitete sich über der imposanten Berglandschaft aus, und die klare Sicht bis hin zu den weit in der Ferne liegenden Hochgebirgsformationen machte schon den ersten Zwischenstopp zu einem großen Erlebnis.

Frank lief am Geländer entlang und schaute sich um. Etwas abseits von der asphaltierten Parknische fanden sich Motive mit felsigem Vordergrund und grün-blättrigen Pflanzen, die sich an den Felswänden festgeklammert hatten. Auch die anderen eifrigen Fotografen hielt es nicht lange auf der glatten Asphaltfläche. Sie bildeten innerhalb der Reisegemeinschaft mittlerweile eine spezielle kleine Truppe. Sie kannten sich schon recht gut und waren durch ihre Begeisterung für die Fotografie und all der damit verbundenen Möglichkeiten und Probleme miteinander verbunden. Das blonde Mädchen gehörte dazu, hatte aber in sofern eine Ausnahmestellung, dass sie sich mit niemand austauschte. Den anderen war das möglicherweise egal. Aber nicht Frank, dem etwas daran lag, sie einzubinden und zu erreichen, dass sie sich wenigstens mit diesen Mitgliedern ihrer Reisegruppe etwas anfreundete, und natürlich besonders mit ihm. Sobald sich eine Möglichkeit bot, suchte er vorsichtig ihre Nähe. Umgekehrt zögerte aber auch sie nicht, sich dicht neben ihm zu positionieren, wenn sie meinte, dass der Mann aus ihrer Reisegruppe eine gute Stelle zum Fotografieren gefunden hatte. Frank nahm die Angelegenheit an diesem Tag sehr locker, und er hatte das Gefühl, dass die Blondine aufgeschlossener und ihre Bereitschaft für ein erstes kleines Gespräch gewachsen war. Die Begegnungen mit ihr häuften sich, und Frank spürte, dass die Zeit zur Überwindung jener Distanz, die er seit Tagen bedauerte, gekommen war. Aber immer wenn er nahe daran war, sie freundlich anzusprechen, kam sie mit ihrer Fotoaktion auch schon zum Ende, und sie sprang ihm wie ein scheues Reh davon. Als die Reiseleiterin das Signal zum Beenden der Fotopause gab, hatte er noch nichts erreicht, aber dennoch das Gefühl, dass die Chancen gut waren, heute aus der festgefahrenen Situation herauszufinden.

Der weiße Reisebus quälte sich entlang der schwierigen Fahrstrecke weiter nach oben, und er parkte noch zweimal auf einer der Parknischen ein, die man längs des nördlichen Teils der Ringstraße an markanten Aussichtsstellen errichtet hatte. Der Canyon wurde zunehmend tiefer und seine zusammenrückenden felsigen Flanken steiler. Die Mitglieder der Reisegruppe erlebten den Blick in die Tiefe der Schlucht mit wachsender Faszination. Die Sonne strahlte hell aus blauem Himmel in den Canyon hinein, und die steilen kahlen Wände warfen gespenstige Schatten auf seinen Grund und auf den sich dahin schlängelnden Flusslauf, der nur noch als dünnes glitzerndes Band erkennbar war. Nicht nur die tiefer werdende Schlucht ließ die Reisenden an diesen Stellen wissen, dass sie sich in großer Höhe befanden, es war auch trotz intensivem Sonnenschein zunehmend kühler geworden, und so mancher der Reisegäste sah sich veranlasst, seine Jacke aus dem Bus zu holen, sofern er überhaupt daran gedacht hatte, sich bei dieser Fahrt in die Berge wärmere Kleidung mitzunehmen. Die dicht beieinanderstehenden und sich über die stählernen Rohre der Absperrung beugenden Mitglieder seiner Reisegruppe erschienen Frank fast wie Vögel auf einer Stromleitung vor ihrem gemeinsamen Abflug. Aber sie hätten sich tatsächlich fliegend in die Lüfte bewegen müssen, um nicht in den Abgrund zu stürzen, der sich unmittelbar vor ihnen auftat. Noch nie sah er so viele Mitglieder seiner Reisegruppe mit einer Kamera in der Hand. Einige fuchtelten ungeschickt und nach den richtigen Einstellungen suchend mit ihrem Gerät herum, aber fast alle schienen damit ein Problem zu haben, das überwältigende Panorama überhaupt auf das Bild zu bekommen. Und anders als sonst, wagte sich keiner der eifrigen Fotografen über das Absperrgeländer, denn hinter diesen gab es keinen Halt mehr, und es wäre lebensgefährlich gewesen. Auf ihre Bewegungsfreiheit mussten sie dennoch nicht verzichten. An den Flanken der Aussichtsplattformen fanden sich meist Plätze, wo man aus noch besserer Perspektive in die Schlucht hinein fotografieren konnte. Es waren auch Stellen der Begegnung zwischen

Frank und dem blonden Mädchen. Doch es verlief alles nach dem Muster ihres Zusammentreffens während der ersten Fotopause. Franks Optimismus wurde bereits wieder von Zweifeln getrübt, ob die junge Dame überhaupt ein Interesse daran hatte, mit ihm ins Gespräch zu kommen. Vielleicht aber war er nur zu ängstlich und zu zögerlich. Doch das musste er baldmöglichst herausfinden, denn die Reiseleiterin hatte soeben mitgeteilt, dass sie sich nun auf dem letzten Abschnitt der weiter nach oben führenden Ringstraße befanden. Der weiße Reisebus war gerade dabei, den letzten und am höchsten gelegenen Aussichtspunkt anzusteuern.

Die Kurven der aufwärts führenden Serpentinen wurden nun extrem spitz und gefährlich. Der Fahrer leistete Schwerstarbeit und drehte ununterbrochen und übergreifend an seinem Lenkrad. Der Reisebus durchfuhr schmale Durchbrüche durch das Felsgestein im Wechsel mit Stellen, wo die Seite zur Schlucht hin offen und nur durch eine niedrige Mauer aus Kalkstein gesichert war. Manchmal konnten seine Reisegäste die Schlucht nur erahnen, doch dann, wenn die Räder des Busses nur knapp an einer jener Begrenzungsmauern vorbei rollten, tat sie sich ihnen wieder auf, und einige von ihnen sahen mit verängstigter Mine in die Tiefe. Der Streckenverlauf wurde zunehmend unübersichtlicher und Gegenverkehr, der den Fahrer oft zu Stops und Ausweichmanövern zwang, war erst im letzten Moment zu erkennen. Aber Harald steuerte den Bus souverän bergauf, und seinen Reisegästen blieb auch nichts anderes übrig, als seinen Fahrkünsten zu vertrauen.

Die Reiseleiterin zog es vor, von ihrem Sitzplatz neben dem Fahrer aus das Geschehen zu kommentieren. „Ja, die

Verdonschlucht ist tatsächlich die Hauptattraktion der Haute-Provence, und jährlich sind auch zehntausende Touristen aus dem Ausland hier unterwegs. Aber nicht nur einfache Touristen, sondern auch viele Sportler zieht es hier her. Mit ihren steilen hohen Wänden ist sie ein bedeutendes Klettergebiet, unten dem Fluss entlang bewegen sich Wildwasserkajaks, und bei schönem Wetter überfliegen Paragleiter und Drachenflieger den Canyon. Doch nicht nur Extremsportler tummeln sich hier, man kann die mit Fahrzeugen unzugänglichen Regionen des Canyon auch als normaler Tourist mit guter körperlicher Kondition durchwandern." Sie zeigte auf die der Fahrstrecke gegenüberliegende Seite des Canyons und ließ ihre Gäste wissen, dass sich irgendwo da drüben der Einstieg in die Schlucht befand. „Die sechsstündige Wanderung ist sehr beliebt, aber auch anstrengend und nichts für ängstliche Gemüter", erklärte sie. „Und man muss durchhalten!", fügte sie hinzu. „Einen Zwischenausstieg gibt es nämlich nicht!"

Frank kam jener Urlaubsbericht in Erinnerung, der sein Interesse für diese Reise erst geweckt hatte. Er stupste Christa an. „Das wird wohl hier die Stelle sein, an der auch meine ehemalige Arbeitskollegin mit ihren Freunden in den Canyon hinein gestiegen ist. Ganz ungefährlich soll das allerdings nicht gewesen sein. Sie sprach von steilen Abstiegen über Treppen und streckenweise sogar über lange am Fels befestigte Eisenleitern. Mehrere hundert Meter weit ging es auf der Sohle der Schlucht sogar durch einen Tunnel, den man ohne Taschenlampe nicht passieren konnte."

„Würden wir uns das noch zutrauen?", fragte Christa schmunzelnd an. „Ich weiß nicht!", erhielt sie als Antwort. „Eine Wanderung für jedermann ist es auf alle Fälle nicht!"

Sie konzentrierten sich wieder auf die Ausführungen ihrer Reiseleiterin und bemerkten nun, dass der Fahrer das Tempo drosselte. Er schien zu wissen, dass er kaum hundert Meter weiter einzuparken hatte. Die höchste Aussichtsstelle dieser Rundfahrt um die Verdonschlucht war erreicht, und der hoch gelegene Aussichtspunkt überbot in jeder Beziehung die Stellen, an denen der Bus bisher angehalten hatte. Zu beiden Seiten der Straße gab es mehrere größere Parknischen, die aufwendig aus dem Fels herausgesprengt und mit umlaufenden Mauern gesichert waren. Obwohl zahlreiche PKWs, Kleintransporter und Biker hier bereits eingeparkt hatten, fand der Fahrer diesmal mühelos eine Abstellfläche für seinen Bus. Die Reiseleiterin stellte sich in den Gang, schaute auf ihre Uhr und nannte den Zeitpunkt für die Abfahrt. Sie gab ihren Gästen fast eine Stunde Zeit, sich hier alles genau anzusehen.

Monika stand wieder am vorderen Eingang und reichte den alten Herrschaften beim Aussteigen freundlich die Hand. Die sofort spürbare Kühle verriet, dass sie in großer Höhe angekommen waren. Von der Schlucht war erst einmal nichts zu sehen, und nur die dicken stählernen Rohre, die das Areal nach hinten begrenzten und in geringem Abstand zueinander in verlässlich erscheinende Säulen aus hellem Kalkstein eingemauert waren, ließen erahnen, dass es dahinter tief hinunterging.

Frank und Christa machten sich zusammen mit ihren Urlaubsfreunden auf den Weg dahin. An den schon leicht abgegriffenen Rohren der Absperrung angekommen, eröffnete sich ihnen ein Blick, der mit Worten kaum beschreibbar war.

Vor ihren Füßen lag der tiefste Canyon Europas, und entsprechend den Informationen der Reiseleiterin nach dem Grand Canyon in den USA der zweitgrößte der Welt. Franks Blick fiel auf die keine zweihundert Meter entfernte gegenüberliegende Seite. Man sah ein nur leicht hügeliges und stellenweise fast ebenes Gelände, das durchgängig mit üppigem Pflanzenwuchs bedeckt war. Und dann kam diese Abrissstelle, wo plötzlich und völlig unvermittelt eine helle Kalksteinwand nahezu senkrecht bis in siebenhundert Meter Tiefe führte. Irgendwo da unten musste sich auch der Verdon seinen Weg gebahnt haben. Aber man erblickte nur eine dünne Schlängellinie, die man eher für einen glitzernden Silberfaden halten konnte als für einen Fluss. Überraschenderweise hatten es etliche Pflanzen geschafft, sich in den steilen Kalksteinwänden festzusetzen. Offenbar gab es da Risse, die ihnen ausreichend Halt boten und Einlagerungen, die sie gut gedeihen ließen. Zumeist waren es dunkelgrünblättrige Pflanzen, aber an einigen Stellen entdeckte man am nahezu senkrecht verlaufenden Felsgestein auch große rot blühende Sträucher, die einem wie künstlich angebrachten Schmuck erschienen. Selbst Inge sah sich außer Stande, die am Fels gedeihenden Sträucher einzuordnen. Frank sah sie ergebnislos herumrätseln und meinte dann scherzhaft, dass es doch Schade wäre, dass sie kein Seil bei sich hatten. Da könnte man sie doch ein Stück herunter lassen, und sie könnte die roten Blüten aus der Nähe studieren. „Na, lieber nicht!", gab sie zu verstehen.

Aber Lothar zeigte aufgeregt plötzlich in eine Richtung längs der Schlucht. Hier hatte tatsächlich jemand ein Seil bei sich, ein Seil, an dem er sich über der Talsohle der Schlucht schwebend langsam nach unten gleiten ließ. Oben am Rande einer Felsklippe stehend sah man seinen

Partner, der in die Tiefe schauend das Seil sicherte. Frank fand, dass allein das Beobachten der Szene beängstigend war. Sicher war es unberechtigt, aber es überkam einem das Gefühl, dass der über dem Abgrund schwebende Mann lebensmüde geworden sein müsste.

Der waghalsige Kletterer hatte sie erst einmal davon abgehalten, sich das ausgedehnte Areal dieses Aussichtspunktes am Rande des Canyon richtig anzusehen. Es war weiträumig und verwinkelt und nicht auf die große Plattform beschränkt, auf der sie gerade standen. Zu ihrer Rechten führten ein paar Stufen hoch zu einer etwas höher gelegenen Aussichtsstelle. Und nach links schauend entdeckte man Treppenstufen, die von einem Geländer flankiert nach unten führten. Die Mitglieder der Reisegruppe zerstreuten sich allmählich über das gesamte Areal. Frank und Lothar versuchten mit ersten Aufnahmen etwas von dieser faszinierenden Landschaft festzuhalten, und sie merkten, dass es äußerst schwierig war, das Panorama richtig ins Bild zu bekommen. Dann bewegten sie sich gemeinsam und langsam an dem Absperrgeländer entlang, um den berühmten Canyon auch von anderer Stelle aus in Augenschein zu nehmen. An der ersten nach unten führenden Treppe verabschiedete sich Lothar mit einem flüchtigen Handzeichen von den beiden Frauen, um auf die tiefer gelegene Plattform zu gelangen, auf der sich mittlerweile schon eine kleine Menge unbekannter Leute und einige Mitglieder der Reisegruppe versammelt hatten. Anders als von Lothar erwartet, folgte ihm Frank nicht nach unten. Wo war die Blondine? Er konnte sie nirgendwo entdecken, und er musste sich um sie kümmern. Er bewegte sich, die eingeschlagene Richtung beibehaltend, bis an das Ende der großen Plattform, wo eine weitere Treppe eine Etage tiefer führte. Sie endete auf einem kleinen Felsvorsprung, der ebenfalls mit einem soliden Geländer abgesichert war, aber kaum mehr als fünf Leuten Platz bot. Das blonde Mädchen stand sinnend mit aufgestützten Armen am Geländer und schaute in die Tiefe der Schlucht. Ein Ehepaar aus der Reisegruppe hatte sich neben ihr positioniert und der ältere Herr schwenkte seine Kamera nach der besten Perspektive suchend noch unsicher hin und her. Frank ging die halbe Treppe hinunter und begann aus dieser Position heraus zu fotografieren. Aber schon nach wenigen Aufnahmen kam ihm das Ehepaar entgegen, das eben noch unten am Geländer gestanden hatte. Frank stellte sich an die Seite, um den Leuten aus seiner Reisegruppe Platz zu machen, und er sah die Blondine nun allein am Geländer stehen. Da stand sie nun mit einem recht kurzen hellblauen Minirock und einem dunkelbraunen T-Shirt, das nach unten auffällig weit über ihre Taille fiel und durch ein paar blau eingefärbte Streifen gut mit der Farbe ihres Rockes harmonierte. Erst jetzt richtete sie sich auf, um ihre Handykamera in Position zu bringen. In sehr gerader Körperhaltung vor dem grün gestrichenen Geländer stehend und ihre Kamera vor sich haltend bot sie in Verbindung mit dem imposanten Umfeld einen schönen Anblick. Frank richtete seine Kamera nach unten auf den Felsvorsprung und das Mädchen mit ihren langen blonden Haaren. Von ihr unbemerkt und den Bildausschnitt dabei leicht variierend drückte er ein paar Mal den Auslöser seiner Nikon. Mittlerweile hatte er schon einige recht gut gelungene Bilder mit der jungen Dame auf der Speicherkarte seiner Kamera. Vielleicht konnte er ihr die Bilder einmal zeigen, vielleicht fand sie die etwas hinterrücks aufgenommen Bilder dennoch gut, und möglicherweise gab es dann sogar eine Bestellung. Aber im Moment hatte er zu entscheiden, wie es in der vorliegenden Situation weiter gehen sollte. Ein bisschen Mut musste sein, und eigentlich sprach nichts dagegen, die Treppe bis ganz nach unten zu gehen und ihr beim Fotografieren Gesellschaft zu leisten. Da es die kleine Plattform gar nicht anders zuließ, stellte er sich nur zwei, drei Schritte von ihr entfernt an das grüne Geländer. Der Blick nach unten erschien Frank geradezu beängstigend, was wohl daran lag, dass man sich auf einem Felsvorsprung befand, der noch etwas über die darunter liegende Steilwand hinausragte. Die Blondine schien ihn nicht zu bemerken, aber Frank kannte mittlerweile ihre Art, und er ließ sich davon nicht irritieren. Er drückte hin und wieder den Auslöser seiner Kamera und beobachtete beiläufig, was sie machte. Sie wirkte äußerst beschäftigt und versuchte auf immer andere Art das landschaftliche Szenarium ins Bild zu bekommen. Mal versuchte sie es ihre Handykamera waagerecht haltend und dann wieder hochkant. „Ja, das ist hier gar nicht so einfach!", hätte er zu ihr sagen können ... und eigentlich auch laut. Dann versuchte sie ein paar Mal mit gekippter Kamera nach unten in die Schlucht zu fotografieren. Frank beobachtete ihr vergebliches Bemühen. Die hochstehende Sonne traf nun in einem solchen Winkel auf ihre Kamera, dass auf dem Display so gut wie nichts mehr zu sehen war. Frank sah sie etwas hilflos, und er fühlte, dass sie ganz nahe daran war, sich jetzt mit ihm auf ein Gespräch einzulassen. Doch in dem Moment vernahm er auch, dass jemand die Stufen herunter kam, um sich dazu zu gesellen. Frank bedauerte, dass er nicht näher an das blonde Mädchen herangerückt war, denn plötzlich stand eine Dame aus ihrer Reisegruppe zwischen ihnen. Sie saß während der Fahrt im hinteren Teil des Busses, war für ihr Alter recht schlank, und Frank war sie bisher nur durch das intensiv rotbraun gefärbte Haar, sowie ihre lebhafte und gesprächige Art aufgefallen. Nun stand sie in ihrem gelben Poloshirt neben ihm, und er sah ihre etwas ungeschickt wirkenden Anstalten, mit der kleinen silbergrauen Kompaktkamera in die Schlucht hinein zu fotografieren. Sie kippte ihre kleine Kamera etwas nervös hin und her und meinte schließlich deutlich vernehmbar: „Da sieht man doch gar nichts!" Frank spürte, dass sie ihn in ihr Problem einbeziehen wollte. Sie schaute zu ihm und dann wieder auf ihre Kamera. „Ist das bei Ihnen auch so?", fragte sie schließlich ihr blasses Displaybild zeigend bei Frank an. Für Frank war es nicht gerade der passende Augenblick, mit ihr ins Gespräch zu kommen, aber unhöflich wollte er auch nicht sein. „Ja", antwortete er, ihr das etwas größere Displaybild seiner Kamera zeigend. „Bei dieser starken Sonneneinstrahlung fast senkrecht auf den Monitor ist das leider so!" „Aber ich habe noch einen optischen Sucher", fügte er, auf das kleine Fenster seiner Nikon zeigend, hinzu. „Und damit geht's!"

„Und?", fragte die dicht neben ihm stehende Dame mit Blick auf ihr kleines Gerät zurück. „Hab ich den auch?" Frank sah nur kurz hin und musste sie enttäuschen. „Nein, haben sie nicht!" Die Dame im gelben Poloshirt schien ihm nun etwas beschämt, und sie versuchte, ihre mangelnde Kenntnis zu entschuldigen. „Sie müssen wissen, die Kamera gehört nämlich meinem Mann. Aber er hatte erst kürzlich eine Knieoperation, und er traut sich nicht die steile Treppe herunter." Frank machte sich wegen der entstandenen Situation langsam Sorgen. Er schaute zu dem blonden Mädchen hinüber, das wohl nicht geneigt war, sich an der aufgekommenen Unterhaltung zu beteiligen. Und tatsächlich beendete sie wenige Augenblicke später ihre Fotoaktion. „Na toll!", murmelte Frank in sich hinein. Ins Gespräch gekommen war er – nur nicht mit ihr, sondern mit dieser lebhaften Frau, die ihn nun Genaueres von der Knieoperation ihres Mannes erzählte, während das blonde Mädchen, auf der oberen Treppenstufe angekommen, bald aus seinem Blickfeld verschwand.

Nachdem Frank auf das oben liegende Areal zurückgekehrt war, entdeckte er Christa und Inge immer noch an derselben Stelle des Geländers stehend, und sie zeigten hinunter zu Lothar, der sich von seiner Aussichtsstelle auf der etwa zehn Meter tiefer gelegenen Plattform offenbar nicht trennen konnte. Frank nahm die beiden Frauen ins Bild und fotografierte sie am Geländer stehend und mit der phantastischen Ansicht des Canyons im Hintergrund. Er richtete seine Kamera nach unten, um Lothar inmitten der Leute zu fotografieren, die sich auf der kleinen Fläche zwischen dem Geländer drängten. Und dann forderte er die beiden Frauen auf, mit nach unten zu gehen, um Lothar beim Fotografieren und Filmen wenigstens etwas Gesellschaft zu leisten. Inge entschuldigte sich. Sie war die Probleme mit ihrer rechten Hüfte noch nicht ganz losgeworden und hielt es für besser, auf das Hinuntersteigen zu verzichten. So begab sich Frank nur mit Christa nach unten, und Lothar war überrascht, als sie plötzlich neben ihm standen. Er hatte sich hier eingearbeitet und konnte Frank die besten Blickrichtungen zum spärlich bewachsenen Rand der Schlucht und in ihre Tiefe zeigen.

Christa stand staunend und fast etwas ängstlich wirkend am Geländer, und Frank fotografierte sie zum späteren Beweis, dass auch sie sich bis hierher vorgewagt hatte. Gemeinsam gingen sie wieder nach oben, und kaum hatten sie den mittleren Treppenabsatz erreicht, sah Frank das blonde Mädchen die Treppe herunter kommen. „Aha!", dachte er sich so, und als sie sich auf den schmalen Stufen an ihm vorbei drängte, sah er sie kurz an. „Ich kann aber jetzt nicht mitkommen – musst du schon allein machen", flüsterte er ihr in Gedanken zu.

Alle anderen Mitglieder der Reisegruppe waren heute besonders gesprächig, fand Frank. Oben angekommen diskutierte er sogleich mit dem ganz jungen Mann und seinem Vater, der wieder die große Spiegelreflexkamera mit sich herumschleppte, über die fotografischen Probleme. Unter diesen ungewöhnlichen Umständen war es tatsächlich schwer, Fotos zu machen, die den überwältigenden Eindruck, den man mit den eigenen Augen hatte, zu vermitteln vermochten. „Ohne Weitwinkel ist da nichts zu machen!", argumentierte der junge Mann und zeigte dabei auf das dicke Kameraobjektiv seines Vaters. Und beim Fachsimpeln bemerkte Frank ganz beiläufig Mitglieder seiner Reisegruppe, die entlang einem neben der Straße gelegenen schmalen Fußweg zurück auf die Parkfläche kamen. Es musste seine Gründe haben, dass sie sich an einen Ort oberhalb der ihm bekannten Aussichtsstellen begeben hatten, und neugierig geworden, machte er sich nun selbst auf den Weg. Es ging leicht bergauf und an einem einige Meter hohen Felsmassiv vorbei, dass den Einblick in die Schlucht zunächst versperrte. Doch dann war der Blick wieder frei, der Fußweg bog hinter der Felsformation von der Straße ab und führte ihn an ein Geländer, das die etwas abseits gelegene Aussichtsstelle von dem dahinter steil abfallenden Gelände trennte. Frank sah sich in alle Richtungen um und stellte fest, dass dieser Aussichtspunkt tatsächlich Einblicke in die Schlucht bot, die von der weiter unten gelegenen Plattform so nicht möglich waren. Für wenige Augenblicke stand er allein vor dem Geländer, das so wie das unten aus übereinander angeordneten dicken Stahlrohren bestand. Doch noch während er sich Klarheit verschaffte, in welche Richtung am besten zu fotografieren war, gesellte sich jemand zu ihm. Der Mann war nicht aus seiner Reisegruppe, und da er nichts verlauten ließ, wusste Frank nicht einmal, ob es ein deutscher Tourist war, mit dem er hätte sprechen können. Der ihm unbekannte Herr hielt sich auch nicht lange am Geländer auf. Frank vernahm, dass er ein paar Mal seinen Auslöser betätigte und sich dann sogleich wieder auf den Weg machte. Frank beobachtete noch, wie er hinter dem Felsmassiv verschwand, und fast im gleichen Augenblick sah er das blonde Mädchen um die Ecke kommen. Sie lief schnurstracks auf die Aussichtsstelle zu und positionierte sich mit ihrer Handykamera in der Hand nur wenige Schritte entfernt von Frank am Geländer. Sie blickte interessiert nach unten in die Tiefe. Durch den Fels von den anderen Mitgliedern der Reisegruppe abgeschirmt, war er nun völlig allein mit ihr. Er warf ihr wie zur Begrüßung kurz einen Blick zu, und es war ihm klar, dass ihm eine solche Chance vielleicht nicht wieder geboten wurde. „Jetzt oder nie!", sagte er sich.

Das blonde Mädchen begann mit ihrer Handykamera aktiv zu werden, ohne ihn in irgendeiner Weise zu beachten. „Na, nun tu mal nicht so, als hättest du mich noch gar nicht bemerkt!", sprach er sie in Gedanken an.

Aber er sah es locker, und gut gestimmt war er darauf eingestellt, in jedem kommenden Moment, die ersten Worte mit ihr zu wechseln. Um nicht nur auffällig auf sie orientiert herumzustehen, beschäftigte er sich ein wenig mit seiner Kamera. Sein Blick ging, neue ansprechende Motive suchend, über das gigantische Landschaftsbild, doch so nahe, wie er neben ihr stand, entging ihm auch nichts von dem, was sie gerade machte. Er bemerkte ihre Schwierigkeiten, das weit ausgedehnte Panorama aufs Bild zu bekommen und wie sie versuchte, ihre Kamera in die Tiefe der Schlucht gerichtet, den Canyon zu fotografieren. „Das wird so nichts!", flüsterte er ihr in Gedanken zu. „Du musst schon etwas das Felsmassiv und den steilen Abhang mit ins Bild nehmen ... oder dort die schöne Pflanze, die sich an die weiße Kalksteinwand klammert." „Glaub mir", fügte er hinzu. „Mit einem schönen Vordergrund kommt die Schlucht erst richtig zur Wirkung!" Das blonde Mädchen gab sich Mühe und schwenkte ihre Handykamera voller Eifer bald in diese und bald in jene Richtung. Sie nahm die links von ihr liegende Felsformation mit ins Visier, und schließlich schwenkte sie ihre flache Handykamera soweit fast in die entgegengesetzte Richtung, dass Frank davon ausgehen musste, dass er mit aufs Bild kam. „Na hör mal!", sprach er sie laut aber immer noch in Gedanken an. „Willst du da nicht erst mal fragen, ob mir das überhaupt recht ist?" „Und wie wäre es denn, wenn ich dich jetzt einmal fotografiere und du mir dazu deine Handykamera übergibst?", setzte er sein stilles Gespräch mit ihr fort. „Wollen wir nicht mal ein paar schöne Bilder machen – wie du hier am Absperrgeländer, am Rande der berühmten Schlucht stehst?" – „Deine alten Damen hast du doch auch deswegen angesprochen!" „Aber die sind jetzt nicht hier!", murmelte er, mit diesem Umstand sehr zufrieden, in sich hinein. So hoffte Frank tatsächlich in jedem Moment, dass sie ihm die Kamera überreicht und ihn bittet, ein paar Aufnahmen mit ihr im Bild zu machen. Er schaute zu ihr hinüber. „Na los – nun gib mir mal deine Kamera!" Er wartete noch einen Moment. „Nun mach schon und sag mal was!" Da nichts dergleichen passierte, kam er mit einem Vorschlag: „Ok, vielleicht möchtest du nicht den Anfang machen, aber wenn es dir so lieber ist, spreche ich dich auch zuerst an. Aber bitte tu nicht so, als wäre ich überhaupt nicht hier. Nur ein kurzer freundlicher Blick, irgendeine liebe Geste als kleines Zeichen, dass du das auch willst, und ich habe kein Problem, dich anzusprechen." Er sah sie noch immer mit ihrer Kamera beschäftigt, zwischendurch aber auch etwas unschlüssig in die Gegend schauend. „Na nun mach schon, schau mal kurz zu mir herüber!", wandte er sich ihr noch einmal freundlich zu. Doch er sprach das, was er ihr zu sagen hatte, immer noch nicht laut aus. Und so wusste er nicht, ob sie ihn nur nicht verstand, oder ob es einen anderen Grund hatte. Denn die junge Frau beendete abrupt ihre Aktivitäten am Geländer vor der Schlucht. Sie nahm ihre Handykamera zur Seite und verließ die Stelle. Frank dachte, das kann sie doch nicht machen! Doch sie konnte, und er musste einsehen, dass es keinen Zweck hatte, sich weiterhin um sie zu bemühen. Sie wollte nicht. Und aus welchem Grund auch immer, er musste es akzeptieren.

Er blieb noch kurze Zeit allein auf der Aussichtsplattform. Etwas deprimiert schaute er zu den hohen Bergen in der Ferne, und nach einem Blick auf die Uhr trat er den Rückweg an.

Die meisten Mitglieder seiner Reisegruppe hatten sich bereits wieder um den Bus herum versammelt. Christa erwartete ihn, und möglicherweise hatte sie auch bemerkt, dass erst die Blondine und kurz danach er von oben herunter gekommen war. Dass er nicht ein Wort mit dem Mädchen gesprochen hatte, konnte sie nicht wissen, und sie fragte auch nicht danach. Monika gab bald das Zeichen zum Aufbruch, und wie vereinbart ließ Frank nun Christa am Fenster sitzen. Da es weiter über zahlreiche enge Kurven bergauf ging, sprach die Reiseleiterin wieder neben dem vorderen Einstieg sitzend zu ihren Gästen. Sie würden nun bald den höchsten Punkt der Tagesreise erreichen und dann über eine recht hohe Brücke die andere Seite der Schlucht erreichen, um von da aus entlang des südlichen Teils der Ringstraße die Heimfahrt anzutreten. Durch die großen Scheiben des Reisebusses bot sich immer noch ein gigantisches Landschaftsbild. Doch dann gab es Reisende, die beim ersten freien Blick auf die mehr hohe als lange steinerne Bogenbrücke, welche die Schlucht überspannte, den Bus lieber verlassen hätten. Beim Überfahren der Brücke war man dann gut beraten, statt nach unten in die Ferne zu blicken, denn die Fahrbahn verlief, wie die Reiseleiterin mitteilte, in 170 m Höhe über der Sohle der Schlucht. Von nun an aber ging es auf einer für den Fahrer nicht minder schwierigen Strecke wieder bergab, und ein Stück verlief die Route jetzt so weit südlich, dass von dem Canyon nichts mehr zu sehen war. Christa kam am Fenster sitzend dennoch voll auf ihre Kosten, denn es boten sich immer wieder traumhafte Blicke in die Berglandschaft der französischen Provence. Bizarre Gesteinsformationen säumten die nach unten führende Fahrtroute, und der Bus durchfuhr in dichter Folge enge Felsdurchbrüche. Stellenweise öffnete sich der Blick weit nach unten, und man erblickte ein und dieselbe Asphaltstraße mehrfach in unterschiedlichen Höhenlagen und die mit Kalksteinmauern gesicherten Spitzkurven, an denen sich die Fahrtrichtung abrupt änderte. Frank beobachtete, wie Christa dennoch des Öfteren auch nach oben schaute, als wollte sie sich vergewissern, dass der Himmel immer noch so klar und tiefblau gefärbt war wie in den oberen Regionen der heutigen Tagesreise. Neugierig geworden fragte Frank nach, was sie da sucht. Dabei hatte er es nur vergessen, was die Reiseleiterin über die Vogelwelt in diesen Bergen erzählt hatte. Auch Gänsegeier sollten hier ihre Kreise ziehen. Doch ein anderer Reisegast entdeckte den Himmel absuchend den großen schwarzen Vogel zuerst. Und dann versuchten alle, die auf der richtigen Seite saßen, den hoch fliegenden Geier zu Gesicht zu bekommen. Auch Christa hatte ihn nun im Blick. „Schnell deine Kamera!", wandte sie sich Frank zu. Sie war in der besseren Sitzposition, und so übergab ihr Frank, nun selbst nach dem seine Kreise ziehenden Vogel suchend, die eingeschaltete Kamera. Christa drückte so oft auf den Auslöser, bis der Gänsegeier aus ihrem Blickfeld war. Frank prüfte sogleich die Aufnahmen auf dem Monitorbild. Auf einigen Fotos war nichts zu sehen als der blaue Himmel, und Christa freute sich, als er ihr zwei Aufnahmen zeigen konnte, auf den sie den kreisenden Vogel erwischt hatte. Etwas unscharf – aber immerhin.

Auch die wachsamsten Mitglieder der Reisegruppe entdeckten erst sehr spät, dass sich der Bus erneut der Verdonschlucht genähert hatte. „Ja", meldete sich die

Reiseleiterin per Mikrofon. „Unsere Fahrtroute führt jetzt wieder nahe der Schlucht entlang, und wir werden in wenigen Minuten hier auch noch eine Fotopause einlegen."

Der Fahrer bremste den Bus auch bald ab, und er hatte wider Erwarten schnell eine freie Stelle auf der relativ kleinen Parknische gefunden. Er hielt direkt am Absperrgeländer, und niemand musste über die Fahrbahn, um die Aussichtspunkte zu erreichen. Frank ging mit Christa an das Geländer und wartete mit ihr auf das Hinzukommen ihrer Urlaubsfreunde. Der Canyon hatte hier nicht mehr diese spektakuläre Tiefe, aber breiter geworden immer noch eine gewaltige Ausdehnung. Die Abhänge waren bis zum Fluss hinunter, der jetzt wieder deutlich zu erkennen war, dicht bewachsen. Und allein die hinter der Schlucht hoch aufsteigende Gebirgslandschaft, die sich erst in weiter Ferne im Dunst verlor, war sehenswert. Frank begnügte sich mit zwei Aufnahmen und verließ dann auf der Suche nach weiteren Ausblicken die Stelle. Es gab da noch ein paar andere Aussichtspunkte, und die Mitglieder seiner Reisegruppe hatten sich schnell verstreut. Frank kam aber nicht weit.

Der Busfahrer, der kaum noch an dem Landschaftspanorama interessiert schien, stand mit einer Zigarette in der Hand inmitten der Parknische. Frank sah seine schlaksig wirkende Figur und den dunklen Schlips über dem weißen Hemd baumelnd. Drei Herren der Reisegruppe hatten sich, in irgendeine Diskussion verwickelt, zu ihm gesellt. Frank vernahm beim Näherkommen, dass es um die Vor- und Nachteile von Dieselmotoren ging. Das Fotografieren erschien ihm nicht mehr so wichtig, und so blieb er bei der kleinen Männergruppe stehen, die sich um den Busfahrer versammelt hatte. Harald war gerade dabei, seine Ansichten über Verbrennungsmotoren der verschiedenen Bauarten darzulegen. Er war offenbar sehr konservativ eingestellt, denn er schwärmte regelrecht für die Motoren älterer Bauart, die seiner Ansicht nach viel besser und zuverlässiger waren. Und von der vielen Elektronik, die heutzutage moderne Motoren steuerte, hielt er schon gar nichts. Er hatte da jedenfalls eine Reihe sehr unangenehmer Erfahrungen gemacht. Als das Gespräch auf Hybrid- und Elektroautos kam, wurde es für Frank besonders interessant. Zu dem Thema konnte er selbst einiges sagen, und er merkte, wie schwer es war, gegen Berührungsängste und Vorbehalte etwas auszurichten. Die Motivsuche geriet völlig in den Hintergrund. Frank wusste nicht, wo Christa und Inge abgeblieben waren, und auch nicht womit sich Lothar gerade beschäftigte. Auch was das blonde Mädchen im Moment unternahm, wusste er nicht, und da er die Angelegenheit ohnehin aufgegeben hatte, suchte er auch nicht nach ihr.

Er verweilte inmitten der Diskussionsrunde und hörte auch noch zu, als es um den Alltag ihres Fahrers ging. Harald erzählte freimütig von seinen persönlichen Problemen. Und man konnte einiges über die Befindlichkeiten eines Berufskraftfahrers und über die unangenehmen Seiten seines Berufes erfahren. Das ständige Unterwegssein brachte auch Unruhe in die eheliche Beziehung, und er war bereits seit acht Jahren geschieden. Seine inzwischen erwachsen gewordene Tochter sah er nur selten, und man spürte, wie sehr er das bedauerte. Man erfuhr, dass seine berufliche Tätigkeit nicht nur mit ungetrübter Freude verbunden war. Die Forderungen der

Busunternehmen waren hart und deren Wünsche oftmals nicht vereinbar mit den Vorschriften, die ein Fahrer im Einsatz zu beachten hatte. Die Menge der anfallenden Überstunden konnte kaum noch abgesetzt werden, Dienst an den Wochenenden war ohnehin selbstverständlich, und mit der Bezahlung sah es trotz allem nicht so gut aus, wie es sich ein Außenstehender vielleicht dachte. Es war ein Gespräch, das Antworten gab auf Fragen, die sonst von den Reisenden gar nicht gestellt wurden und bei denen man auch dem eigenen Busfahrer menschlich etwas näher kam. Frank wusste, dass Harald alles andere als ein begabter Redner war. Aber ein guter Kerl war er wohl doch, fand Frank am Ende der Unterhaltung.

Der Busfahrer drückte die Zigarette aus und begab sich langsam wieder auf seinen Platz hinter dem Lenkrad. Frank schaute auf die Uhr und fand, dass es sich nicht lohnte, jetzt noch etwas zu unternehmen. Fotos von der Verdonschlucht hatte er ohnehin in reichlichem Maße auf der Speicherkarte seiner Kamera. Frank sah von außen, dass die ersten Mitglieder seiner Reisegruppe bereits im Bus Platz genommen hatten, der Großteil aber stand noch draußen. Auch Christa und Inge hielten sich, auf das Signal zum Einsteigen wartend, noch an dem nahe gelegenen Geländer auf. Frank bewegte sich etwas unschlüssig vor dem Bus umher, entschied sich dann aber doch, schon mal einzusteigen. Er hatte nicht bemerkt, dass auch das blonde Mädchen bereits zugestiegen war. Er sah sie erst, als er sich am Fahrer vorbei die steile Treppe nach oben bewegte und geriet in eine völlig unerwartete Situation. Schon den fünften Tag war er mit ihr unterwegs, und sie hatte ihn in all den Tagen mit keinem Blick gewürdigt. Aber nun wurde er erwartet. Weder kramte sie wie gewohnt sitzend in ihrer silbergrauen Tasche herum noch war sie mit ihren Sandaletten beschäftigt. Stattdessen sah sie ihn, wie versteinert zwischen Sitz und Vorderlehne stehend, mit weit geöffneten Augen an. Frank registrierte den fest auf ihn fixierten eindringlichen Blick. Er hatte keine Zeit darüber nachzudenken, was es zu bedeuten hatte. Aber er las es deutlich aus ihren Augen. „Wo warst du denn?", fragte sie ihn. Aber sie fragte nicht nur, in ihrem Blick war etwas Vorwurfsvolles, Trauriges, ja es erschien Frank gerade so, als hätte er sich bei ihr zu entschuldigen. Und ihr schon ganz nahe gekommen, sagte er sich: „Du musst mit dem Mädchen reden ... jetzt!" Doch im gleichen Moment überkamen ihm Zweifel, ob er ihr Verhalten nicht völlig fehl interpretierte. So setzte er sich zunächst auf den eigenen Platz, um sein Hemd und seine Hose zu inspizieren. War da irgendetwas passiert? Hatte er vielleicht einen großen Fleck auf seinem Hemd? Aber da war nichts – und er sah mit Gewissheit so aus wie immer.

Ohnehin war es weder üblich noch taktvoll, jemand aus solch einem Grund so unverblümt anzusehen. Seine Überlegungen kamen zu spät. Christa war inzwischen zugestiegen. Sie bewegte sich an dem Mädchen vorbei, und Frank rückte ans Fenster, um ihr Platz zu machen. Sie wunderte sich, dass er diesmal kaum fotografiert hatte und fragte, was es in der kleinen Männerrunde mit dem Fahrer denn so Interessantes zu erfahren gab. Frank nahm kaum wahr, dass sich mittlerweile die ganze Reisegruppe im Bus eingefunden hatte und dass sich der Reisebus langsam wieder in Bewegung setzte. Er berichtete nur in Kurzfassung etwas über die Unterhaltung mit dem Fahrer und war nicht sehr gesprächig. Es war sein Vorsatz gewesen, sich nicht weiter mit dem blonden Mädchen zu beschäftigen. Aber nun beschäftigte sie ihn. Sie saß auf der Gangseite, und er sah zu ihr hinüber. „Ja, ich habe mich einmal nicht um dich gekümmert. Du hast es bemerkt, und es passt dir nicht!" Sein Verhältnis zu dem blonden Mädchen erschien ihm immer rätselhafter. Er war ihr stets mit Zurückhaltung begegnet, ihr nicht hinterher gelaufen und nie in irgendeiner Weise aufdringlich geworden. Auch angeschaut hatte er sie in der Regel nur dann, wenn sie es nicht bemerkte. Eigentlich war da nichts Fassbares, dass sein Interesse für sie hätte verraten können. Jetzt aber war es klar: Sie hatte seine Aufmerksamkeit wahrgenommen und ihre Reaktionen, wenn er sie auch nur in Gedanken angesprochen hatte, ließen sich kaum noch als Zufall deuten. Frank war sich nun ganz sicher: Sie wusste alles! Und an jenem Morgen vor ihrem ersten Tagesausflug muss sie von seinem Traum gewusst haben. Allem äußeren Anschein zum Trotz gab es eine Verbindung zwischen ihm und dem Mädchen. Und Frank nahm innerlich bewegt nun diese Verbindung wahr wie ein geheimnisvolles unsichtbares Band.

Das gemeinsame Mittagessen erfolgte heute ziemlich spät. In dem Restaurant mit auffällig bunten Fensterläden und seiner von Kletterpflanzen überwucherten Fassade waren die Plätze für die Reisegruppe bereits reserviert. Laut schwatzend über die ungewöhnlichen Erlebnisse des Tages saßen die willkommenen Gäste nach der Mahlzeit gemütlich bei Wein und Bier.

Das Restaurant befand sich noch inmitten der Berge, und nachdem alle wieder zugestiegen waren, ging die Fahrt mit dem Bus weiter auf kurvenreicher Strecke nach unten. Noch immer durchfuhren sie eine grandiose Berglandschaft, doch der Pflanzenwuchs zwischen den bizarren Gebirgsformationen wurde nun wieder üppiger. Da der Bus auf einer anderen Strecke zurückfuhr, boten sich den Reisenden neue einprägsame Blicke in die faszinierende Landschaft des französischen Naturparks Verdon. Frank schien die kurvenreiche Fahrt nach unten kein Ende zu nehmen, und er erkannte schon bald den Grund. Denn man sah den unteren tiefblauen Stausee plötzlich ganz nahe. Der weiße Reisebus war weit nach unten in das Tal gefahren, und fast in gleicher Höhe mit dem hellen Badestrand dahin rollend sah man aus anderer Perspektive nun auch die hohe Brücke wieder, die als Eingangstor in die Verdonschlucht galt.

Für den Fahrer wurde es von da ab sichtlich leichter. Eine halbe Stunde später durchfuhren sie den schmalen Streifen eines hellgrünen Pinienwaldes, und dann war der Bus wieder auf der ausgedehnten Ebene angelangt, wo die Reisegruppe wenige Wochen früher von dem leuchtenden Blau blühender Lavendelfelder begrüßt worden wäre. Die Reiseleiterin nahm das ruhige Dahinrollen des Busses zum Anlass, um ihren Platz neben dem Fahrer zu verlassen und sich im Gang stehend ihren Gästen zuzuwenden. Wie gewohnt erkundigte sie sich nach den Eindrücken, die die Tagesreise hinterlassen hatte und ob die lange Fahrt Zuspruch gefunden hatte. Freundlich und sehr interessiert an der Meinung ihrer Gäste versuchte sie, mit ihnen darüber ins Gespräch zu kommen.

Auch das blonde Mädchen nutzte die kurvenfreie ebene Fahrstrecke. Sie hielt ihre Gerätschaft in der Hand und kontrollierte den Blutzucker. Alle in ihrer Nähe hatten sich an diese Kontrollen, die sie täglich mehrfach und wohl besonders vor und nach den Mahlzeiten ausführen musste, gewöhnt. Auch für Frank war es mittlerweile ein vertrauter Vorgang, wenn sie den kleinen Blutstropfen aus ihrem Finger oder ihrem Arm mit einer spitzen Sonde berührte. Aber er konnte zumindest ahnen, was es für eine junge Frau bedeutete, wenn sie sich permanent in dieser Weise um ihr gesundheitliches Befinden kümmern musste. Und er spürte in solchen Momenten immer wieder ein starkes Mitgefühl aufkommen. Er hätte gern auch einmal darüber mit ihr gesprochen. Doch was sträubte sie sich nur so gegen einen Kontakt mit ihm? Er sah zu ihr hinüber „Was soll ich nur mit dir machen?" Es war heute die letzte gemeinsame Tagesreise. Am Abend nach den Ausfahrten bekam er sie kaum noch zu Gesicht. Mal eine flüchtige Begegnung an den Büfetts, aber sie speiste abends zusammen mit der Gouvernante und ihren Freundinnen an einer ganz anderen Stelle des räumlich sehr ausgedehnten Hotelrestaurants. Mit einiger Sicherheit aber würde er heute Abend wieder der jungen französischen Kellnerin begegnen. Und je mehr sich der weiße Reisebus der Küste näherte, um so mehr musste er an sie und die sonderbare Begegnung am heutigen Morgen vor der Abreise denken. Sollte er Christa von dem Vorfall erzählen? Es hatte wohl keinen Sinn. Wahrscheinlich würde sie versuchen, die Angelegenheit herunter zu spielen, und das wollte er nicht. Vielleicht hätte sie solch eine ungewöhnlich freundliche Behandlung als Versuch interpretiert, den so geschmeichelten älteren Herrn am Ende ein hohes Trinkgeld zu entlocken. Aber Frank war sich sicher, dass ihr liebevolles warmes Lächeln nichts mit Berechnung zu tun hatte. Er vergegenwärtigte sich noch einmal den Moment, wo er ihr an der langen Tafel gegenüberstand. In ihrem Blick war so etwas ganz einfaches, gerades, ehrliches. Frank dachte daran, wie er in den freundlichen Blicken hübscher kleiner Mädchen, die gerade in die Schule gekommen waren, manchmal schon den verführerischen Scharm der späteren erwachsen gewordenen jungen Dame zu entdecken glaubte. Doch bei dieser sympathischen jungen Kellnerin erschien es ihm gerade umgekehrt. In ihren liebevollen Blicken fand er etwas von dem natürlichen Lächeln eines kleinen Mädchens, das sich ganz sehr über etwas gefreut hatte. Aber worüber hatte sie sich gefreut? Er hatte nichts für sie getan, gar nichts!

Es war vielleicht nicht angebracht, sich auch noch mit dieser jungen Frau intensiv zu beschäftigen. Aber gespannt war er doch, was der heutige Abend auf der Außenterrasse bringen würde.

Franks Kamera baumelte nun längere Zeit ungenutzt an der Sitzlehne seines Vordermanns. Auf der Autobahn angekommen ging es nun zügig in Richtung Hyéres, und auch als rechtsseitig der Landzunge die flachen Salzseen mit den Flamingos wieder auftauchten, griff niemand mehr zur Kamera. Die Reiseleiterin wandte sich auf der geraden von Palmen und Akazien gesäumten Allee noch einmal ihren Gästen zu. „Ja, das war heute wahrlich eine lange Tour", meinte sie, „und ich hoffe, dass ihnen das malerische Dorf, das an den Felsen klebte, die Verdonschlucht und die grandiosen Landschaften gefallen haben. Vor allem haben sie heute auch einmal das Hinterland der Cote d'Azur kennen gelernt. Ich denke doch, dass sie viele Informationen und Eindrücke mit nach Hause nehmen können – und dass sie einiges dazu gelernt haben." „Oder auch nicht", fügte sie mit spitzbübischem Gesicht hinzu. „Bedanken möchte ich mich besonders bei unserem Harald, der heute wirklich Schwerstarbeit geleistet hat", setzte sie mit Blick auf den Mann am Lenkrad ihre Rede fort, der das sofort einsetzende und lang anhaltende Klatschen im Bus vernahm, mit dem seine Arbeit gewürdigt wurde. Dann ging sie noch kurz auf den am nächsten Tag geplanten Ausflug ein. Sie wusste, dass sie morgen nur noch einen Teil der Reisegruppe wieder sehen würde und nutzte die Gelegenheit, sich bei allen anderen zu verabschieden. Sie bedankte sich für die Aufmerksamkeit ihrer Gäste und versicherte ihnen, dass sie ein angenehmes Publikum waren. Abschließend erkundigte sie sich noch, auf welchem Wege es denn übermorgen zurück in die Heimat ging. Ein kurzer Hinweis aus ihrem Publikum war das Stichwort. „Ach ja, sie wählen die Route de Napoleon. Da geht es also wieder durch die Alpen ... Ja dann wünsche ich ihnen eine angenehme Heimreise!" Sie verabschiedete sich in ihrer temperamentvollen Art mit einem Tschüss und Aufwiedersehen und nahm mit freudigem Gesicht den Beifall entgegen, der ihr sicher ausnahmslos von allen, eingeschlossen jenen Mitgliedern ihrer Reisegruppe gespendet wurde, die sie morgen noch einmal sehen würden.

Die Sonne stand nur noch wenig über dem Horizont, als die Reisegruppe vor der Hotelrezeption den Bus verließ. „Am besten wir legen nur schnell die Sachen ab, und gehen dann gleich zum Abendessen", schlug Frank vor. Auch die anderen machten sich Sorgen, dass bei dem angenehmen Wetter ihr Stammplatz auf der Außenterrasse bald belegt sein könnte. Lothar bot sich schließlich an, gleich hier zu bleiben, um den bevorzugten Tisch schon mal zu besetzten. Als Frank und Christa nur kurze Zeit später auf der Hotelterrasse eintrafen, erwartete sie Lothar mit zufriedenem Gesicht an dem großen runden Tisch sitzend, der sich direkt neben der Poolanlage befand und einen Blick auf die schöne Umgebung des Hotelrestaurants erlaubte. Christa setzte sich und wartete auf Inge, während sich Frank und Lothar auf den Weg zu den Büfetts machten. Doch Franks Blicke galten weniger dem umfangreichen Speiseangebot. Er hielt Ausschau nach dem blonden Mädchen und der jungen französischen Kellnerin. Eigentlich sollte die Kellnerin gar nicht mehr hier sein, überlegte er. Hatte er sie doch schon am frühen Morgen gesehen. Aber nun entdeckte er sie doch, und Frank musste annehmen, dass die Arbeitszeit des Hotelpersonals wohl anders geregelt war, als sonst üblich. Doch ihm konnte es nur recht sein. Er sah wie sie sich intensiv mit ihrer Arbeit beschäftigt zwischen Tischen, Büfetts und dem Eingang zur Küche hin und her bewegte, ohne dabei die Außenterrasse zu betreten. Als sich Frank mit gefülltem Teller und zusammen mit noch ein paar anderen Herren wieder der großen geöffneten Schiebetür zubewegte, kam sie ihm mit voll beladenem Tablett entgegen. Aber ihr Blick steifte ihn nur kurz, und Frank war etwas enttäuscht darüber.

Inzwischen war auch Inge eingetroffen, und die beiden Frauen machten sich nun auf den Weg, um einige Zeit später mit ihrem Speisemenü zurückzukommen. Das Abendessen zog sich hin. Gesprächsthema war zunächst die morgige Tagesreise. Lothar und Inge konnten nur schwer verstehen, weshalb ihre Urlaubsfreunde die Reise nicht gebucht hatten. Der letzte Tagesausflug dieser Urlaubswoche war nicht inklusive und musste zusätzlich bezahlt werden. Frank und Christa wollten darauf verzichten und die verbliebene Gelegenheit nutzen, um sich, soweit per Fuß möglich, die nähere Umgebung anzusehen, und auch einmal die Leute kennen zu lernen, die hier lebten.

Dann wurde über die Reiseleiterin gesprochen. Die Beurteilung der Vier hätte sie bestimmt erfreut. Ihre lebhafte und lockere Art war bei allen gut angekommen. Sie verfügte über ein ausgezeichnetes Wissen in allen Bereichen, die für ihr Publikum von Interesse waren. Sie sprach in ausgewogenem Tempo und immer deutlich, und man spürte ihre innere Beteiligung, wenn sie beim Vorstellen einer Stadt oder einer Landschaft ins Schwärmen kam. Vor allem aber hatte sie das richtige Gefühl für die Aufnahmefähigkeit ihrer Gäste, und sie dehnte keinen Vortrag länger aus, wenn sie merkte, dass die Mitglieder ihrer Reisegruppe müde wurden. „Ja", meinte Frank. „da geben wir ihr also die Bestnote", und er wurde fast etwas wehmütig bei dem Gedanken, dass er sie wahrscheinlich nie wieder sehen und hören würde.

Hin und wieder erschien nun die junge französische Kellnerin auch auf der Außenterrasse. Wenn sie ihre Arbeit verrichtend in der Nähe vorbei kam, richteten sich Franks Blicke auf sie und dabei spürte er, dass der Stachel, den sie am Morgen in ihn gebohrt hatte, immer noch in ihm war, und er sehnte sich auch jetzt nach einem Blick aus ihren schönen braunen Augen.

Er fand selbst, dass es für sein Alter eigentlich nicht normal war, und es erinnerte ihn an die Zeit seiner ersten großen Liebe. Sie hatte ihn zu lange in die Augen gesehen, und da war es passiert. Von da ab wollte er ihre Zuwendung nicht mehr missen. Es war der Wirkung einer Droge vergleichbar, die er nun täglich brauchte. Er war abhängig geworden und süchtig nach den schönen Blicken seiner Geliebten. Da war er sechzehn, doch nun war es eher beschämend, dass ihm so etwas noch einmal passierte.

Auf der Terrasse wurde es nun ruhiger. Einige verließen ihre Plätze, nachdem sie die abendliche Mahlzeit beendet hatten, und Frank sah, wie die junge Kellnerin die Tische beräumte, die blauen Decken abschüttelte und manchmal auch eine neue Decke auflegte. Auch auf dem eigenen Tisch hatte sich mittlerweile einiges angesammelt, was nicht mehr benötigt wurde. Teller mit aufgelegtem Besteck, geleerte Schüsseln und eine Karaffe, deren restlichen Inhalt Lothar inzwischen aufgeteilt hatte. Frank wartete gespannt auf den Moment, wo sie an ihrem Tisch erscheinen würde. In der Regel war sie sehr aufmerksam, und nicht mehr benötigtes Geschirr wurde von ihr unverzüglich weggeräumt. Diesmal dauerte es etwas länger. Doch dann kam sie mit gemächlichem Schritt herzu, und sie schien heute alle Zeit der Welt zu haben. Während sie es sonst schaffte, das verbliebene Geschirr so geschickt zu stapeln, dass mit einem Gang alles beräumt war, hatte es diesmal den Anschein, dass sie ihre Kräfte schonen wollte. Zuerst nahm sie Inges Hinterlassenschaft mit, nach einiger Zeit kam sie wieder, um die paar Teller und Schüsseln von Lothar und Christa mitzunehmen. Frank beobachtete, wie sie alles mit gewohnter Freundlichkeit und ihrer dennoch zurückhaltenden Art erledigte. Wenn sie mit den Geschirrresten wegging, bedankte sich jeder am Tisch mit einem freundlichen Merci. Doch Frank musste sich bald fragen, ob sie ihn vergessen hatte. Das Geschirr vor ihm blieb einfach stehen. Erst nach einer Weile tauchte sie wieder auf, und Frank überlegte, ob sie damit irgendeine Absicht verfolgte. Am Tisch angekommen trat sie von rechts an ihn heran, und sie stapelte die wenigen Hinterlassenschaften in so gemütlicher Weise, dass man meinen konnte, sie hätte den ganzen Abend nichts anderes mehr zu tun. Frank bedankte sich so wie die anderen am Tisch für die Dienste der jungen Kellnerin in der Regel eher beiläufig. Doch diesmal machte er es anders. Als die Hand der jungen Frau die letzte kleine Schüssel, die noch vor ihm stand, erfasst hatte, drehte er sich zu ihr um, und er bedankte sich viel freundlicher als sonst mit dem üblichen Merci. Und der jungen Frau zugewandt konnte er in ihr Gesicht sehen und jede ihrer Regungen wahrnehmen. Sie reagierte sofort, und er bekam, was er sich erhofft hatte. Er musste damit rechnen, dass es Christa bemerkte, denn die junge Kellnerin erwiderte seinen Blick ohne eine Spur von Zurückhaltung und in einer Weise, dass es geradezu verdächtig erscheinen musste. „Wir haben etwas miteinander!", durchfuhr es ihn heftig. „Aber was?" Er konnte sie nicht fragen, und es war auch nicht ratsam, ihr noch lange hinterher zu schauen, als sie sich mit ihrem völlig unausgelasteten silbrig glänzenden Tablett auf den Weg zum Eingang des Restaurants machte.

Frank fand, dass es an der Zeit war, einmal in sich zu gehen und zu fragen, was das alles zu bedeuten hatte. Ja, er musste Bilanz ziehen und eine Antwort finden, weshalb er sich in solche Geschichten einließ. Wie viele

Urlaubsreisen hatte er schon gemeinsam mit Christa unternommen. Aber dergleichen war ihm in all den Jahren noch nicht passiert. Er versuchte sich zu erinnern. Da gab es schon mal eine Reiseleiterin, die er besonders sympathisch fand und mit der er sich dann auch gern über dies und jenes unterhalten hatte. Und da saß mal eine hübsche Frau ihm direkt gegenüber an der Mittagstafel, der er gelegentlich einen interessierten Blick zuwarf. Aber es hatte ihn ansonsten nicht weiter beschäftigt, und es war bedeutungslos geblieben. Doch Frank musste sich eingestehen, dass es diesmal ganz anders war. Das blonde Mädchen beschäftigte ihn über alle Maßen, und was diese junge französische Kellnerin anbetraf, so war seine Verliebtheit in sie schon fast peinlich. Diese Urlaubsreise an die Cote d'Azur hatte, was die Schönheit der Landschaft und den Reiz ihrer Küsten und Städte anbetraf, fast alles Bisherige übertroffen. Die Unterkunft inmitten dieses Pinienwaldes und die Freundlichkeit der Hotelangestellten ließen keine Wünsche offen. Das Wetter war stabil und traumhaft schön. Und doch musste er sich nun fragen, weshalb er überhaupt hierher gefahren war. Wegen alle dem oder mehr wegen dieser Mädchengeschichten?

Lag es an dem Land, das sie zum ersten Mal besucht hatten? Hatte es vielleicht etwas damit auf sich, dass Frankreich als das Land der Liebe galt. Doch wie konkret sollte das seine Handlungen und Gefühle beeinflusst haben?

Frank musste sich Sorgen machen, dass seine Teilnahmslosigkeit an den Tischgesprächen Anstoß erweckte. Er träumte vor sich hin und sah, dass der Abendhimmel zu dieser Zeit das gleiche Aussehen hatte, wie an den vergangenen Tagen. Die Sonne, die längst hinter dem

Horizont verschwunden war, hinterließ wieder diesen schmalen hellblauen Streifen, der nach unten in das flache Band des Abendrots überging. Und Frank sah im verblassenden Gegenlicht des Himmels die der Terrasse nahe stehenden Pinien wieder wie in einem Schattenriss. Er sah ihre ausladenden Kronen und ihre von Stürmen schräg gedrückten Stämme. Die Meeresstürme hatten sie nicht gerade nach oben wachsen lassen, aber auch nicht auf die Erde niedergedrückt. In seinen Gedanken sah er die Pinien im Sturm wie menschliche Schicksale, geformt von den Unausweichlichkeiten des Lebens. Auch bei den Pinien hatten die Meeresstürme Spuren hinterlassen, aber sie waren dennoch stolz und schön.

Frank bemerkte die völlige Windstille an diesem Abend und wunderte sich, dass die Kronen der Pinien doch leicht in Bewegung waren. Frank schien es, dass sie grundlos und auf recht geheimnisvolle Weise hin und her wippten, und es war ihm in dem Moment, als ginge ein Zauber von den schönen Bäumen aus. Die auch bezüglich der regionalen Vegetation bewanderte Reiseleiterin hatte ihnen auch viel über die Pflanzen an der Cote d'Azur und ihrem Hinterland erzählt. Sie hatte dabei die Pinien nicht ausgelassen, und Frank versuchte sich nun daran zu erinnern, was sie über diese Bäume gesagt hatte. Sie hatte von den mit dem Alter wechselnden Farben ihrer Nadeln gesprochen, über die Form ihrer Zapfen und auch über die Verwendung der Pinienkerne. Umso länger Frank darüber nachdachte, um so mehr kam ihm wieder in Erinnerung. „Die Pinienkerne verwendet man auch zur Herstellung von Parfümen und Duftstoffen", hatte sie gesagt, und das, weil ihr würziger Duft nachweislich eine angenehme und belebende Wirkung hat. Und dann hatte sie mit einem Schmunzeln im Gesicht hinzugefügt, dass man dem Duft der Pinien auch wundersame Wirkungen nachsagt. Ihr Gesichtsausdruck verriet, dass man das nicht unbedingt ganz ernst nehmen musste. Aber Frank konnte nun gar nicht mehr darüber lachen. Belebend – was hieß hier belebend? Und welche Art wundersamer Wirkungen war denn da mit ihrer Anspielung gemeint? Frank begann, die Vorkommnisse der letzten Tage in kriminalistischer Weise zu analysieren. Da gab es gleich in der ersten Nacht am Urlaubsort diesen ungewöhnlich intensiven Traum, bei dem er Seite an Seite mit dem blonden Mädchen lief, gerade so, als wären sie ein Liebespaar. Und war es nicht seine erste Nacht inmitten eines Pinienwaldes? Er dachte an die Abende auf der Terrasse und diese schon lange nicht mehr erlebten Emotionen. Und hatten nicht auch andere Mitglieder der Reisegruppe schon von dem eigentümlich würzigen Duft der Pinien gesprochen, der sich hier in angenehmer Weise mit dem Geruch der Meeresluft vermischte?

Frank glaubte so sehr daran, die Erklärung für all das Geschehene gefunden zu haben, dass er es als Erleichterung empfand. „Ich bin nicht Schuld!", konnte er sich sagen. Er sah noch einmal hinüber zu den Pinien, die in der Dunkelheit nur noch schemenhaft zu erkennen waren. „Ihr also", sagte er in Gedanken den Pinien zugewandt. „Ihr macht das! ... Aber ich werde niemand davon erzählen. Es glaubt mir ja so und so keiner. Es bleibt unser Geheimnis!"

Frank versuchte sich wieder in das Gespräch am Tisch einzuhören. Lothar brachte ein Thema ein, das ihn interessierte. Da gab es einige Fragen im Umgang mit seiner neuen Kamera und dem Abspielen von Videos über seinen Fernseher. Frank beriet ihn so gut er konnte. Lothars Computer funktionierte auch nicht immer so richtig, und Unterstützung gab es nur durch ihre beiden Enkelkinder, die sich aber nicht so oft sehen ließen, wie es sich die Großeltern gewünscht hätten. Christa erkundigte sich, wie es den beiden geht und wieweit sie bei ihrer beruflichen Ausbildung bzw. mit ihrem Studium gekommen sind. Auch Inge interessierte sich für die Enkelkinder ihrer Urlaubsfreunde, worauf Christa darüber informierte, dass Ronald inzwischen sein Abitur gemacht hatte, und dann noch einige amüsante Begebenheiten mit den beiden zum Besten gab. Das Thema Enkelkinder und die Erlebnisse mit ihnen waren ein ergiebiges Thema und beschäftigte die Vier am Tisch noch geraume Zeit. Beim Erzählen hellten sich die Gesichter der beiden Frauen auf, so dass man den Stellenwert, den ihre Nachkommen hatten, kaum in Frage stellen konnte.

Die Weingläser waren mittlerweile leer getrunken, und zwei Karaffen standen ohne Inhalt auf dem Tisch. Lothar machte schon einen recht lustigen Eindruck. Er stützte seine Arme auf den Tisch, um sich von seinem Platz zu erheben. „Wisst ihr was", meinte er. „Jetzt holen wir uns noch etwas von diesem Rosé!" Aber Inge protestierte. „Wir haben genug getrunken!" Und da sich Lothar nicht überzeugen lassen wollte, wurde ihr Blick immer finsterer. „Na lass mich doch", erwiderte er schon fast etwas barsch. Und mit dem Blick auf Frank und Christa gerichtet, verkündete er mit fröhlichem Gesicht und fast etwas feierlich: „Stimmt's, so jung kommen wir doch nicht wieder zusammen!" Aber noch bevor er sich wirklich auf den Weg zum Weinbüfett machte, stupste Frank Christa unter dem Tisch leicht an, und ihr Blick sagte ihm, dass sie verstanden hatte. Sie wollte auch nicht, dass die Situation eskalierte. „Na ja", meinte sie schließlich. „Wir wollten jetzt eigentlich auch aufbrechen." „Ist aber schade – sehr schade!", vermerkte Lothar. Aber Inge schob bereits ihren Stuhl ein Stück nach hinten und Lothar sah mit etwas enttäuschtem Gesicht, dass sie nun doch alle gehen wollten. Die geleerten Weingläser und Karaffen verblieben auf der blauen Tischdecke, und noch bevor die junge französische Kellnerin zum Abräumen kam, waren sie alle vier auf dem Weg in ihre Unterkunft. Sie gingen wie immer das erste Stück gemeinsam und verabschiedeten sich dann an der Weggabelung mit Wünschen für einen guten Schlaf und einen schönen erlebnisreichen Tag morgen. Lothar blickte wieder freundlich drein, aber es war ihm anzumerken, dass er den schmackhaften Wein doch reichlich genossen hatte. Auch Christa war auffällig fröhlich. Sie hatte zwar nicht viel getrunken, aber sie vertrug auch wenig. Und Frank spürte beim Gehen, dass er auch selbst schon einen kleinen Schwips hatte. Er führte Christa an der Hand, doch sie hatten Orientierungsprobleme und waren sich bald unsicher, ob sie auf dem richtigen Weg waren. Frank fühlte sich sonderbar beschwingt, und der Wein muss bewirkt haben, dass er auf alles eine andere Sicht bekam. Er sah die Angelegenheit mit den beiden jungen Damen nun ziemlich locker. Er durfte das, was ihm da widerfahren war, einfach nicht so ernst nehmen. Übermorgen war schon die Rückreise. Und dann würden nicht mehr als langsam verblassende Erinnerungen an diese sonderbaren Begebenheiten bleiben. Der Tag morgen gehörte Christa und ihm allein, und er freute sich eigentlich darauf. Die Blondine würde er tagsüber womöglich gar nicht zu Gesicht bekommen, und ein wenig Abstand von diesem schwierigen Fall wäre vielleicht gar nicht so verkehrt. Für den kommenden Tag brauchten sie sich auch keinen Wecker zu stellen, und vom Wein müde geworden, konnten sie sich nun so schnell wie möglich ins Bett begeben. Frank kroch an Christas Seite und kuschelte sich bei ihr an. Und er war froh, dass er sie hatte.

Fünftes Kapitel

Am folgenden Morgen wurden sie erst durch die ungewöhnliche Helligkeit im Zimmer munter. Christa schob den Vorhang beiseite, und sie sah die Sonne bereits durch die Kronen der Pinien hindurch leuchten. „Nun aber raus!", mahnte sie Frank mit energischer Stimme. Außergewöhnlich spät saßen sie zu zweit an einem der Vierertische des Hotelrestaurants, um zu frühstücken. Es drängte sie keine Abfahrtszeit des Busses, und sie speisten in Gemeinschaft mit ein paar anderen Langschläfern in der zu dieser Zeit ruhigen und gemütlichen Atmosphäre des Restaurants. Den heutigen Tag konnten sie ganz nach ihren Vorstellungen gestalten, und sie waren sich schon einig, dass sie bis zum Ende der Landzunge laufen wollten, um sich jenen Teil der Halbinsel anzusehen, den sie noch nicht kannten. Unklar war noch, wohin es konkret gehen sollte, welche Stellen da wirklich sehenswert waren.

„Ganz einfach!", meinte Christa. „Wir gehen an der Rezeption vorbei und erkundigen uns."

Der kleine Raum, der zum Gebäudekomplex des Hotelrestaurants gehörte, war menschenleer, als sie ihn betraten. Aber sie mussten nicht lange warten, bis sich die zuständige Dame am Tresen einfand und sich freundlich nach ihrem Anliegen erkundigte. Schnell hatte sie eine kleine handliche Karte zur Hand, in der alle Sehenswürdigkeiten eingetragen waren. Dann holte sie aus den Regalen noch einige Flyer hervor, aus denen man gut beschrieben und bebildert viele Einzelheiten über die Orte der Region erfuhr. Eine hoch gelegene Aussichtsstelle empfahl sie ganz besonders, und sie erläuterte ausführlich, auf welchem Weg die Stelle am besten zu erreichen war. Christa verstaute Karten und Flyer in ihrer braunen Handtasche. Sie bedankten sich bei der netten Frau für die umfassenden Auskünfte und machten sich auf den Weg.

Die Sonne stieg am tiefblauen Himmel schnell höher, und sie konnten erahnen, dass es wieder so ein warmer Tag werden würde wie die vorangegangenen. Sie liefen der von Palmen gesäumten Allee entlang bis zum nahe gelegen Ende des schmalen Teils der Landzunge. Dort angekommen teilte sich die Straße in zwei entgegengesetzte Richtungen. Die beiden warfen, an das Geländer der Kreuzung gelehnt, noch einmal einen Blick auf die kleine handliche Landkarte. „Ich denke, wir sollten nach rechts gehen!", meinte Frank. Der schlanke Teil der Halbinsel verbreiterte sich hier stark und ragte in Form eines Fußes in das Meer hinein. Um sich die ganze Region anzusehen, würde die Zeit ohnehin nicht ausreichen. Und so entschlossen sie sich, ihre Wanderung in die Richtung fortzusetzen, in der es nach Auskunft der netten Dame in der Rezeption das meiste zu sehen gab. Frank nahm Christa wieder an die Hand, und sie liefen mit gemächlichem Schritt dem asphaltierten Fußweg entlang, der neben der recht schmalen Fahrbahn angelegt war. Während zur linken Seite lückenlos Akazien, Pinien und vielerlei unbekannte exotische Pflanzen die Straße säumten, war zur Rechten der Pflanzengürtel hin und wieder von umzäumten Grundstücken und hübschen kleinen Wohnhäusern unterbrochen. Frank und Christa fanden, dass es eine ausgesprochen schöne Wohngegend war, umso mehr, da angenehme Ruhe über der Siedlung lag und die Straße nur wenig befahren war. Hin und wieder verweilten sie vor einem besonders schön angelegten Garten oder einem der ansehnlichen kleinen Eigenheime. Ihrer Karte nach mussten sie bald auf eine Straßengabelung stoßen, von der aus ihr Weg nach links in Richtung Giens, dem Hauptort der gleichnamigen Halbinsel führte. Aber noch bevor der Abzweig in ihr Blickfeld kam, bemerkten sie eine Frau, die sich von der Tür ihres Wohnhauses auf das Gartentor zu bewegte. Sie schloss das Tor hinter sich und lief dann in geringem Abstand vor den beiden her. Gekleidet war sie mit einem gut sitzenden, aber sonst unauffälligen leichten Sommerkleid. Der mitgeführte leere Flechtkorb ließ vermuten, dass sie auf dem Weg zum Einkauf war. In dem Moment, wo sie aus dem Grundstück heraustrat, hatte sie Frank deutlich von vorn sehen können. Sie musste so im Alter zwischen 50 und 60 Jahren sein. Aber nun, hinter ihr herlaufend, konnte man glauben, dass sie erst zwanzig war. Hatte diese Dame im fortgeschrittenen Alter doch eine derart schöne schlanke Figur, dass wohl ein Großteil der ganz jungen Frauen Grund gehabt hätte, sie darum zu beneiden. Und ohne den Verdacht zu wecken, dass sie damit kokettieren wollte, bewegte sie sich zudem mit einer lockeren Eleganz, wie man sie sonst nur bei ausgebildeten Models auf dem Laufsteg sah. Aber da war nichts Künstliches in ihrer Bewegung, offenbar war es ihre normale und ganz natürliche Gangart. Frank zögerte eine Weile und überlegte, ob er sich dazu äußern sollte. Doch dann sagte er Christa zugewandt und sehr leise: „Hat diese Frau nicht eine Superfigur?" „Und was für eine schöne ansprechende Gangart!", setzte er nach. Christa nahm ihm seine Begeisterung für den

Anblick nicht übel. „Da muss ich dir sogar recht geben", kommentierte sie. Und Frank dachte, so muss es sein. Auch ein verheirateter Mann muss nicht mit Scheuklappen durchs Leben gehen, um seiner Frau Treue zu beweisen. Die hübschen Mädchen und schönen Frauen gab es nun einmal. Und es ist doch auch gut, dass es sie gibt, dachte er. Sie sind wie schöne Blumen, an deren Anblick man sich erfreut, auch ohne dass man sie gleich abreißen und mit nach Hause nehmen muss. War die Möglichkeit, mit der eigenen Frau so problemlos darüber zu sprechen, nicht auch ein Zeichen dafür, dass die eheliche Beziehung in Ordnung war?

Nur wenige Minuten später waren die beiden an dem Abzweig angelangt, wo sie nach links abbiegen mussten. Die ansehnliche Dame lief weiter geradeaus und verschwand schließlich aus ihrem Blickfeld. Ein unscheinbares und von Pflanzenästen schon fast verdecktes Hinweisschild zeigte an, dass sie auf dem Weg ins Zentrum des Ortes Giens waren. Die abzweigende Straße, die zunächst in das Innere einer dicht bewaldeten Region führte, hatte eine erhebliche Steigung. Doch der hübsche und abwechslungsreiche Bewuchs zu beiden Seiten der Straße, gepflegte Gärten und kleine Parkanlagen entschädigten für die Mühe des Aufstiegs. Und je höher sie kamen, umso mehr lohnte sich das Verweilen und der Blick zurück in die Richtung, aus der sie gekommen waren. Die Lagunen wurden sichtbar, die künstlich angelegten Flachgewässer am Rande der schmalen Landzunge, an denen sie täglich vorbei gefahren waren. Man sah sie bald in ihrer vollen Ausdehnung, und man sah das Meer, das hier angrenzte und die weitläufige Bucht mit verschiedenen ineinanderfließenden Blautönen ausfüllte.

Am höchsten Punkt der nach oben führenden Straße angekommen waren die Beine bereits etwas müde geworden, und eine größere Parkanlage mit hohen Schatten spendenden Bäumen lud zum Verweilen ein. Sie gingen durch das geöffnete eiserne Eingangstor und genossen in der menschenleeren Anlage die angenehme Ruhe und das üppige Grün vieler Pflanzenarten. Auf einer alten Holzbank sitzend nahmen sie noch einmal die Ortskarte zur Hand, um sich in der fremden Gegend zu orientieren. Als sie sich nach einiger Zeit wieder erhoben, wussten sie, dass es bis zu dem inmitten der Halbinsel liegenden Örtchen nicht mehr weit sein konnte, und nach Abbiegen an der nächsten Straßenkreuzung lag die kleine Stadt Giens auch schon vor ihnen. Die Straße führte geradewegs und leicht ansteigend durch das Zentrum des Ortes bis zu einer orangefarbenen Kirche, deren schlicht gestaltete Fassade wie eine mitten auf der Straße stehende Barriere wirkte.

Der Weg der beiden führte vorbei an den einfachen und im landestypischen Stil erbauten Wohnhäusern des Ortes, vorbei an zahlreichen kleinen Geschäften und einigen Restaurants mit auf den Fußwegen aufgestellten Tischen und Stühlen. Obwohl der Großteil der anzutreffenden Leute offenbar keine Touristen waren, herrschte im Ort auffällige Betriebsamkeit. An mehreren Stellen sah man PS-starke Motorräder, die in kleinen Gruppen am Rand der Straße abgestellt waren, und kleinere Maschinen, die laut die Straße hoch und runter ratterten, schienen das wichtigste Bewegungsmittel im Ort zu sein.

An den Tischen der Restaurants, die unter freiem Himmel platziert waren, saßen vorrangig Einheimische, ältere Männer und Mütter mit ihren Kindern, Bewohner des Ortes, die sich ein bisschen Gemütlichkeit offenbar auch mitten an einem Arbeitstag leisten konnten. Frank und Christa hielten Ausschau nach zwei freien Plätzen, da es an der Zeit war, ihre Mittagspause einzulegen. Doch alle Tische waren besetzt, so dass sie sich entschlossen, erst einmal weiter zu gehen und die Aussichtsstelle aufzusuchen, die ihnen die nette Dame an der Rezeption so sehr empfohlen hatte. Die Stelle war auch in der kleinen Handkarte als Sehenswürdigkeit des Ortes eingezeichnet, und man musste nur geradeaus weitergehen, um dort hinzukommen. Christa suchte beiläufig nach einem Briefkasten, wo sie den in ihrer Tasche verstauten Stapel von Ansichtskarten mit Urlaubsgrüßen an Verwandte und Bekannte abliefern konnte. Unauffällig an einem der Reihenhäuser angebracht, war er doch bald gefunden. Infolge seiner stark abweichenden Form und Farbe gegenüber den zu Hause üblichen konnte man ihn leicht übersehen. Christa freute sich über die etwas leichter gewordene Handtasche, und es ging weiter auf die orangefarbene Kirche zu. Sie hatte ein hohes, symmetrisches Hauptgebäude, das von dem kleinen aufgesetzten Glockenturm nur wenig überragt wurde. Die Ortsstraße schien auf dem ersten Blick am Haupteingang der Kirche zu enden. Doch das täuschte, denn die bis hier her gerade verlaufende Straße machte einen scharfen Bogen, führte an dem Gotteshaus vorbei und dann noch weiter nach oben. Der verbleibende Aufstieg war kurz, und dort wo man meinte, an der höchsten Stelle des Ortes angekommen zu sein, fiel eine besonders gepflegte und groß angelegte Parkanlage auf. Sie war über eine Treppe, die von der Straße aus in das Parkgelände führte, erreichbar. Vielleicht ging es hier zu dem empfohlenen Aussichtspunkt. Aber zunächst führte der schmale Weg über ein eingeebnetes Areal, das von Blumenrabatten und blühenden Büschen bedeckt war. Hochgewachsene Bäume schützten mit ihren dichten Kronen vor der bereits intensiv strahlenden Sonne. Am hinteren Ende der Anlage stießen sie erneut auf Stufen, die wieder ein Stück nach oben und in ein weiteres eingeebnetes Areal führten. Doch dieses übertraf an Schönheit das zuvor besichtigte noch einmal deutlich. Frank und Christa bewunderten die phantasievolle Gestaltung, die aufwendige Einfassung aller durch den Park führenden Wege mit akkurat errichteten niedrigen Mauern und die schönen neuen Holzbänke, die in Nischen am Rand der Wege positioniert waren. Blumen aller Farben waren zu großen Mustern und Figuren zusammen gepflanzt, und bunt blühende Koniferen mit Lücken, durch die sich der Blick auf das tiefer gelegene blaue Meer öffnete, säumten die liebevoll angelegte Parklandschaft.

Eine hohe rustikale Mauer, die stellenweise von Efeu überwuchert war, schien das hintere Ende der Anlage zu bilden. Frank entdeckte eine schmale unauffällige Treppe, die zwischen einem Torbogen und dichtem Buschwerk nach oben führte. Neugierig betraten die beiden die steinernen Stufen, um zu ergründen, wohin die Treppe führte. Doch oben angelangt gab es keinen Zweifel mehr, dass sie jene Stelle erreicht hatten, die ihnen die freundliche Dame an der Rezeption empfohlen hatte. Sie standen auf einer gepflasterten Aussichtsplattform, auf dem höchsten Punkt der Halbinsel, und der Blick war frei in alle Richtungen, auf die Landzunge in ihrer vollen Ausdehnung und das in unterschiedlichen Blautönen glitzernde Meer, das sie umschloss wie eine Insel. Eine aus flachen braunen und grauen Steinen errichtete Mauer grenzte die Plattform nach allen Seiten ab. Und wenn man über die Steinmauer hinweg schaute, bot sich bis hinunter zur Meeresküste eine geschlossene grüne Landschaft. Dichte Pinienwälder, die nur stellenweise von Parkanlagen unterbrochen waren, und deren Farbe von dunkelgrün bis zu einem silbrig leuchtenden Grün variierte, prägten das Antlitz der sanft zum Meer hin abfallenden Hänge. Den Übergang zum Meer bildeten felsige Ufer im Wechsel mit dem hellen Sand kleiner Buchten. Der Turm einer zweiten Kirche lugte am anderen Ende der Halbinsel aus dem Grün der Wälder hervor, und nur einige sichtbare rote Dächer ließen erahnen, wo sich die Wohnhäuser des Ortes befanden.

An der den Lagunen und dem Festland zugewandten Seite war ein doppelrohriges hellblau gestrichenes Fernrohr so aufgestellt, dass der Blick über das Meer hinweg bis hin in die gegenüberliegende küstennahe Berglandschaft möglich war. Eine Gruppe gut aufgelegter junger Leute machte sich daran zu schaffen. Alles stand im hellen wärmenden Licht der Mittagssonne. Die jungen Männer zeigten ihre braun gebrannten Oberkörper und die Mädchen sommerlich bekleidet ihre schlanken Beine. Sie sprachen allesamt französisch, und Frank und Christa vermochten nicht herauszufinden, weshalb sie soviel Spaß hatten. Frank holte seine Kamera aus der Tasche und begann das umliegende Panorama in alle Richtungen abzulichten. Dann musste sich Christa für einige Aufnahmen an der rustikalen steinernen Mauer positionieren. Anhand der Fotos würden sie sich später an diesen sonnigen Tag erinnern können und an diese wunderbare Stelle auf dem höchsten Hügel der Halbinsel, die sie ganz ohne Führung und auf sich selbst gestellt gefunden hatten.

Dann entwendete Christa Franks Kamera. „So, jetzt kommst du mal mit aufs Bild, sonst denkt man doch, du wärst gar nicht dabei gewesen." Etwas widerwillig ließ sich Frank auf die von ihr gewünschte Stelle positionieren und nach zwei, drei Aufnahmen erhielt er seine Kamera zurück. Inzwischen war auf einer im Schatten stehenden Bank Platz geworden. Sie ließen sich schnell nieder, um ihre Beine etwas zu entspannen. Christa zeigte Frank auf dem Monitorbild, dass ihre Fotos gelungen waren, und holte dann zwei Bananen aus ihrer Tasche, die sie als Ersatz für das möglicherweise ausfallende Mittagessen mitgenommen hatte. Sie genossen die angenehme Ruhe, und ihre Blicke schweiften über das grüne Panorama der Halbinsel und das himmelblaue Meer, das sie in allen Richtungen umschloss.

Es fiel den beiden schwer, sich nach dem gemütlichen Verweilen auf der Bank wieder zu erheben, und den Rückweg anzutreten. Gemächlich gingen sie die Treppenstufen wieder hinunter. Christa bestaunte noch einmal die liebevoll angelegten Blumenrabatten, und Frank suchte zwischen bunt blühenden Sträuchern nach fotogenen Ausblicken auf das Meer und die in der Ferne liegende Berglandschaft.

Die orangefarbene Kirche hatten sie nach wenigen Minuten erreicht. Es war noch Zeit, und neugierig betraten sie das ehrwürdige Gebäude, um es einmal von innen zu betrachten. Dann liefen sie weiter bergab in das Zentrum des Ortes hinein und bis zu dem Restaurant, das ihnen besonders gefallen hatte und dass sie sich für eine Ruhepause am späten Mittag bereits vorgemerkt hatten.

Immer noch schienen all die unter freiem Himmel aufgestellten Tische besetzt zu sein. Erst nach genauerem Hinsehen entdeckten sie einen Tisch mit zwei freien Plätzen. Sie fragten höflich an, wussten aber nicht, ob sie überhaupt verstanden wurden. Doch das junge Ehepaar, das zusammen mit ihrem Kind die anderen Plätze belegt hatte, signalisierte mit freundlichen Blicken, dass sie willkommen waren. Als deutsche Touristen schienen Frank und Christa hier in dem Ort Außenseiter zu sein. Das Ehepaar unterhielt sich auf Französisch, und auch von den anderen Tischen hörte man die Gespräche nur in Landessprache. Der kleine schwarzhaarige Junge auf Vatis Schoß musterte die Neuankömmlinge unverblümt mit großen Augen. Bald hatten Frank und Christa das Gefühl, dass sich das junge Ehepaar gern ein wenig mit ihnen unterhalten hätte. Aber die Sprachbarriere war zu hoch, so dass es bei ein paar netten Gesten bleiben musste. Selbst der Wirt, der nun zu ihnen trat, schien kaum ein Wort deutsch zu verstehen. Aber er überreichte ihnen unverzüglich die Speise- und Getränkekarte. Alles war in Französisch geschrieben, und man konnte nur raten, was sich dahinter verbarg. Und Christa bestellte schließlich mit Gestikulieren und Fingerzeig in der Hoffnung, dass es richtig wird. Zum ersten Mal in dieser Urlaubsreise waren sie nicht unter Touristen, sondern inmitten von Gästen, die aus dem Ort oder seiner Umgebung hierher gekommen waren. Interessiert beobachteten Frank und Christa das Treiben auf der Straße. Sie sahen geschäftige Handwerker mit beladenen Kleintransportern und viele ältere Leute, die hier herumbummelten und es nicht besonders eilig zu haben schienen, während junge Leute in dichtem Abstand mit laut knatternden kleinen Motorrädern am Restaurant vorbei fuhren. Frank und Christa hatten während ihrer Urlaubsreisen in andere Länder immer versucht, auch hin und wieder unter die Leute zu kommen, die hier lebten und ihren Tagesgeschäften nachgingen. Es war ihnen heute erneut gelungen. Ausgeruht und zufrieden mit ihrer Entscheidung, diesen Tag nach eigenem Ermessen zu gestalten, machten sie sich wieder auf den Weg. Sie bogen nach rechts in eine Straße ein, die sie von der hoch gelegenen Aussichtsplattform gesehen hatten, und die nach unten an einen Badestrand zu führen schien. Es ging an hübschen Ferienhäusern mit roten Dächern, blaufarbenen Swimmingpools und Gärten voller exotischer Pflanzen vorbei. Kleine gepflegte Hotels boten Balkons mit Meeresblick. Frank und Christa fühlten sich als Entdecker einer schönen einladenden Urlaubsinsel. Sie verließen die schmale asphaltierte Straße, als sie einen nach unten führenden schattigen Pfad entdeckten, der durch einen dichten Pinienwald führte. Ein Stück ging es nun steil bergab, und nahe der Küste stießen sie auf schroffe Felsformationen, die zusammen mit einzelnen zerzausten Pinien und dem blau glitzernden Meer im Hintergrund ein beeindruckendes Landschaftsbild ergaben. Die Pinienstämme in vorderster Front am Meer befanden sich in erheblicher Schräglage, und ihre krummen Äste mit vielen knochigen Stellen wirkten bizarr und trotzig. Auch hohe Kakteen wurzelten am Rand der Felsvorsprünge, die an einigen Stellen kleine romantische Buchten mit feinem hellen Sand umschlossen. Während Frank mit Fotografieren beschäftigt war, hob Christa einige abgefallene Pinienzweige auf, um über ihre zarten Nadeln zu streicheln und daran zu schnuppern. „Riecht ganz toll!", meinte sie und reichte Frank einen kleinen hellgrünen Zweig, damit er sich selbst davon überzeugen konnte. Frank nahm den Zweig in seine Hand, weigerte sich aber daran zu schnuppern. „Lieber nicht!", sagte er, und Christa sah ihn verwundert an.

Der schattige Pfad führte ein Stück am Ufer entlang und endete dann wieder auf dem breiteren asphaltierten Weg. Sie liefen durch das Gelände eines Sanatoriums und erreichten dann einen belebten breiten Strandabschnitt mit feinkörnigem hellem Sand. Kindergruppen tummelten sich im Wasser, und allerorts sah man bunt bemalte Figuren und phantasievoll gestaltete Spiel- und Klettereinrichtungen für die Kleinen. Frank und Christa hatten noch genügend Zeit, sich alles in Ruhe anzusehen. Sie nahmen ihre Schuhe in die Hand und liefen ein ganzes Stück über den hellen Sand die Küste entlang. Dann suchten sie nach einem Ausgang und einem Weg, der sie wieder nach oben führte. An einer bereits bekannten Stelle des Ortes angekommen, traten sie den Heimweg an. Das letzte Stück ihres Rückweges war die lange breite und von Palmen gesäumte Allee, die kerzengerade bis zur Einfahrt in ihre Hotelanlage führte, und von da aus weiter bis zu dem Ort Hyéres, der sich bereits wieder auf dem Festland befand.

Bis zum Abendessen war noch reichlich Zeit, als sie mit etwas ermüdeten Beinen in ihrer Bungalowsiedlung ankamen. Und sie hatten unterwegs schon besprochen, wie sie die verbleibenden Stunden nutzen wollten.

Auf den Wegen durch die Anlage war es sehr ruhig. Die meisten Hotelgäste waren wohl unterwegs oder am Badestrand. Und der Teil ihrer Reisegruppe, der sich an dem heutigen Tagesausflug beteiligt hatte, schien noch nicht zurückgekehrt zu sein. Frank und Christa gingen in ihren Bungalow, um sich umzuziehen und die Badesachen zurecht zu legen. Dann verließen sie erneut ihre Unterkunft. Als Frank mit der gelben Badetasche in der Hand die Tür hinter sich schloss, sah er die Blondine mit schnellem Schritt den Hauptweg entlang kommen. Sie war auf dem Weg in ihren Bungalow. Und kurz danach sah er noch einige andere seiner Reisegruppe, die ebenfalls auf dem Weg in ihre Unterkünfte waren. Offensichtlich kamen sie gerade von ihrem Tagesausflug zurück. Im Vergleich zu den anderen Tagen eigentlich ziemlich zeitig, dachte sich Frank. Und es war ihm auch klar, dass das blonde Mädchen an der Ausfahrt teilgenommen und vielleicht auch gespürt hatte, dass diesmal niemand auf sie aufpasste. Christa dachte in dem Moment wohl eher an die Urlaubsfreunde, die zusammen mit den anderen eingetroffen sein mussten. So gingen sie, statt den schmalen Pfad zum Hotelstrand einzuschlagen, in die entgegengesetzte Richtung, um nachzusehen. Tatsächlich sahen sie schon aus einiger Entfernung Inge vor dem Bungalow hantieren. Sie freute sich über den überraschenden Besuch, stellte noch einen Stuhl bereit und rief Lothar. Sie saßen kurz zusammen, und Lothar begann sofort von der Tagesreise zu erzählen, die ihnen offenbar sehr gut gefallen hatte. „Schade, dass ihr nicht mit ward!", kommentierte Inge schließlich. „Aber wir hatten auch einen schönen Tag!", vermerkte Frank, und Christa nickte zustimmend. Ganz kurz schilderte sie die Wanderung bis zur Spitze der Landzunge und was sie dort an Schönen und Interessantes zu sehen bekommen hatten. „Na, dann sind wir ja alle zufrieden mit dem Tag!", zog Lothar Bilanz. Christa unterbreitete nun ihren Vorschlag. Die Sonne stand noch hoch, und es war wie die Tage zuvor angenehm warm. Da lag es nahe, die verbleibende Zeit bis zum Abendessen zu nutzen und sich noch einmal an den Hotelstrand zu begeben. Es war heute die letzte Gelegenheit.

Christa hatte keine Mühe, die beiden zu überzeugen. Doch sie mahnte zur Eile, war doch damit zu rechnen, dass ein Großteil der zurückgekehrten Reisegruppe auf die gleiche Idee kam und die Liegen knapp werden könnten. So gingen Frank und Christa voraus, um nach freien Plätzen zu suchen und vier Liegen zu organisieren. Mit ausgezogenen Schuhen wateten sie durch den Sand bis zum Ende des Badestrandes, wo sie auch diesmal noch ein paar unbelegte Stellen fanden. Christa suchte nach ungenutzten Liegen, und Frank schleifte wieder zwei der schweren grauen Betonteile zum Aufstellen der Sonnenschirme durch den Sand. Einige Minuten vergingen für das Einrichten der Stelle, bis sie es sich auf den weißen Liegen gemütlich machen konnten. Christa holte einen Stapel bunter Prospekte aus der Badetasche, während Frank auf jegliche Beschäftigung verzichtete und sich von der Sonne bescheinen ließ. Er konnte sicher sein, dass es die letzte Gelegenheit in diesem Jahr war, den Körper noch etwas zu bräunen, würde es zu Hause doch nicht mehr lange dauern, bis der Winter einzog. Sie hatten sich wieder an jener flachen Sanddüne eingerichtet, die von zwei kleinen Palmen bewachsen war, zwischen denen der Blick auf die blau-weiß gestreiften Sonnenschirme, auf das azurblaue Meer und die kleinen Boote mit bunten Segeln fiel, die sich nahe der Küste auf dem Wasser bewegten. Eine schönere Liegestelle konnte man sich nicht wünschen, dachte Frank, und er meinte, dass auch das blonde Mädchen auf die Idee kommen müsste, am letzten Tag diesen schönen Badestrand noch einmal zu genießen.

Lothar und Inge ließen wieder auf sich warten. Frank richtete sich auf und saß eine Weile untätig auf die Liege. „Ich werde wohl doch mal nachsehen, wo die beiden verblieben sind", meinte er zu Christa. Sie hatte keinen Einwand und sagte nur „Aber bleib nicht so lange!"

Frank ging langsam dem Ufer entlang, und seine Blicke richteten sich ab und zu auf die Liegebereiche der Hotelgäste. Die meisten dieser Leute kannte er nicht. Waren es bekannte Personen aus seiner Reisegruppe erhob er, wenn sie ihn bemerkt hatten, leicht die Hand zum Gruß. Dem etwas höher gelegenen Strandrestaurant nahe gekommen musterte er die Leute, die hier Platz genommen und auf den Tischen meist Getränke und Eisbecher vor sich stehen hatten. Er ging noch das Stück bis zum Ende des Strandbereiches, wo ein einfacher Drahtzaun das Gelände abgrenzte. Auf dem Rückweg sah er Lothar und Inge mit ihrer Badetasche an dem Strandrestaurant vorbei laufen. Sie bemerkten ihn nicht und waren überrascht, als er sie plötzlich ansprach. Frank führte die beiden zur reservierten Badestelle, und während sie ihm erzählten, warum es ein bisschen länger gedauert hatte, musterte er noch einmal den ganzen Strandabschnitt, die Leute auf den weißen Liegen und die auf bunten Decken unter den blau-weißen Sonnenschirmen.

Als sie an der flachen Düne angelangt waren, hinter der Christa auf sie wartete, wusste er, dass das blonde Mädchen ganz bestimmt nicht am Badestrand war, denn der relativ schmale Sandstrand war gut zu überblicken, und er hatte überall nachgesehen. Er fragte sich erneut, was wohl der Grund dafür sein könnte, dass sie sich hier nicht sehen ließ. Wäre es ihm gelungen, sich mit dem

Mädchen anzufreunden, so hätte er sie ganz bestimmt danach gefragt.

Lothar und Inge richteten sich auf den bereitgestellten Liegen im Schatten eines Sonnenschirmes ein, und Frank machte sich mit Christa noch einmal auf den Weg zu ihrem letzten Badevergnügen in dem klaren und angenehm warmen Meereswasser. Bald hatten sie zügig schwimmend die rote Boje an der Grenze des Badebereiches erreicht. Sie hielten sich an der Boje fest, schauten zurück zum Strand, auf die hohen Berge in der Ferne und das helle Grün der Küstenlandschaft, das im Licht der tief stehenden Sonne zu leuchten begann. Es war ein Moment des Innehaltens und des Abschiedes von der Cote d'Azur.

Nach ihrer Rückkehr an den Strand übernahm Christa die Aufsicht über die abgelegten Sachen, und die Urlaubsfreunde konnten sich fertigmachen für ihr letztes Bad im Meer.

Frank blieb noch eine Weile im Wasser und erwartete die beiden. Dann schwamm er die ganze Strecke parallel zum Hotelstrand noch einmal hin und zurück. Sich nur langsam vorwärts bewegend beobachtete er das Treiben am Badestrand, und er registrierte alle, die neu hinzukamen, um hier entlang zu bummeln, oder sich auf frei gewordenen Liegen niederließen, um die letzten Stunden des Tages am Meer zu verbringen.

Er bemerkte, dass Lothar und Inge auch diesmal nicht all zu weit hinausgeschwommen waren und es vorzogen, in der Nähe des Ufers zu bleiben. Doch er sah auch, dass es ihnen Spaß machte und sie ihre Freude daran hatten, sich von den kleinen Wellen, die dem Strand zutrieben, tragen zu lassen.

Gemeinsam beendeten sie ihr Badevergnügen. Sie stampften durch den warmen Sand bis zu ihrer Liegestelle hinter der flachen Düne, wo Christa immer noch mit Reiseunterlagen und Prospekten beschäftigt war. Die sinkende Sonne erwärmte und trocknete wohltuend ihre Körper, und sie ließen den letzten Abend am Badestrand gemütlich ausklingen, bis es höchste Zeit war aufzubrechen.

Doch diesmal war es zu spät. Es dauerte zu lange, bis sie sich umgezogen hatten und auf der Außenterrasse zum Abendessen erschienen. Neuankömmlinge machten ihnen die angestammten Plätze streitig, und auch alle anderen Tische waren belegt. So mussten sie ausgerechnet an diesem letzten Abend auf ihre schönen Plätze an der Poolanlage verzichten.

Sie irrten durch die großen Säle des Restaurants und konnten sich nur schwer für einen der freien Tische entscheiden. Schließlich fiel die Wahl auf einen Vierertisch, der nicht weit vom Restauranteingang entfernt und so positioniert war, dass man auch Einsicht in die beiden anderen Säle hatte. Und zu den wichtigsten Speise- und Getränkebüfetts war man hier weniger weit entfernt. Klar war aber auch, dass sie hier nicht von jener jungen Frau umsorgt wurden, die das bis zum gestrigen Abend in so netter Form getan hatte. Stattdessen kümmerten sich in diesem Teil des Restaurants zwei etwas ältere Herren um das Wohl ihrer Gäste.

„Was wollen wir machen?", fragte Inge schließlich in die Runde. „Ich habe gehört, dass sich die anderen für die freundliche Bedienung des Personals bedanken möchten und etwas Geld gesammelt haben, das sie heute Abend überreichen wollen." „Aber mit den beiden, die hier die Arbeit machen, hatten wir doch gar nichts zu tun!", wandte Lothar ein, womit er offenbar sagen wollte, dass es doch richtiger wäre, das einzusammelnde Geld der jungen Kellnerin zukommen zu lassen, die sie abends betreut hatte. Niemand am Tisch sah es anders, und alle waren willens, ihren Teil dazu beizusteuern. So war nur noch die Frage zu klären, wer es ihr überbringt. Da spürte Frank, wie sich Christas Blick auf ihn richtete. „Möchtest du es ihr bringen?" Frank war von ihrem Vorschlag überrascht, und er hatte das ungute Gefühl, dass sie doch etwas gemerkt hatte. „Wieso ich?", erwiderte er spontan und in einem Tonfall, als könnte er sich gar nicht denken, wie sie auf ihn kommt. Man wurde sich am Tisch nicht einig, wer die Angelegenheit übernehmen sollte. Und so wurde die angedachte Sammlung eines kleinen Geldbetrages erst einmal ausgesetzt.

Lothar kam noch einmal auf die Tagesreise zu sprechen, an der sie teilgenommen hatten. Es war nun Zeit, in allen Einzelheiten von ihrer Bootsfahrt zu berichten, die sie durch eine romantische Bucht geführt hatte und entlang einer bizarren Küstenlandschaft. „Also schon wieder in einem kleinen Boot auf hoher See?", fragte Christa Inge zugewandt etwas scherzhaft an. „Diesmal gab es keine Probleme!", winkte Lothar ab. „Die See war ganz ruhig – und dieses schöne Küstenpanorama – es hat sich wirklich gelohnt, daran teilzunehmen ... schon wegen der landestypischen Mahlzeit in einem nahe gelegenen Bauernhof zum Abschluss der Ausfahrt", fuhr er fort.

„Dann ist es ja gut!", schaltete sich Frank ein. „Wir mussten nur wieder an eure Bootsfahrt vor drei Jahren an der Algarve denken." „Erinnert mich nicht daran!", fiel Inge sofort ein, und Lothar versuchte noch einmal zu erklären, wie es dazu gekommen war.

„Was sollten wir denn machen? Wir hatten gebucht und konnten zu diesem Zeitpunkt doch noch nicht wissen, dass die See so stürmisch werden würde."

Frank und Christa erinnerten sich an den ungewöhnlichen Seegang an diesem Tag. Sie hatten diese Ausfahrt nicht gebucht, waren im Urlaubsort geblieben und hatten dann versucht, nahe dem Hotel ein Stück am Ufer entlang zu laufen. Aber sie wurden von zwei Meter hohen Wellen, die fast die gesamte Breite des Sandstrandes überspülten, immer wieder in die Flucht geschlagen. Sie dachten sich, dass bei diesem Seegang die geplante Bootsfahrt ihrer Urlaubsfreunde wohl ausfallen würde. Aber sie fiel nicht aus, und abends erfuhren sie, wie schlecht es Inge dabei ging. „Nie wieder!", hatte sie sich geschworen. Doch heute bei Windstille und blauem Himmel hatte Lothar sie doch wieder überreden können. Vor drei Jahren hätte sie fast ärztliche Hilfe in Anspruch nehmen müssen, denn ihr Befinden war auch nach der stürmischen Seefahrt noch längere Zeit bedenklich. „Dann hätten wir zum ersten Mal unsere Auslandskrankenversicherung in Anspruch nehmen müssen", vermerkte Lothar. Aber zum Glück haben wir sie all die Jahre noch nicht gebraucht. „Wir auch noch nicht!", schaltete sich Christa ein. „Aber man hat sie eben, wenn auch jährlich ein bestimmter Beitrag dafür fällig wird." „Was zahlt ihr denn dafür?", fragte Lothar neugierig an. Christa wusste es und nannte den Betrag. „Das ist aber teuer!", gab Lothar verwundert zurück. „Wir haben halt die Erstbeste genommen, die uns angeboten wurde", verteidigte sich Frank. „Wer weiß, vielleicht sind die Leistungen im Ernstfall besser, und man müsste das ganze Kleingedruckte lesen. Aber wir hatten einfach keine Lust, mit hundert anderen Anbietern zu vergleichen." „Hundert?", fragte Lothar sofort zurück. „Ich habe mal gehört, es soll in Deutschland mehr als Tausend Versicherungsanbieter geben ... und alle mit ihren Versprechungen und vermeintlichen Vorteilen gegenüber den anderen." Sein Gesichtsausdruck wirkte etwas verdrießlich, als er auf seine Kraftfahrzeugversicherung zu sprechen kam. Vergangenes Jahr hatten sie sich abwerben lassen und die Versicherung gewechselt. „60 Euro weniger – das klang doch ganz gut!", versuchte er seine Beweggründe zu erklären. Aber kaum ein halbes Jahr später kam die große Ernüchterung. Denn der neue Versicherungsträger hob die Beitragskosten an, und so kräftig, dass der finanzielle Vorteil völlig dahin war. „Da hättest du doch wieder kündigen können!", vermerkte Frank. Lothar winkte ab. „Ach, dann immer der Aufwand und der Ärger, und wer weiß, was dann wieder passiert wäre." „Also, dumm gelaufen!", kommentierte Frank etwas mitleidig. „Na, sei du mal ruhig!", mischte sich Christa ein. Denk mal an die Geschichte mit unseren Telefonanbietern. „Das ist doch schon viele Jahre her!", sträubte sich Frank, darüber zu berichten. „Trotzdem, erzähl nur mal!", ließ Christa nicht locker. Frank machte es kurz. „Auch von einem anderen Anbieter abwerben lassen- auf telefonischem Wege. Das mit dem geringeren Gesprächstarif, der Flatrate für Internet, der versprochenen höheren Datenübertragungsrate und sonst noch ein paar Vorteile – das hörte sich doch wirklich gut an. Doch schon bald war klar, dass nicht alles so stimmte, wie es ihm gesagt wurde und er bei diesem Wechsel einiges übersehen hatte. Also zurück zum alten Anbieter. Doch der

Neue ignorierte einfach die Kündigung. Es war zu befürchten, dass sie aus formalen Gründen nicht mehr aus dem zweiten Vertrag herauskamen und nun doppelt bezahlen mussten. „Ja, viel Zeit investiert und dann der ganze Ärger", beendete Frank seine kurze Schilderung der damals entstandenen Misere. „Also auch dumm gelaufen!", kommentierte Christa mit leicht erhobenem Zeigefinger. „Ja, ich hätte es halt so machen sollen wie unsere Nachbarin. Die hat sich den besten Anbieter für Telefon und DSL per Internetrecherchen gesucht", ergänzte Frank. Er hatte sich mit der Nachbarin erst unlängst darüber unterhalten. „Aber da muss man ja auch etliches beachten und prüfen, ob Verlass auf die Angaben ist – und das bei den vielen Anbietern!", hatte Frank zu Bedenken gegeben. „Natürlich!", erhielt er als Antwort. „Wie viele Stunden hast du denn damit zugebracht?" „Stunden?", hatte sie verwundert zurückgefragt.

Ja, wie waren sie doch alle beschäftigt, um das vermeintlich beste Angebot herauszufinden, dachte Frank. Das beste Kreditinstitut, die beste Krankenversicherung, die beste KFZ-Versicherung, den besten Energieanbieter, den super Handyvertrag. Seine Angehörigen, seine Bekannten und Nachbarn und seine Arbeitskollegen – alle opferten sie so viel Zeit dafür.

„Bekommt ihr auch ständig diese Anrufe von Weinanbietern, die einem zum Kauf hervorragender Weine und das zu dreißig Prozent reduziertem Preis überreden wollen?", fragte Frank Lothar und Inge zugewandt. „Woher soll man denn wissen, wie gut diese Weine wirklich sind, und nur die wenigsten sind ja richtige Weinkenner. Und was heißt 30% reduziert. Vielleicht wurde der Preis erst mal um 35% angehoben." „Ja", warf Inge etwas lächelnd in die Runde. „Wir leben eben in einem richtigen Angebotsparadies." „Ein Angebotsparadies? – Ich weiß ja nicht, vielleicht ist es auch ein großer Irrgarten!", erwiderte Frank. Und er fing an zu philosophieren. „Ich stell mir da einen großen Garten voller Äpfelbäume vor, in dem wir herumirren, um die schmackhaftesten Äpfel zu finden. Zunächst erscheint uns der große Garten wie das Paradies. Doch dann, wenn uns nach langem Suchen die Füße schmerzen und wir immer noch nicht sicher sind, was die beste Apfelsorte ist, merken wir vielleicht, dass es gar nicht das Paradies ist und uns da möglicherweise jemand absichtlich verleitet und herumgejagt hat." „Und wer sollte das sein?", hinterfragte Christa. „Der Teufel!", erwiderte Lothar spontan mit einem Schmunzeln im Gesicht. „Ja, der will uns ablenken! Wir sollen keine Zeit haben nachzudenken!", nahm Frank den Gedanken auf. „Und worüber sollen wir nicht nachdenken?", hinterfragte Christa noch einmal. „Weshalb der Mensch einst aus dem wahren Paradies vertrieben wurde!", meldete sich Inge zu Wort. „Na, da haben wir es ja!", klopfte Frank von Inges Beitrag überrascht auf den Tisch.

„Nun aber mal Spaß beiseite!", schaltete sich Christa wieder ein. „Habt ihr das auch mitbekommen, wie die Energiepreise in den letzten Jahren angestiegen sind?" „Ich glaube, da werden wir doch noch mal den Anbieter wechseln müssen!", meinte sie Frank zugewandt. Frank zuckte mit den Schultern. „Weiß nicht!" Ehrlicherweise hätte er ihr sagen müssen, dass er erst neulich ein Anschreiben in den Papierkorb geworfen hatte. Es handelte sich um Werbung – das Superangebot eines neuen Energieanbieters.

Aber am Tisch fand man noch nicht zu einem anderen Thema. Da war ihren Urlaubsfreunden erst kürzlich das tolle Angebot eines neuen Telefonanbieters zugegangen: Komplett-Flat für Festnetz, Mobilfunk und Internet bei einmalig niedriger Grundgebühr. Mit den Worten „Unglaublich günstig!", war das Werbeprospekt überschrieben. „Unglaublich – gewiss", dachte sich Frank. „Wo war der Haken an der Sache?" Wieviel Zeit würde man wieder investieren müssen, um das herauszufinden. Dabei waren doch ganz andere Dinge viel interessanter: Wie wurden die Pyramiden errichtet, und weshalb konnte ein Adlerauge viel besser sehen als das menschliche. Warum musste es immer Wachstum geben, und wieso waren manche so reich, dass sie sich eine Luxusjacht für hundert Millionen Euro anschaffen konnten? Er wollte sich nicht fortwährend von Leistungs- und Warenanbietern beschäftigen lassen. Er beschäftigte sich lieber mit einem schönen Buch, mit seiner Katze, seinen Enkelkindern … oder mit der jungen französischen Kellnerin.

Wo war sie eigentlich? Er hatte sie im hinteren Saal schon einmal erblickt. Und nun hielt er erneut Ausschau nach ihr. Es dauerte nicht lange, und er sah sie mit vollgeladenem Tablett von der Außenterrasse kommend sich auf die Wirtschaftsräume des Restaurants zubewegen. Frank verfolgte ihren Weg und träumte vor sich hin. Mit dem blonden Mädchen würde er noch zwei Tage zusammen sein, aber diese junge Französin würde er wahrscheinlich an diesem Abend das letzte Mal sehen. Was sollte er tun? Er hätte noch einmal das Thema mit der Geldübergabe anschneiden können, das am Tisch wohl schon vergessen war. Aber wozu? Er war sich sicher, dass er ihr kein Geld bringen würde. Auf diese Weise wollte er sich von ihr nicht verabschieden. Er sann nach und spielte mit der bunten Serviette, die noch ungenutzt vor ihm lag. Er hatte den hinteren Saal immer noch unter Beobachtung, und er bewegte dabei die bunte Serviette in kleinen Kreisen vor sich her.

Dann schob er seinen Stuhl sanft zurück, erhob sich leise und unauffällig wie ein Geist und verließ ohne jede Erklärung den Tisch. Er lief mit gemächlichem Schritt an Tischen und Büfetts vorbei und ging bis in den hinteren Saal. Die junge Kellnerin war von hier aus mit ihrem Tablett in den Wirtschaftsräumen verschwunden. Er wandte sich nach links und auf die Stelle zu, wo ein längerer Korridor in den Speisesaal mündete. Langsam durchschritt er den Gang, der sich noch einmal verzweigte und dann um die Ecke in Richtung der Küchenräume abbog. Und im richtigen Moment kam sie ihm entgegen. Niemand sonst befand sich jetzt in dem Korridor, dessen Boden mit grauen glänzenden Fliesen ausgelegt war. Frank blieb stehen, und sie bewegte sich mit ihrem leeren Tablett in der Hand noch ein Stück auf ihn zu. Doch dann blieb sie etwas verdutzt ebenfalls stehen. Frank sah sie lieb an, und aus seinem Mund kam eines der wenigen französischen Worte, die er kannte.

Er war sich sicher, dass sie das „Au revoir" verstanden hatte, aber sie wusste offenbar die Situation noch nicht recht zu deuten und schwieg. Da ging Frank die wenigen Schritte, die er noch von ihr entfernt war, auf sie zu, und sie sah ihn mit ihren großen braunen Augen verwundert an, als er sich anschickte, sie liebevoll zu umarmen. Aber sie wehrte sich nicht, und auch dann nicht, als er sie ganz dicht an sich heranzog und drückte. Nur ihr silbrig glänzendes Tablett verlor sie dabei aus der

Hand, und es fiel laut schallend auf den gefliesten Boden des Korridors. Nach der kurzen herzlichen Umarmung trat Frank ein paar Schritte zurück und verweilte noch einen Moment in ihrer Nähe. Er erhob leicht seine rechte Hand und wiederholte mit leiser Stimme noch einmal das französische Abschiedswort. Nur noch wenige Augenblicke lag Fassungslosigkeit in ihrem Gesicht. So hatte sich noch nie ein Gast von ihr verabschiedet. Aber jetzt war ihr klar, wie es gemeint war und was ihr dieser Herr sagen wollte. Sie bückte sich nach ihrem Tablett, erhob sich wieder, und in ihrem Gesicht kam ein kleines Lächeln zum Vorschein. Doch das vorsichtige Lächeln verwandelte sich schnell in einen ganz lieben scharmanten Blick, indem sie noch einmal all die Wärme und Herzlichkeit hineinlegte, mit der sie ihm an jenem Morgen an der langen Tafel überrascht hatte. Und seinen Abschiedsgruß erwidernd erhob nun auch sie leicht ihre Hand, und ein lang gezogenes und traurig klingendes „Au revoir" kam aus ihrem Mund. Sie wussten beide, dass sie sich in ihrem Leben wohl kein zweites Mal begegnen würden. Frank sah noch einmal ihre schönen braunen Augen und drehte sich dann entschlossen um. Noch vor ihr gelangte er an das Ende des Ganges, der zurück in den Speisesaal führte, wo er neben Christa und seinen Urlaubsfreunden Platz nahm und wieder mit der bunten Serviette spielend vor sich hin träumte.

In Wirklichkeit aber war alles nur Phantasie, eine Vorstellung, wie er sich den Abschied von dieser jungen Frau gewünscht hätte. In Wirklichkeit hatte er den Tisch nicht verlassen. Und er sah die junge französische Kellnerin in einiger Entfernung hin und wieder durch den Saal laufen. Er wusste, dass es eine solche Verabschiedung nicht geben würde, ja dass er sich traurigerweise wohl überhaupt nicht von ihr verabschieden konnte.

Dass man sich mit einem kleinen Geldbetrag als Dankeschön für die nette Bedienung bei ihr bedanken wollte, war am Ende des Abends einfach vergessen und letztlich auch zu spät. Denn schon am zeitigen Morgen des folgenden Tages begann die Rückreise. Es war auch der Grund, dass sie sich diesmal nicht so lange wie sonst im Hotelrestaurant aufhielten und die gewohnte ausgiebige Weinverkostung ausblieb. Die beiden Frauen erinnerten daran, dass noch die Koffer zu packen waren. Frank und Christa fanden nun auch bei Dunkelheit auf Anhieb den kürzesten Weg zu ihrem Bungalow, und es war ihnen klar, dass sie nun das letzte Mal am späten Abend zwischen Oleanderbüschen, blühenden Koniferen und hohen Pinien durch die Anlage schlenderten. Ein Hauch von Melancholie begleitete sie.

Frank versuchte sich beim Kofferpacken so weit wie möglich nützlich zu machen. Aber die Hauptarbeit verrichtete Christa, und Frank ließ sie gewähren, da sie so und so ihre eigenen Vorstellungen hatte, wie die genutzten und die noch ungebrauchten Sachen zu verstauen waren. Viel zeitiger als sonst legten sie sich zur Ruhe. Frank suchte Christas Hand. „Ist doch schade, dass wir morgen schon weg müssen!", sagte er zu ihr. Auch Christa wäre gern noch eine Woche geblieben. „Ja", meinte sie. „Hier ist es so schön warm, wer weiß, was für ein Wetter uns zu Hause erwartet!"

Noch bevor die wenigen Laternen zur Wegbeleuchtung abgeschaltet wurden, waren sie im tiefen Schlaf versunken.

Sechstes Kapitel

Nicht die zunehmende Helligkeit im Zimmer, sondern der schrille Ton des Weckers ließ sie an diesem Morgen erwachen. Alles war am vergangenen Abend gut vorbereitet worden, und so war nur noch wenig zu tun. Die Waschtaschen und ein paar draußen gebliebene Kleinigkeiten kamen noch in die Koffer, der Safe musste geleert werden und Frank oblag wie gewohnt die Endkontrolle in den beiden Räumen. Alle Schranktüren und Einschübe noch einmal auf, unter das Bett gesehen und ein letzter Blick in die Badzelle, wo auch schnell mal etwas liegen blieb.

Die Koffer ließen sich über die Asphaltdecke des Hauptweges gut rollen, und die beiden sahen kurz noch einmal zurück zu ihrem von rot blühenden Oleanderbüschen und Kakteen umgebenen Bungalow, in dem sie diese schöne Urlaubswoche untergebracht waren.

Sie zogen ihre Koffer bis zum Restaurant, hinter dessen Eingangstür sich das Gepäck der Reisegruppe bereits staute. Die Frühstückszeit war kurz bemessen, und so wie am Abend der Anreise waren zwei zusammenstehende Tischgruppen für die Hotelgäste reserviert, die heute ihre Heimreise antraten. Es war noch früh am Morgen, so dass die Reisegruppe ganz allein im Saal speiste. Frank und Christa kamen gerade vom Frühstücksbüfett zurück, als sich ihre Urlaubsfreunde im Restaurant einfanden, und kurz hinter ihnen traf auch das blonde Mädchen mit ihren zwei großen Koffern ein. Während an den anderen Tagen die Mitglieder der Reisegruppe in dem Speisesaal völlig verstreut saßen und Frank die Blondine nur ganz selten zu Gesicht bekam, saßen sie jetzt alle zusammen, und er konnte aus geringer Entfernung sehen, was sie auf ihrem Teller hatte. Die Bedienung erfolgte durch eine ihnen unbekannte Kellnerin, und Frank wusste, dass er nach der jungen Frau, die sie abends auf der Terrasse bedient hatte, keine Ausschau zu halten brauchte, denn sie hatte zu dieser frühen Stunde gewiss noch keinen Dienst.

In immer kürzeren Abständen verließen nun die Mitglieder der Reisegruppe den Frühstückstisch, um ihre Koffer zum Parkplatz zu bringen. Der Fahrer ließ auf sich warten. Erst kurz vor der geplanten Abfahrtszeit tauchte er auf. Er öffnete die Türen zum Einstieg und beidseitig die großen Kofferklappen. In wenigen Minuten hatte er das Gepäck seiner Gäste verstaut. Dann hörte man das laute Krachen beim Schließen der Kofferklappen, und während Monika durch den Gang lief, um die freien Plätze zu zählen, positionierte er sich auf seinem Platz hinter dem großen Lenkrad. „Also dann kann es ja losgehen!", meinte Monika laut, und während sich der Bus langsam in Bewegung setzte, nahm sie das Mikrofon in die Hand, um allen eine schöne Heimreise zu wünschen.

Der Bus fuhr durch das geöffnete eiserne Tor auf die lange gerade Allee, die zu dieser Zeit noch wenig befahren war. Noch einmal tauchten zur linken Seite die vertrauten Flachgewässer auf. Und es galt auch, sich von den Flamingos zu verabschieden, die schon am frühen Morgen damit beschäftigt waren, mit ihren langen Schnäbeln auf dem Grund des Gewässers nach Fressbaren zu suchen. Frank beobachtete, dass die Blondine diesmal ihre Handykamera in der Tasche ließ „Na", sprach er sie in Gedanken an. „Nun hast du wohl diese großen rosafarbenen Vögel oft genug fotografiert?"

Bald war erkennbar, dass der Busfahrer zunächst die Strecke in Richtung Nizza gewählt hatte. Er fuhr auf kürzestem Weg auf die Autobahn, so dass seine Reisegäste keinen Blick mehr auf das Meer hatten. Das Landschaftsbild war aber immer noch reizvoll. Hohe begrünte Berge säumten die Fahrstrecke, und in der Ferne waren bereits die Gipfel der Voralpenlandschaft auszumachen. Frank und Lothar rätselten, in welcher Richtung sich wohl die berühmten Verdonschluchten befanden, die sie erst vor zwei Tagen besichtigt hatten.

In der Nähe von Cannes verließ der Reisebus die in Richtung Nizza weiterführende Autobahn und schwenkte in Nordwestrichtung auf die nach einem historischen Ereignis benannte „Route de Napoleon" ein.

Bereits nach halbstündiger Fahrt in die neue Richtung begann sich die Vegetation deutlich zu verändern. Die Pinienwälder waren mit zunehmender Entfernung zum Meer nicht mehr so dicht und weitläufig, und dann verschwanden sie fast völlig. Etwas wehmütig hielt Frank Ausschau nach den letzten vereinzelten Bäumen mit ihren schräg gewachsenen Stämmen und wuchtigen hellgrünen Kronen. Für ihn bedeutete es Abschied nehmen von einem schönen sonnigen Paradies, von dem azurblauen Meer und jener Zauberwelt der Pinien, die ihn mit Erinnerungen an rätselhafte Begebenheiten entließ.

Die meisten Fahrgäste kümmerten sich kaum noch um die gewählte Fahrtroute, und sie wussten nur, dass die Zwischenübernachtung diesmal nicht in dem attraktiven

Golfhotel, sondern in einer einfachen Unterbringung nahe Genf erfolgen sollte. Frank erfuhr von Lothar, dass die Fahrt nun durch die südfranzösischen Alpen in Richtung Grenoble ging.

Und nahe dem Ort der Olympischen Winterspiele 1968 lohnte es sich erneut, aus dem Fenster zu schauen. Hin und wieder vernahm man das Klicken einer Kamera. Die ins Blickfeld gekommenen hohen Gipfel der Alpen bewegten auch Frank dazu, seine Nikon wieder in die Hand zu nehmen und den jeweils richtigen Augenblick für eine Aufnahme abzuwarten. Zwischendurch unterhielt er sich mit Christa schon über das, was zu Hause in den ersten Tagen nach dieser Urlaubsreise zu tun war. Lothar schaltete sich in das Gespräch ein. Auch die notwendigen herbstlichen Vorbereitungen im Garten wurden zum Thema ihrer Gespräche. Der weiße Reisebus hatte sich bereits weit von der Cote d'Azur entfernt, und die vorbeiziehenden Straßenschilder wiesen in Richtung Genf.

Allmählich aber wurde es ziemlich ruhig im Bus, und bei vielen stellten sich die ersten Ermüdungserscheinungen ein. Kopf und Körper der Blondine neigten sich wieder beängstigend zur Seite, und Frank konnte sie nicht darauf aufmerksam machen, dass sie bald in den Gang fällt, wenn sie sich nicht wieder gerade setzt. Er wagte es nach wie vor nicht, sie anzusprechen. Es war bei diesem „Guten Morgen" vor der ersten Tagesreise geblieben, und es machte ihn traurig, am Ende der langen Reise feststellen zu müssen, dass er nichts erreicht hatte, ja dass sie zu den ganz wenigen innerhalb der Reisegruppe gehörte, mit denen er all die Tage kein Wort gesprochen hatte. Er wusste, dass nun fast nichts mehr zu machen war, vermochte sich aber mit dem Ausgang der Geschichte noch immer nicht abzufinden. Würden sie rechtzeitig im Hotel eintreffen, so war nicht ausgeschlossen, dass er ihr noch einmal begegnete, vielleicht im Gang, in einer gemütlichen Ecke im Foyer oder draußen bei einem Spaziergang. Dann hätte er sie wenigstens einmal fragen können, wie ihr die Reise gefallen hat. Vielleicht war sie so begeistert von der Cote d'Azur, dass sie schon ein Wiedersehen mit dieser schönen Gegend im Süden Frankreichs geplant hatte. Und einmal mit ihr ins Gespräch gekommen, könnte er das Thema auf die vielen Fotos lenken, die sie beide aus dieser Urlaubsreise mitbrachten. Ja, er könnte sogar die Möglichkeit des Austausches einiger Aufnahmen per Internet ansprechen. Vielleicht waren seine Gedanken ziemlich unrealistisch. Aber es kam wieder Hoffnung bei ihm auf, am Ausgang der Sache doch noch etwas zu ändern. Wie schnell konnte es da eine überraschende Wendung geben. Manchmal entwickelte sich ja doch eine Situation, mit der man gar nicht gerechnet hatte.

Frank befand sich noch in diesem Gedankenspiel, als er sah, dass sie aus ihrem Kurzschlaf erwacht war und sich wieder zurecht ruckelte. Die Hinweisschilder an der Landstraße zeigten ständig Richtung Genf an. Aber der weiße Reisebus bog nun von der Hauptstraße ab und bewegte sich auf Routen, die auf der Karte kaum noch verfolgbar waren, dem Hotel entgegen, das ziemlich abseits von bewohnten Orten inmitten eines Gewerbegebietes lag.

Als der Bus auf dem großen Parkplatz vor dem Hotel einfuhr, war allen klar, dass es mit dem schönen romantischen Teil ihrer Urlaubsreise vorbei war. Die Hotelfassade erinnerte eher an ein großes Wirtschaftsgebäude, die Plätze ringsumher waren unbegrünt und grau, als gehörten sie zum Umfeld einer Industrieanlage.

Schnell wie gewohnt war Monika in der Hotelrezeption verschwunden, und der Fahrer vertrat sich mit einer glimmenden Zigarette in der Hand vor seinem Bus die Beine. Zehn Minuten später kam Monika sichtlich beunruhigt wieder zurück. Ihre Reisegruppe sollte schon einmal aussteigen, aber die Koffer noch draußen stehen lassen. „Irgendetwas stimmt hier nicht!", ließ sie ihre Reisegruppe wissen.

Frank sah sie schließlich aufgeregt mit einigen Listen in der Hand mit dem Herrn an der Rezeption diskutieren. Da war etwas schief gegangen, aber wer trug die Schuld? Für einen Teil ihrer Reisegruppe waren keine Zimmer verfügbar. Nach den Unterlagen des Hotels fehlten die Buchungen für diese Personen. Zudem gab es im Hotel für die bevorstehende Nacht auch keine freien Zimmer mehr, um die Diskrepanz auszugleichen. Ganz gleich, wer letztlich Schuld war, es musste eine schnelle Lösung gefunden werden. Hilfe suchend begann Monika nun auch den Fahrer einzubeziehen. Es war eine ungewöhnliche Situation. Die beiden waren auf so etwas nicht vorbereitet und schienen völlig überfordert.

Ein Teil der Reisegruppe hatte sich mittlerweile in den Empfangsraum des Hotels begeben. Man konnte das hektische Treiben am Tresen der Rezeption beobachten, aber niemand erhielt einen Zimmerschlüssel. Monikas Gesicht hatte sich vor Aufregung rötlich gefärbt, und man sah sie fast ununterbrochen mit ihrem Handy telefonieren. Auch der zuständige Herr an der Rezeption hatte ständig den Hörer in der Hand und konnte sich offenbar mit nichts anderem mehr beschäftigen. Vor der Eingangstür des Hotels kam Frank mit einem Angestellten des Hotels ins Gespräch. „Ein Buchungsfehler vom Reisebüro", ließ er Frank wissen, und dass man nun bemüht war, einen Teil der Reisegruppe in einem Hotel der näheren Umgebung unterzubringen. Nach einiger Zeit war die ganze Reisegruppe in dem eher kleinen Empfangsraum vor der Rezeption versammelt. Sitzend auf den gemütlichen Sesseln, gelangweilt herumstehend oder etwas nervös hin und her laufend verfolgten nun alle das Treiben am Tresen zur Bereinigung der peinlichen Situation. So vergingen an die zwei Stunden, ohne dass Gelegenheit war, sich in den Zimmern einzurichten. Und es ging auch mehr und mehr die Zeit verloren, die sonst nach dem Abendessen verblieb, um sich noch einmal nach draußen zu begeben. Frank wurde klar, dass er in dieser unangenehmen und verworrenen Situation seine Vorstellungen begraben musste. Das blonde Mädchen saß inmitten einer kleinen Ansammlung ungeduldig wartender Mitglieder ihrer Reisegruppe auf einer Sessellehne. Christa schlenderte ein paar Mal dahin, um sich mit einigen der Damen über die entstandene Misere zu unterhalten. Für Frank machte es keinen Sinn, ihr zu folgen, und er hielt die Stellung in der Nähe der eigenen Koffer. Nach ewig lang erscheinender Zeit meldete sich Monika plötzlich mit lauter Stimme. „Also ich rufe jetzt all die Herrschaften auf, die hier im Hotel übernachten werden und jetzt ihre Schlüsselkarte bekommen!" Frank und Christa waren froh, als klar war, dass sie dazugehörten. Auch Lothar und Inge und das blonde Mädchen hatten das Glück, hier im Hotel bleiben zu können. Sie nahmen ihre Schlüsselkarten in Empfang und begannen Treppen und Fahrstühle nutzend ihre Zimmer zu suchen. Die spärlich beleuchteten Gänge des Hotels wirkten ungemütlich. Übergroße Nummernschilder an den grauen

Zimmertüren vermittelten den Eindruck, dass man sich durch die Gänge eines Industriegebäudes bewegte. Es handelte sich um eine preiswerte Unterkunft für Konferenzteilnehmer, hatte Christa mittlerweile erfahren. Auf dem Gang, der entsprechend der Hinweisschilder zu ihrem Zimmer führen sollte, begegneten sie einem Ehepaar der Reisegruppe, das sich vergeblich bemühte, in ihr Zimmer zu gelangen. Die Schlüsselkarte schien nicht zu funktionieren. Und endlich am eigenen Zimmer angelangt wurde Frank mit dem gleichen Problem konfrontiert. Die Tür ließ sich einfach nicht öffnen. Alle Versuche scheiterten, und schließlich blieb Christa bei den vor der Tür abgestellten Koffern zurück, und Frank begab sich, nicht ganz sicher, ob er vielleicht doch etwas falsch gemacht hatte, mit der Schlüsselkarte wieder nach unten an die Rezeption. Er musste warten, denn man hatte kaum Zeit für sein Problem. Doch dann stellte sich schnell heraus, dass es nicht am falschen Umgang mit der Karte lag. Infolge der ganzen Aufregung war hier wohl einiges schief gelaufen. Frank schlenderte mit neuem Code auf seiner Schlüsselkarte wieder nach oben. Er nutze die Treppenaufgänge und ließ sich Zeit. Seine Blicke fielen in jeden Korridor, der in irgendeine Richtung abzweigte. Vielleicht würde ihm das blonde Mädchen begegnen. Die unerwarteten Probleme und die ganze Aufregung wegen der fehlenden Unterkünfte hatten alle Mitglieder seiner Reisegruppe, denen er bisher begegnet war, besonders gesprächig gemacht. Und er konnte sich vorstellen, dass auch die junge Frau in solch einer ungewöhnlichen Situation ansprechbar war und ganz gern mit anderen aus ihrer Reisegruppe ein paar Worte gewechselt hätte.

„Na, hatten sie auch Schwierigkeiten in ihr Zimmer zu kommen?", hätte er sie fragen können, ohne dass es irgendwie anzüglich gewirkt hätte. Vielleicht wartete sie darauf, einmal angesprochen zu werden. Vielleicht hätte er sich einmal ganz locker mit ihr unterhalten können, möglicherweise wären sie in Erinnerung an schöne gemeinsame Reiseerlebnisse bald von einem Thema zum anderen gekommen.

Nur wie hätte er es Christa erklären sollen, dass er sie mit den Koffern vor der Tür so lange warten ließ. Wäre sie zufrieden gewesen mit der Auskunft, dass er jemand im Gang begegnet war – irgendjemand? Aber Frank brauchte nach keiner Erklärung zu suchen, denn die zufällige Begegnung fand nicht statt, und er stand nach angemessener Zeit wieder vor dem zugewiesenen Hotelzimmer. Die Tür ließ sich nun problemlos öffnen, und in der spartanisch eingerichteten Unterkunft gab es nicht viel zu erkunden. Interessant war lediglich ein Blick durch das Fenster, denn da bot sich ein recht eigenwilliges Panorama. Ein schwach beleuchteter, ringsumher aber von Finsternis umhüllter weitläufiger Platz wurde an seinem hinteren Ende von einem seltsamen Turmgestell begrenzt, dessen Konturen durch gelblich leuchtende Lämpchen sichtbar gemacht waren. Und zur rechten Seite erkannte man ein hell beleuchtetes großes Gebäude, dessen untere Etage als Einkaufszentrum eingerichtet war, während sich in den darüber liegenden die Kongresssäle befanden. „Das können wir uns ja nach dem Abendessen einmal ansehen!", meinte Christa. Gleich danach begaben sie sich auf den Weg zum Restaurant. Sie mussten an der Rezeption nachfragen, und dann stiegen sie noch eine Treppe tiefer, wo sie entlang dunkler Gänge gemeinsam mit anderen Mitgliedern ihrer Reisegruppe den Zugang zum Speiserestaurant suchten. Doch der Raum, den sie schließlich betraten, hatte mit einem Speisesaal wenig zu tun. Drei übergroße runde Tische ließen vermuten, dass es sich auch hier um einen Konferenzraum handelte, der notdürftig und schnell als Speisezimmer eingerichtet worden war. Lothar, Inge und auch das blonde Mädchen saßen bereits an einem der großen runden Tische, und alle Plätze waren belegt, so dass sich Frank und Christa an einem der beiden anderen Tische niederlassen mussten. Frank musterte den Raum, und in seiner auffällig schlichten Einrichtung sah er ein Zeichen, dass die Urlaubswoche nun wirklich zu Ende ging. Er dachte an das attraktiv eingerichtete Hotelrestaurant am Urlaubsort, an die romantische Außenterrasse mit Blick auf das blau schimmernde Poolwasser und die hohen Pinien, deren Kronen sich in anmutiger Weise gegen den abendlichen Himmel abgehoben hatten. Hier dagegen wirkte alles ernüchternd, das dürftige Angebot am Stehbüffet eingeschlossen. Doch über den Geschmack der Speisen war nicht zu klagen, und niemand musste den Raum mit hungrigen Magen verlassen.

Dann bemerkte Frank, dass sich Lothar und Inge von ihren Plätzen erhoben und zur Tür gingen. „Aber wir wollten doch noch absprechen, was wir in der verbleibenden Zeit nach dem Abendessen anstellen!", wandte sich Frank verwundert an Christa. Ja, eigentlich hatten sie an einen kleinen Spaziergang im Umfeld des Hotels gedacht. Doch nun waren die beiden plötzlich verschwunden. „Vielleicht haben sie keine Lust mehr, heute noch etwas zu unternehmen", mutmaßte Christa.

Die Cote d'Azur war weit weg, und man musste sich wieder etwas wärmer anziehen, wenn man spät abends noch ein Stück nach draußen gehen wollte. Frank und Christa hatten die Jacken schon bei sich. Sie verließen nach dem Abendessen das Hotel und begannen die nähere Umgebung des Gebäudes zu erkunden.

Beim Begehen des großen schwach beleuchteten Platzes, der sich an das Hotelgebäude anschloss, kamen sie ins Gespräch mit Leuten ihrer Reisegruppe, die sich bereits alles angesehen hatten. Ja, hier gab es tatsächlich weit und breit kaum etwas Sehenswertes. Wie schon vermutet, war das Untergeschoss des nebenstehenden Gebäudes ein Einkaufszentrum, und da es noch geöffnet hatte, das einzig lohnende Ziel im Umfeld ihrer Unterbringung. Um noch etwas an der frischen Luft zu bleiben, umrundeten Frank und Christa zunächst das Konferenzgebäude. Dabei sahen sie sich auch das seltsame Turmgestell an, das wie ein Weihnachtsbaum mit einer Lichterkette geschmückt war, ohne dass die beiden zu erraten vermochten, wozu die Aufmachung gut sein sollte.

Nach Passieren der Tür zum Einkaufszentrum gelangten sie in eine weitläufige Halle, deren Boden akkurat mit großen glatt geschliffenen Steinplatten ausgelegt war. Das Stimmgewirr der Besucher und sonstige Geräusche fanden in der hohen Halle ihren Widerhall, und eine Vielzahl kleinerer Geschäfte mit nach innen gewandten Schaufenstern und Zugängen säumte den Raum. Niemand drängte zur Eile. Christa interessierten die Auslagen von Mode- und Schuhgeschäften, und Frank blieb stehen, wenn er die neuesten Modelle von Digitalkameras oder Ferngläsern in einem Schaufenster entdeckt hatte. Sie begegneten Mitgliedern ihrer Reisegruppe, die ihnen

Tipps gaben, wo in dem ausgedehnten Verkaufsbereich noch dies und jenes zu finden war, oder sich einfach mit ihnen über das Hotel und die stressige Situation nach der Ankunft unterhalten wollten.

Allmählich wurde es ruhiger in der großen Halle, und nur noch wenige Besucher pendelten gelassen an den langen Schaufensterreihen entlang. Der ganze Verkaufsbereich war jetzt leicht zu überblicken, und so war auch die große Frau, die gemächlich eine Oma im Rollstuhl vor sich herschob, nicht mehr zu übersehen. Im Rollstuhl saß die alte Dame mit dem silbergrauen Haar, und die große Frau war ihre Begleiterin.

Frank und Christa gingen auf sie zu und wurden freundlich empfangen. Da man sonst nichts weiter zu tun hatte, war Zeit, sich ganz in Ruhe über Reiseerlebnisse zu unterhalten. Die alte Dame saß, in einer Hand ihre Krücke haltend, mit zufriedenem Gesicht und ganz entspannt in ihrem Rollstuhl. Ihre Gesichtsfarbe erschien in dem matten Licht der Halle eher weiß und fahl und ganz anders als bei den Tagesausflügen, bei denen sie oft an die Grenzen ihrer Möglichkeiten gelangt war. Frank hatte noch die hektische Bewegung ihrer Krücken vor Auge und ihr purpurrotes Gesicht, wenn sie sich bei hochstehender Mittagssonne zusammen mit ihrer Begleiterin bemühen musste, den Anschluss an die Gruppe nicht zu verlieren. Auch Christa müssen in dem Moment diese Gedanken durch den Kopf gegangen sein. „Na, da haben sie ja alles gut überstanden!", wandte sie sich freundlich an die alte Dame. Diese lächelte ein wenig und bestätigte mit einem leichten Nicken, dass sie auch sehr froh darüber war. „Na, ja", ergänzte Christa. „Das haben sie ja auch ihrer Tochter zu verdanken, die sie dabei so unterstützt hat." „Ich bin nicht ihre Tochter!", korrigierte die kräftige Begleiterin Christas Rede. „Ich bin ihre Schwiegertochter!" Frank und Christa hatten sie immer für ihre Tochter gehalten und sich doch getäuscht. „Ihre Schwiegertochter?", fragte Christa in einem Ton zurück, als wollte sie es gar nicht glauben. „Dann ist es ja um so mehr anzuerkennen, dass sie von ihr mitgenommen wurden", wandte sie sich wieder der alten Dame zu. Die Frau im Rollstuhl schwieg, und ihre Schwiegertochter begann zu erklären: „Sie können mir glauben, dass es keine einfache Entscheidung für mich war. Aber sie wollte unbedingt mit!" „Hierher, an die schöne Cote d'Azur?", hinterfragte Frank in der Hoffnung etwas Genaueres über ihre Gründe zu erfahren. Die alte Frau im Rollstuhl schwieg weiter, doch ihre Begleiterin gab nun mehr und mehr Aufschluss. „Ja die Cote d'Azur – es war ja der Ort ihrer ersten großen Liebe." Sie schaute mitfühlend zu ihrer Schwiegermutter im Rollstuhl. „Stimmt's Clara?" Aber Clara antwortete nicht, und Frank glaubte zu sehen, dass ihre Augen feucht wurden. „Sie müssen wissen, dass sie als junge hübsche Frau schon einmal hier war – zusammen mit ihren Eltern. Und da ist es halt passiert, und sie hat sich in einen jungen Mann verliebt, der in Nizza wohnte." Die Begleiterin legte eine Pause ein, und sie sah ihre Schwiegermutter im Rollstuhl an, als wollte sie von ihr bestätigt haben, dass es so war. Aber der Dame mit dem silbergrauen Haar hatte es wohl ganz und gar die Sprache verschlagen, und so fuhr ihre Begleiterin fort: „Es war wohl ihre ganz große Liebe, und sie hatten Pläne. Heiraten wollte er sie. Und sie war sogar bereit, ihre Heimat zu verlassen, um in Nizza mit ihm zusammenzuleben." „Stimmt's?", wandte sie sich wieder ihrer Schwiegermutter zu, ohne wirklich zu erwarten, dass dazu noch ein Wort über ihre Lippen kam. Sie schob ihre Schwiegermutter langsam vor sich her. Frank und Christa blieben an ihrer Seite in der Hoffnung, doch noch etwas über den Ausgang der Geschichte zu erfahren. Und nach Augenblicken des Schweigens fuhr die große kräftige Frau fort: „Ja, heiraten wollten sie ... Aber daraus wurde nichts. Nach Hause zurückgekehrt erhielt sie Monate später einen Brief. Es war aus, er hatte inzwischen eine andere." Die große Frau legte, den Rollstuhl ganz langsam vor sich herschiebend, wieder eine Pause ein und fuhr dann fort: „So richtig darüber hinweggekommen ist sie wohl nie. Und als sie vergangenes Jahr von dieser möglichen Reise an die Cote d'Azur erfuhr, wollte sie unbedingt mitkommen." Frank und Christa verstanden: Es war ihre letzte Chance, die allerletzte, noch einmal an den Ort ihrer großen Liebe zurückzukommen. „Und nun bist du schon 84!", wandte sich die große Frau noch einmal ihrer Schwiegermutter zu, der mittlerweile die Tränen in den Augen standen. „Da kannte sie wohl schon vieles von dem, was wir hier gesehen haben?", fragte Frank vorsichtig an. „Ja, der junge Mann aus Nizza hatte ihr in seiner Heimat schon einiges gezeigt – und ein bisschen französisch kann sie immer noch", kam als Antwort. „Wir freuen uns, dass sie das alles geschafft haben", wandte sich Christa noch einmal der alten Dame zu. „Und dass sich ihr lang gehegter Wunsch in so hohem Alter doch noch erfüllt hat", sollte man ergänzen, dachte sich Frank.

Die Begleiterin der alten Dame schob den Rollstuhl nun etwas schneller, und sie meinte, dass es an der Zeit sei, in das Hotel zurückzukehren. Sie schob den ausgeliehenen Rollstuhl in die Ecke, wo sie ihn hergeholt hatte und half ihrer Schwiegermutter beim Aussteigen. Frank und Christa verabschiedeten sich sehr herzlich von den beiden und wünschten ihnen eine erholsame Nachtruhe, um am kommenden Tag ausgeschlafen die letzte Etappe der langen Reise antreten zu können.

Frank nahm Christa wieder an die Hand und fragte, ob sie sich in der Verkaufshalle noch etwas ansehen wollte. Sie blieben nur noch kurze Zeit in der Halle. Sie hatten nichts von Bedeutung übersehen und soeben erfahren, um wieviel wichtiger so manches im Leben war, das man nicht kaufen konnte. Sie verließen die Einkaufshalle und machten sich auf den Weg in ihr schlicht eingerichtetes Hotelzimmer.

Die Abfahrt am folgenden Morgen war wieder zeitig angesetzt. Lothar saß diesmal auf der Fensterseite und breitete noch vor dem Start die Karte vor sich aus. Auf alle Fälle würde die Reise durch die hohen Regionen der Schweizer Berglandschaft führen, konnte er Inge und seinen Urlaubsfreunden auf der anderen Seite des Ganges mitteilen. Und man konnte die bevorstehende Fahrt durch das Berner Hochland auch als kleine Entschädigung für die triste Hotelunterbringung werten. Noch aber bestimmten ringsumher eher flache und unauffällige Höhenzüge das Landschaftsbild. Christa saß am Fenster, war eingeschlafen und öffnete ihre Augen erst wieder, als sie Monikas laute Stimme hörte, die zur Aufmunterung ihrer Gäste schon Kaffee angesetzt hatte und gerade dabei war, die ersten noch dampfenden Plastikbecher durch den Gang zu balancieren. Über die Misere des vergangenen Tages wurde nicht mehr gesprochen. Letztlich waren sie alle irgendwo untergekommen, und nun waren sie auf der letzten Etappe ihrer langen Reise wieder beisammen. Auch Frank hatte bei Monika zwei Kaffees bestellt, doch er drückte seinen Becher mit dem heißen Kaffee erst einmal in die runde Öffnung der Klappe. Seine Gedanken waren bei der alten Dame mit dem silbergrauen Haar, und die Geschichte, die sie am vergangenen Abend von ihrer Begleiterin erfahren hatten, beschäftigte ihn sehr. Da hatte sie sich wohl ausgemalt, wie sie schon bald zu ihrem Geliebten an der Cote d'Azur zurückkehren und mit reichlich Gepäck in Nizza ankommen würde. Da hatte sie sich vielleicht schon Wochen zuvor vorgestellt, wie er sie freudestrahlend empfangen würde, um mit ihr ein gemeinsames Leben in dem angenehmen und milden Klima seiner Heimat zu beginnen. Frank war berührt von dieser Geschichte, aber irgendwie auch verwundert. Es war ja eigentlich nur so eine fixe Idee von Christa, die sich dann aber in ihm festgesetzt hatte. So hatte er an den beiden Tagen der Anreise immer damit gerechnet, dass die Blondine in Nizza ihre Reise beendet, und sich den glücklichen jungen Mann vorzustellen versucht, der sie dort erwarten würde. Doch diesen in Nizza wartenden jungen Mann gab es nicht. Aber die junge hübsche Frau, die inzwischen 84 Jahre alt war und drei Reihen hinter dem blonden Mädchen saß, hätte, wenn ihr Lebenstraum in Erfüllung gegangen wäre, tatsächlich ein junger Mann in dieser schönen Stadt in Empfang genommen.

Frank bemerkte, dass das blonde Mädchen ihre silbergraue Tasche auf den Beinen hatte und nun einen MP3-Player in der Hand hielt, von dem aus ein dünnes Kabel bis an ihr Ohr führte. Er hätte zu gern gewusst, welche Art von Musik sie hörte und welche Hörgewohnheiten sie hatte. Aber er konnte es so nicht feststellen und bemerkte nur, dass sie diese Art des Zeitvertreibs wohl eher müde machte. Denn ihr Kopf, ja ihr ganzer Körper neigte sich wieder mehr und mehr zur Seite und auf den Gang zu. Frank hätte sie gern leicht angestoßen, damit sie wieder wach wird und nichts passiert. Aber das konnte er nicht machen, zu fremd war sie ihm geblieben. Dabei war er sich ganz sicher, dass es diesmal nicht seine Schuld war. In seiner frühen Jugendzeit hatte er so manches kaputt gemacht, aber diesmal nicht. Gegenüber der hübschen Blondine war er immer aufmerksam und kontaktbereit gewesen, und er hätte auf jedes freundliche Zeichen von ihr sofort reagiert. Dass er ihr als Mann, der bereits das Rentenalter erreicht hatte, trotz alledem mit Zurückhaltung begegnet war und jegliche leicht missverständliche Annäherungsversuche unterlassen hatte, musste er sich nicht vorwerfen. Offensives Vorgehen und hübsche Mädchen im Sturm zu erobern war ohnehin nie seine Stärke. Eher war er für abweisendes, unfreundliches Verhalten bekannt und die besonders hübschen Mädchen wurden von ihm kühl behandelt oder völlig ignoriert.

Da schubste ihn Christa von der Seite an. Sie merkte, dass er in Gedanken versunken war, und dabei seinen Kaffee kalt werden ließ. Frank nahm ein paar Schluck von dem inzwischen lauwarm gewordenen Kaffee und erinnerte sich an einige Begebenheiten aus seiner Jugendzeit.

Für Berufsausbildung und Abitur war er in eine Spezialklasse mit technischer Ausrichtung aufgenommen worden, in der die Mädchen deutlich in der Minderheit waren. Und er hatte es schon am ersten Tag registriert: Diese Ingrid war mit Abstand die hübscheste von ihnen. Einer seiner guten Freunde war mit ihm gemeinsam in einem Vierbettzimmer des Internats untergebracht. Und es kam so, wie zu erwarten war. Wolfgang war ein stattlicher und immer gut aufgelegter junger Mann, und es dauerte nicht lange, bis sich die beiden gefunden hatten und ein Liebespaar wurden. Ingrid war es gewohnt, dass sich auch andere ihrer Klassenkameraden für sie interessierten und ihr gelegentlich einen begehrlichen Blick zuwarfen. Doch es kam auch vor, dass sie gute Mine zu bösem Spiel machen musste.

Die ganze Klasse hatte sich aus irgendeinem Anlass zu einem Tanzabend zusammengefunden. Und da konnte die hübsche Ingrid auch die Aufforderung von Thomas nicht ablehnen, obwohl dieser mit seiner auffällig großen Nase und seinem fettigen Haar gewiss nicht besonders attraktiv für die junge Frau war. Zudem fast einen Kopf kleiner als sie zog er Ingrid beim Tanzen immer näher an sich heran, und er fing ganz unverblümt an, mit ihr herumzuschmusen. Er schien es zu genießen, Ingrid wohl weniger, und man sah ihr an, wie unangenehm sie das empfand. „Das nicht, nur das nicht!", sagte sich Frank. Da wollte er lieber ein Leben lang darauf verzichten, eine hübsche junge Frau in seinen Armen zu halten. Er holte sie nicht zum Tanz, ignorierte sie auch sonst, und mit der Zeit war es ihr offenbar recht unverständlich, dass sie einen Klassenkameraden hatte, der sich überhaupt nicht für sie zu interessieren schien. Und dann kam hin und wieder doch ein scharmanter Blick bei ihm an, und Frank bemerkte die kleinen Spielchen, mit denen sie ihn wohl ein bisschen herauszufordern gedachte. Aber Frank war sich sicher, dass es nichts zu bedeuten hatte und dass sie ihn letztlich gar nicht wollte. Er ging nicht darauf ein, ließ sie einfach links liegen, ja begegnete ihr fast mit Verachtung. Und so hielt er es auch mit anderen hübschen Mädchen. Aber das war lange her, und er hatte sich geändert.

Nun riss ihn Lothar aus seinen Gedanken. Er zeigte auf die vorbei ziehende Landschaft. Sie durchfuhren einen engen Talkessel, und hohe Berge türmten sich zu beiden Seiten der Fahrstrecke auf. In der Ferne sah man von der Sonne beleuchtete weiße Bergspitzen, die sich aus tiefer liegenden Wolken erhoben. Das Ehepaar hinter ihnen hatte einen Gletscher entdeckt, der sich zwischen zwei Bergrücken nach unten schob. Und nachdem der Bus die nächste Anhöhe erreicht hatte, sah man einen idyllisch gelegenen Bergsee, in dessen dunkelblauen Wasser sich die Hänge der hohen Felswände spiegelten. Lothar ließ sich von Inge die Kamera geben, und Frank nahm ebenfalls seine Nikon aus der Tasche, die bis dahin ungenutzt am Vordersitz gebaumelt hatte. Auch das blonde Mädchen war wieder munter geworden. Sie packte ihren MP3-Player in die Tasche und tauschte das Gerät gegen ihre Handykamera aus. Aus allen Richtungen im Bus hörte man es wieder klicken, es galt die vielleicht letzten Aufnahmen dieser Reise zu machen, und Frank erschien es gerade so, als wäre nun ein Wettbewerb um das schönste Foto entbrannt.

Der Fahrer kündigte die erste Fahrpause an und schwenkte wenige Kilometer weiter in einen Parkplatz ein, der von einer imposanten Alpenlandschaft umgeben war. Seine Fahrgäste waren bald auf den Weg zu den Toiletten und dem Verkaufsshop an der Tankstelle. Die Hobbyfotografen, die Wert auf eine gute Qualität ihrer Bilder legten, waren froh, dass keine spiegelnden Scheiben mehr störten und sie ihre Aufnahmen aus festem Stand heraus machen konnten.

Frank ging zusammen mit Lothar auf Motivsuche, und es war für ihn zur Gewohnheit geworden, dass er beiläufig die Aktivitäten des blonden Mädchens beobachtete. Sie lief mit ihrer Kamera hin und her, und wenn sie sich kurz mit jemand unterhielt, so waren es die alte Gouvernante und ihre beiden Freundinnen. Dann zog sie sich auf eine etwas abseitsstehende Bank zurück und begann mit ihrem Handy zu telefonieren. Frank bemerkte, dass sie ein recht langes Gespräch führte. Dagegen hatte er an der Cote d'Azur nie bemerkt, dass sie irgendwelche telefonischen Kontakte hatte. In diesem Hotel in der Nähe von Genf hatte er sie überhaupt das erste Mal telefonieren gesehen. Und dann hieß es, sie hätte mit ihrem Bruder gesprochen. Als allein reisende junge Frau war sie in der Reisegruppe auffällig, auch andere machten sich ihre Gedanken, und man redete so dies und jenes über sie. Manchmal waren es wohl eher Mutmaßungen und einiges davon kam über Inge oder Christa bei ihm an. Frank traute sich nie genauer nachzufragen, das wäre aufgefallen. Da sich sein Verhältnis zu der Blondine nicht wie gewünscht entwickelt hatte, war er auf vage Informationen angewiesen. Und vage waren sie wirklich. Von anderer Seite hieß es nun wieder, dass sie mit ihrem Freund telefoniert hatte. Das mochte anderen auch völlig egal sein. Für Frank hingegen war es nicht unwichtig, was von beiden zutraf. Denn es berührte die Frage, welche Konsequenzen ihre gesundheitlichen Probleme letztlich hatten. Und der Umstand, dass sie diese Reise so ganz allein angetreten hatte, legte den Verdacht nahe, dass es für sie nicht einfach war, eine feste Partnerbeziehung aufzubauen.

Frank lief mit Lothar nun schon einige Zeit auf den Parkplatzwegen umher, und sie saß immer noch mit ihrem

Handy am Ohr auf der Bank, gerade so, als gäbe es da ein größeres Problem, das zu besprechen war. Aber vielleicht hatte sie in Frankreich nur keinen Netzzugang, und es war die erste Gelegenheit, jemand zu Hause etwas von der Reise zu berichten. Der letzte Abend in diesem Schweizer Hotel war infolge der unerwarteten Turbulenzen vergangen, ohne dass sich auch nur die geringste Chance ergeben hätte, einmal ein paar Worte mit ihr zu wechseln. Und nun sah er sie endlos telefonieren. Für Frank wurde es langsam zur Gewissheit, dass da überhaupt nichts mehr zu machen war.

Nachdem sich der weiße Reisebus wieder in Bewegung gesetzt hatte, verschwand das fotogene Alpenpanorama allmählich aus dem Blickfeld der Reisegruppe. Eine zweite Fahrpause wurde eingelegt, und schließlich zeigte ein dunkelblaues Grenzschild am Rande der Fahrbahn an, dass sie die Schweiz verlassen hatten und wieder in ihrem Land angekommen waren. Noch war mit einer planmäßigen Ankunft im Heimatort zu rechnen. Doch nach Einbiegen auf die Autobahn gerieten sie in ein unerwartet hohes Verkehrsaufkommen, und bald kam es zum Stillstand. Der Fahrer geduldete sich, bis es im Schritttempo weiter ging. Dann kam die Fahrzeugkolonne erneut zum Stehen, und Frank hörte den Fahrer leise vor sich hin fluchen. In der folgenden Zeit kam der Bus nur noch wenig voran, und Monika stimmte ihre Gäste schon mal auf eine verspätete Ankunft ein. Man sah sie mit dem Handy am Ohr telefonieren, um auch die Zubringer über die zu erwartende verspätete Ankunftszeit zu informieren. Ihre Fahrgäste wirkten müde und erschöpft, und man vernahm im Bus kaum noch Gespräche. Das Klicken von

Kameras hörte man in der uninteressant gewordenen Umgebung schon lange nicht mehr. Erst als der Geruch von frisch gekochtem Kaffee an die Nasen der Reisenden drang, kam wieder etwas Leben in die Reihen. Christa kramte nach den Resten einer Tafel Schokolade suchend in ihrer Tasche herum und auch das hinter ihnen sitzende Ehepaar war wieder munter geworden. Ein Stück lief die Reise nun etwas zügiger, aber die zulässige Fahrzeit war sicher längst überschritten. Kaum hatte Frank mit Christa darüber gesprochen, dass nun eigentlich ein Halt fällig war, kündigte der Fahrer per Mikrofon die nächste Pause an.

Der Parkplatz befand sich gleich neben der Tankstelle. Einige der Fahrgäste, die bereits ausgestiegen waren, gingen zurück in den Bus, um sich ihre Jacken überzuziehen, denn es war draußen merklich kühl geworden. Dichte dunkle Wolken am Himmel ließen den Eindruck entstehen, dass bereits die Abenddämmerung eingesetzt hatte. Im Umfeld des Parkplatzes gab es nichts Besonderes zu entdecken. Frank und Christa schlenderten zusammen mit ihren Urlaubsfreunden dem Tankstellenshop zu. Sich die Zeit vertreibend liefen sie entlang der Warenregale und beschauten sich dies und jenes. Frank entdeckte eine Zeitschrift mit einem interessanten Artikel über Elektroautos und fing an zu lesen. Christa unterbrach ihn kurz. Sie wollte auf die Toilette und dann am Bus auf ihn warten. Frank las zunächst alles sehr genau, dann aber überflog er die Zeilen nur noch und hatte Mühe sich zu konzentrieren. Er schaute auf die Uhr, legte die Zeitschrift wieder ins Regal und suchte nach dem Hinweisschild zur Toilette. Er lief ein paar Stufen nach unten und stand vor dem gewohnten Drehkreuz und den daneben aufgestellten Apparaten. Meist stand er mit ein paar anderen Männern an dieser Stelle, so dass er schon mal beobachten konnte, was da zu tun war. Doch diesmal war er allein. Müde und in Gedanken noch bei dem, was er eben gelesen hatte, suchte er diesmal länger als sonst nach dem Einwurfschlitz für die 50-Centmünze, die er schon in der Hand hielt. Er warf die Münze ein, und auf irgendeine Reaktion wartend, schweiften seine Gedanken wieder ab. Doch dann bemerkte er, dass es hier nicht weiter ging. Hatte er zu wenig Geld eingeworfen? Unsicher geworden sah er um sich. Ein junger Mann, der offenbar als Angestellter den reibungslosen Durchlass kontrollierte, bemerkte es. Er kam auf ihn zu und zeigte auf ein kleines Display, das neben dem Drehkreuz angebracht war. „Sie können durchgehen!", meinte er freundlich. Frank drückte gegen die silbern glänzende Stange des Drehkreuzes. Sie gab tatsächlich nach, und er sah beim Durchgehen auch die Displayanzeige, welche die Freigabe signalisierte. Hatte er die Anzeige übersehen? Und überhaupt ... Irgendetwas stimmte doch hier nicht. Hatte er doch sonst immer erst den Wertbon entnommen, bevor er durch das Drehkreuz ging. Er schaute noch einmal zurück auf den großen Apparat mit Einwurfschlitzen, Hinweisschildern und Bedienknöpfen. Eine Stelle zur Ausgabe des Wertbons konnte er nicht entdecken, und Christa würde ihn danach fragen, da sie die kleinen Karten immer einsammelte. Die Angelegenheit begann ihn zu verwirren. Und nun musste ihn der junge Mann ein zweites Mal helfen. Ja hier links ging es zu den Herren. Die gut gemeinte Unterstützung machte Frank noch unsicherer, und während er sein Geschäft erledigte, ging ihm der verkorkste Versuch, bis hier her zu gelangen, nicht mehr aus dem Sinn. Es schien ihm, dass er außerstande war, hier allein zurechtzukommen. Die verwinkelten Räume und Durchgänge, die vielen Hinweisschilder, die Displays und die blitzenden Drehkreuze, vor denen er bald wieder stand, schienen ihn zu überfordern.

Der junge Mann, der ihn beobachtete, sah sich erneut veranlasst, ihm zu helfen, und er zeigte auf die Stelle, durch die er wieder nach draußen kam. In den Verkaufsräumen angelangt, hatte sich Franks geistige Verfassung noch nicht gebessert. Mit ungewohnten Orientierungsschwierigkeiten lief er nach der Ausgangstür suchend zwischen den Warenregalen hin und her. „Vielleicht musst du dir jetzt noch den Ausgang aus dem Tankstellenshop zeigen lassen, das würde gerade noch fehlen", dachte sich Frank. „Nun reiß dich mal zusammen!", sagte er zu sich selbst. Die energische Mahnung half, und er fand den Ausgang nun schnell und ohne fremde Hilfe. Er spürte, wie gut ihm die kühle frische Luft tat, die ihm draußen um die Nase wehte. Aber das Gefühl, nicht mehr ganz klar im Kopf zu sein, verließ ihn nicht. Es gab keinen Moment während dieser zurückliegenden Reise, wo er sich nicht gefreut hätte, mit dem blonden Mädchen in Kontakt zu kommen. „Aber nur nicht jetzt!", gestand er sich ein. Es könnte nicht Dümmeres passieren, als dass sie in dieser Situation plötzlich neben ihm stehen würde, um mit ihm ein Gespräch zu beginnen. „Nur das nicht!", sagte sich Frank. Überhaupt gaben ihm jetzt all seine Erwartungen und Vorstellungen, die sich im Laufe der zurückliegenden Urlaubswoche entwickelt hatten, sehr zu denken. Er fand sein Interesse für die beiden jungen Damen nun doch eher als lächerlich. Plötzlich fühlte er sich als alter Mann, und wenn das soeben Erlebte schon die ersten Anzeichen einer einsetzenden geistigen Verwirrung waren, dann war er gut beraten, sich schon mal um ein Pflegeheim zu kümmern, statt um hübsche blonde und schwarzhaarige Mädchen. Andererseits sagte er sich, dass es doch nicht so schnell gehen kann. Vor einigen Wochen erst hatte er noch kluge Vorträge gehalten. Es war sehr unwahrscheinlich, dass nun schon etwas Ernsthaftes passiert sein konnte.

Aber immerhin hatte er jetzt einen Vorgeschmack davon bekommen, wie es ist, wenn man irgendwann einmal nicht mehr klar denken kann und große Schwierigkeiten bekommt, sich in den alltäglichen Dingen zurechtzufinden. Es war für einen schlimm, solange man es selbst noch merkte und noch schlimmer für die anderen, wenn man es eines Tages selbst nicht mehr wahrnahm. Was würde es dann noch nützen, dass er sich geweigert hatte, in die letzte Phase seines Lebens einzutreten?

Vielleicht waren auch die dunklen Wolken am Himmel daran schuld, dass er so düstere Gedanken hatte. Im Bus wartete Christa auf ihn, und er versuchte mit Freundlichkeit und Gesprächigkeit seinen schlechten Gemütszustand zu überspielen. Er wunderte sich, dass sie nicht nach dem Wertbon fragte, den er sonst immer bei ihr abgeliefert hatte. Und nach dem sich der Bus wieder in Bewegung gesetzt hatte, ließ ihm die Sache doch keine Ruhe. Aber er fragte nicht direkt, sondern kam scheinbar nur beiläufig auf irgendwelche Besonderheiten am Einlass zu den Toiletten zu sprechen. Und er erfuhr mit einem Gefühl der Erleichterung, dass da tatsächlich einiges anders war und es überhaupt keine Wertbonausgabe gab. Er hätte sich damit zufriedengeben können. In Wirklichkeit grämte ihn der Vorfall aber weiter. Es war doch kein

Grund gleich in Verwirrung zu geraten, nur weil das einmal anders funktionierte als gewohnt.

Frank sah einige Regentropfen an der großen Busscheibe – die ersten während der ganzen Reise, und er wurde die depressive Stimmung nicht sogleich wieder los. Vielleicht musste er sich doch damit abfinden, dass er älter geworden war und sich unangenehme Veränderungen einschlichen. Der Bus fuhr leise dahin, und es war viel Zeit, über dieses und jenes nachzudenken. War nicht diese gedrückte Stimmung letztlich auch ein Lebenszeichen, so wie alle anderen guten und schlechten Gefühle, die einem im Leben begleiteten? Er erinnerte sich an seine Jugendzeit. Was für intensive Gefühle hatten ihn da bewegt und ihn das Leben schmecken lassen, mal überwältigend schöne und dann wieder unangenehme und niederschmetternde. Welche euphorische Stimmung hatte ihn in dieser Zeit manchmal angetrieben, welche phantastischen Ziele hatten ihm vorgeschwebt und welche tiefe Traurigkeit hatte ihn hin und wieder gelähmt und überwältigt. Das alles gab es in dieser Heftigkeit schon lange nicht mehr. Es schlich alles so dahin, die Gefühle waren flacher und weniger spürbar geworden. Und das empfand er immer häufiger als besorgniserregend. Ein Mensch kann aus der Sicht anderer noch so fidel und lebhaft wirken. Aber wenn er innerlich nichts mehr spürt, ist er tot. Und wenn die Gefühle deutlich verflachen, so kann es ein Zeichen sein, dass er bereits abzusterben beginnt. Vielleicht war es naheliegend, dass ihm bei solchen Gedanken auch oft diese Geschichte mit seinen Zähnen in Erinnerung kam.

Inzwischen war ihm die Methode der Zahnärzte, den Zustand eines angegriffenen Zahnes zu prüfen, längst vertraut. Aber als er als junger Mann das erste Mal damit konfrontiert wurde, wusste er die heftige Wirkung noch nicht recht zu deuten. Er saß verängstigt auf dem weißen Stuhl, und als der Arzt die Unterseite des Zahns mit einem getränkten Wattebausch berührte, spürte er sofort einen stechenden Schmerz. Aber in der Angst, es könnte ein Zeichen sein, dass mit dem Zahn etwas nicht in Ordnung war, versuchte er seine Wahrnehmung sogleich herunterzuspielen. „Nur ein bisschen gemerkt, eigentlich fast nichts", führte er den Zahnarzt in die Irre. Es war wohl sein Glück, dass ihm der Arzt das nicht so recht glaubte. Denn der stechende Schmerz war in Wahrheit ein gutes Zeichen, ein sicherer Hinweis, dass der Zahn noch lebte. So war eben auch Schmerz ein Zeichen von Leben, wie alle angenehmen, schönen und großen Gefühle auch. Frank sann vor sich hin. Die erlebte Verwirrung erschien ihm schon nicht mehr so bedrohlich, und er begann sich allmählich wieder zu beruhigen. Er musste den Vorfall auf der Toilette nicht gleich überbewerten. Es lag zu dem Zeitpunkt schon eine lange Reise hinter ihnen. Vielleicht ließ sich der Aussetzer damit erklären, dass er in dem Moment müde und abgespannt war, aber er musste auch einer Routineangelegenheit wohl zukünftig mit mehr Aufmerksamkeit begegnen.

Es war mittlerweile dunkel geworden, und auf der Autobahn erkannte man eine schier endlose Lichterkette. Die lange Fahrzeugreihe bewegte sich immer langsamer vorwärts, und dann kam sie völlig zum Stehen. In immer größeren Abständen ging es nur ein kleines Stück weiter, und im Bus wurde bald allen klar, dass die geplante Ankunftszeit nicht mehr einzuhalten war.

Statt sich mit ihren Digitalkameras zu beschäftigen, hielten nun einige Fahrgäste ihr Handy in der Hand, um ihre Angehörigen und Abholer über die zu erwartende Verspätung zu informieren. Monika traute sich kaum noch, eine Prognose zu geben, wann sie wirklich daheim sein würden. Aber sie bedachte, dass es heute weder ein reguläres Mittagsessen noch eine Abendmahlzeit gegeben hatte und so manchem ihrer Fahrgäste inzwischen der Magen knurrte. Sie trat in den Gang und bot sich an, noch einmal Würstchen warm zu machen. Auch Kaffee wollte sie zu dieser späten Stunde noch einmal ansetzen. Als sie um Handzeichen bat, um sich ein Bild über den Bedarf zu machen, war sie sichtlich überrascht, und sie musste sich fragen, ob sie mit den verbliebenen Reserven die vielen Wünsche überhaupt bedienen konnte. Aber es kam wieder Leben in den Reisebus. Man unterhielt sich angeregt und witzelte sogar über das schleppende Vorwärtskommen. Man spürte eine gewachsene Verbundenheit und das Gefühl aller, dass sie hier im gleichen Boot saßen. Die Stimmung war ungewöhnlich gut, und sie wurde noch besser, als Monika begann, die ersten warmen Würstchen zu verteilen und ein großer Teil ihrer Gäste mit dieser Notmahlzeit beschäftigt war. Auch Frank und Christa warteten auf die vermutlich letzte Bedienung durch die fleißige Bordhilfe. Sie hatten sich einige Zeit damit beschäftigt, die gespeicherten Reisefotos anzusehen. Und nun kamen sie nach längerer Pause auch mit Lothar ins Gespräch, der seinen Platz wieder an der Gangseite hatte. Sie unterhielten sich mit ihm über einige Höhepunkte dieser Fahrt an die Cote d'Azur, und dann wurden schon mal die ersten Gedanken zu Urlaubsplänen für das kommende Jahr ausgetauscht.

Die meisten der Fahrgäste bemerkten kaum noch, dass es auf der Autobahn immer öfter und länger zum Stillstand kam. Frank schaute ab und zu nach vorn durch die große Frontscheibe, und er sah die fast schon romantisch anmutende lange gelb-rote Lichterkette, die nur in größeren Abständen für kurze Zeit wieder in Bewegung kam. Alle schienen sich damit abgefunden zu haben, dass es heute noch lange dauern könnte, bis sie zu Hause sind, und Monika informierte hin und wieder per Handy die Leitstelle des Busunternehmens und Zubringer über die zu erwartende Verspätung.

Franks Gemütszustand hatte sich deutlich verbessert. Der heiße Kaffee und die angeregten Gespräche mit Christa und Lothar machten ihn wieder lebendig und munter.

Die Ursache für den schleppenden Verkehr war nicht auszumachen. Aber Frank bemerkte, dass die lange Fahrzeugkolonne nun mit mäßiger Geschwindigkeit, doch ohne weitere Unterbrechungen weiter rollte. Es verging noch einige Zeit bis sich Harald nach den richtigen Worten suchend und im gewohnten sächsischen Dialekt per Mikrofon an seine Fahrgäste wandte. Er teilte mit, dass der Bus in zirka zehn Minuten den nächsten Parkplatz erreicht und hier noch eine Fahrpause eingelegt wird. „Es ist die letzte unserer langen Reise!", betonte er. Und dann informierte er darüber, dass er leider wegen der gesetzlichen Fahrzeitbegrenzung den Bus das letzte Stück dieser Reise an seinen Kollegen übergeben muss. „Er ist mit dem PKW hierher gekommen und wartet auf dem Parkplatz auf uns." Dann sagte er, dass er sich nun schon mal von der Reisegruppe verabschieden möchte und hofft, dass alle diese Fahrt an die Cote d'Azur in guter Erinnerung behalten. „Also dann alles Gute für

sie, und vielleicht sehen wir uns auch einmal wieder!",
schloss er seine Rede. Seine Reisegruppe bedankte sich
mit unüberhörbarem Beifall, und Frank sah im großen
Innenspiegel sein zufriedenes Gesicht.

Auf dem Parkplatz, auf dem der weiße Reisebus gegen
21 Uhr einfuhr, war es schon stockdunkel und spärliches Licht fiel auf den asphaltierten Weg, der von hier
zur Tankstelle führte. „Wir wollen die Pause nicht unnötig ausdehnen", gab Monika zu verstehen. Sie schaute
auf die Uhr und nannte den Zeitpunkt für die Weiterfahrt. Eine knappe halbe Stunde war nun doch noch
Zeit, sich die Beine zu vertreten und die Toiletten aufzusuchen. Christa machte sich mit Inge sofort auf den
Weg, während Frank und Lothar meinten, dass sie es bis
zum Ende der Reise nun nicht mehr nötig hatten. Frank
fiel auf, dass das Tankstellengebäude hier ungewöhnlich weit vom Parkplatz entfernt war. Der Großteil der
Reisegruppe war nach kurzer Zeit verschwunden, und
einige kamen recht schnell zurück. Frank musste auch
nicht lange auf Christa warten. Offenbar hatte sie diesmal darauf verzichtet, sich in dem Tankstellenshop umzusehen. „Willst du nicht auch noch mal gehen?", fragte
sie etwas mahnend bei ihm an. „Denk daran, wie lange
es noch dauern kann, bis wir wirklich zu Hause sind!"
Frank ließ sich überzeugen. Vielleicht hatte sie ja recht,
und fast eine viertel Stunde war noch Zeit.

Der Weg bis zum Tankstellengebäude zog sich dahin.
Er war nur schwach beleuchtet und von Büschen gesäumt,
die im Dunklen gleichmäßig grau erschienen. Kein anderer
seiner Reisegruppe lief mit ihm in diese Richtung und die
wenigen, die ihm entgegen kamen, waren auf dem Rück-

weg zum Bus wohl die Letzten. „Doch wirklich?", fiel es Frank plötzlich ein. Das blonde Mädchen hatte sich zusammen mit den anderen auf den Weg gemacht. Sie befand sich aber weder unter denen, die inzwischen zurückgekommen waren, noch war er ihr jetzt begegnet. Als er das Tankstellengebäude erreicht hatte, war sie immer noch nicht aufgetaucht. Frank wusste, dass sie oft die Letzte war, die sich nach einer Fahrpause wieder am Bus einfand. Vielleicht lag es daran, dass sie sich länger als die anderen im Tankstellenshop aufhielt, oder es hing mit ihren gesundheitlichen Problemen zusammen, und dass sie da immer noch einiges zu tun hatte. Frank begriff, welche besondere Chance sich möglicherweise hier ergab. Wichtig war nur, dass er sich jetzt beeilte und noch vor ihr auf dem Rückweg zum Parkplatz erschien. An den Männertoiletten war kein Andrang, und der Verkaufsshop interessierte ihn in dieser Situation ohnehin nicht. So schnell wie noch nie während der ganzen Reise war er wieder draußen. Sein erster Blick galt dem schwach beleuchteten Weg zum Parkplatz, der zunächst geradeaus führte und den er deshalb ein ganzes Stück einsehen konnte. Doch niemand war auf dem Weg zu entdecken, und so konnte Frank ziemlich sicher sein, dass sie immer noch hier war. Er fühlte nun deutlich, in welcher Situation er sich befand. Eine bessere Gelegenheit, ihr zu begegnen, konnte er sich nicht wünschen. Er war wieder völlig klar im Kopf und gut aufgelegt, so dass er ein Gespräch mit ihr nicht mehr zu fürchten brauchte. Ganz langsam machte er sich auf den Weg, doch zwischendurch blieb er des Öfteren stehen. Auch das war ihm nun völlig klar: Wenn sie jetzt hinter ihm auftauchen würde, dann konnte er sie nicht einfach ignorieren. Mit jedem anderen Mitglied seiner Reisegruppe wäre er in dieser Situation den Rückweg zum Bus gemeinsam gegangen. Und so konnte er auch nicht einfach zehn Meter vor ihr herlaufen. Das hätte sie geradezu als unhöflich empfinden müssen. Jetzt boten ihm die Umstände eine solche Möglichkeit. Wie seltsam, jetzt erst – zur allerletzten Fahrpause auf der Heimfahrt. Es erschien ihm wie ein aufgespannter Rahmen. Die Nähe, die sie so viel versprechend am Morgen der ersten Tagesreise zu ihm gesucht hatte, und nun dieser Moment ganz am Ende der Urlaubswoche. Und die vielen Tage dazwischen war einfach nichts. Wie sollte man das verstehen? Sollte man so wie bei unverstandenen Angelegenheiten von weit größerer Bedeutung auch hier einfach sagen, das Schicksal wollte es so? Frank wusste, dass er in den wenigen Minuten, die verblieben, nicht seinen ganzen Fragenkatalog abarbeiten konnte, und auch ein Anfreunden in dem Sinne, wie er sich das vorgestellt hatte, nicht mehr möglich war. Aber es war ihm in dem Moment egal. Auch das wenige, das jetzt noch möglich war, könnte ihn sehr erleichtern. Was würde er zu ihr sagen, wenn sie auftaucht? Ihm war klar, dass es wenig Sinn hatte, ein Gespräch zu planen, weil es sich real dann doch ganz anders entwickeln konnte. Trotzdem begann er damit, sich den möglichen Gesprächsverlauf zusammenzureimen. Er würde stehen bleiben, wenn sie kommt. Und in dem Moment, wo sie aufgeschlossen hat, würde er sich ihr freundlich zuwenden und einfach „Hallo" sagen. An der Art, wie sie seine Begrüßung erwidert, könnte er sofort erkennen, wie sie ihm gesinnt und ob sie gesprächsbereit ist. Frank vermochte es sich gar nicht anders vorzustellen, als dass sie freundlich reagieren würde. Und dann könnte er sagen: „Na, wie hat ihnen die Urlaubsreise gefallen?" Er war sich sicher, dass ihr die Reise an die Cote d'Azur sehr zugesagt hatte, und dass er sich sogleich mit ihr darüber unterhalten konnte. „Ich glaube, dass ich an die dreihundert Fotos mit nach Hause bringe", könnte er ihr sagen. „Und sie haben doch auch sehr fleißig fotografiert ... ich denke fast, sie haben noch mehr Aufnahmen auf ihrer Speicherkarte als ich." „Und übrigens", könnte er fortsetzen, „sind auf etlichen meiner Aufnahmen auch sie mit im Bild. Und zum Teil sind das recht schöne Aufnahmen geworden – möchten sie vielleicht ein paar davon haben?" Sie würde ihn etwas verwundert aber dann doch recht vertrauensvoll ansehen. „Ja", würde er fortfahren, „wenn sie wollen, schicke ich ihnen ein paar dieser Bilder per Internet zu." Frank stellte sich vor, dass sie auf sein Angebot schließlich mit einem lieben Lächeln reagieren würde, dem ersten Lächeln, das er während der ganzen Reise von ihr gesehen hatte. „Ja", würde sie sagen, „das wäre sehr nett ... ich würde mich freuen." „Na gut", hätte er nun klarstellen müssen. „Aber dann müssten sie mir noch ihre Mail-Adresse zukommen lassen." „O.k.", hörte Frank sie sagen. „Kann ich machen!" Und er würde fühlen, wie überraschend nett sie doch sein konnte und dass der Damm zwischen ihnen endlich gebrochen war.

Frank verzichtete nun aber darauf, das Gespräch noch weiter zu planen. Und er fragte sich, wie das wohl gehen würde, wenn sie tatsächlich Interesse an diesen Fotos hat. Dann müsste sie nach Fortsetzung der Fahrt einen kleinen Zettel herüberreichen. Und Christa würde verwundert fragen, was das zu bedeuten hat. Er hätte ihr dann einfach sagen müssen, um was es ging. Aber so besonders gut fand er diese Variante nicht. Viel besser wäre es doch, er könnte ihr seine Mail-Adresse geben, gleich hier. Aber er hatte nichts bei sich. Zu Hause lag irgendwo ein ganzer Stapel Visitenkarten, aber er gehörte zu jenen, die in der Regel keine Visitenkarte bei sich hatten. Und nun war es das erste Mal, dass er sich darüber ärgerte. Es wäre so einfach gewesen, völlig unauffällig, und sie hätte selbst entscheiden können, ob sie nach der gemeinsamen Reise noch einmal Kontakt zu ihm aufnimmt. Aber es war wohl unnötig, sich jetzt schon den Kopf darüber zu zerbrechen. Noch war sie nicht aufgetaucht. Er schaute noch einmal zum Ausgang des Tankstellenshops. Aber da tat sich nichts, und er konnte nicht mehr ausschließen, dass er hier vergeblich auf sie wartete. Frank sah auf seine Uhr, und es waren keine fünf Minuten mehr Zeit bis zur geplanten Abfahrt. Er musste sich nun doch auf den Weg machen, und nur hin und wieder schaute er noch einmal zurück. Vergeblich! Er kam auf dem Parkplatz ohne sie an. Und als der weiße Reisebus in Sichtweite kam, schien es ihm, dass da ein blondes Mädchen am Fenster saß. Schließlich wurde es zur Gewissheit, dass sie bereits im Bus war. Er konnte sich nicht erklären, wie das passiert sein konnte. Aber es war nun auch egal, und er wusste, jetzt war es vorbei, endgültig vorbei! Der nächste Halt war Endstation ihrer gemeinsamen Reise, und es fiel ihm schwer zu akzeptieren, dass nun gar nichts mehr zu machen war. Irgendwie empfand er es als bitter, dabei war ihm gar nicht klar, warum die Angelegenheit für ihn so wichtig war. Er hatte lieb und freundlich zu dieser jungen Frau sein wollen, vielleicht gerade deshalb, weil er in seiner frühen Jugend so hübsche Mädchen stets ignoriert hatte, ihnen grundlos kühl und oft in geradezu verachtender Weise begegnet war. Vielleicht hatte er die Chance gesehen, sich durch einen liebevollen Umgang mit der hübschen Blondine bei allen zu entschuldigen, denen er einmal Unrecht getan hatte. Aber das ging nun nicht mehr. Vielleicht hing es auch mit jenem unsichtbaren geheimnisvollen Band zusammen, das er in ihrer Nähe fast von Anfang an gespürt hatte und mit diesem unergründbaren Gefühl, für diese allein reisende junge Frau zuständig zu sein.

Erst wenige Minuten saß er wieder neben Christa, als sich der Bus in Bewegung setzte. Frank sah am Lenkrad einen anderen Herrn sitzen, und nachdem der Bus auf die Autobahn eingeschwenkt hatte, griff der neue Fahrer zum Mikrofon, stellte sich kurz vor und verwies auf seine Aufgabe, die Reisegruppe nun das letzte Stück ihrer gemeinsamen Fahrt zu begleiten und sie bis zu dem Parkplatz zu bringen, auf dem die Zubringer warteten.

Frank schaute nach vorn durch die große Frontscheibe, und er sah noch immer diese lange Kette hell leuchtender farbiger Rücklichter. Aber die Kolonne kam nicht mehr zum Stehen, und es ging mit gemächlicher Geschwindigkeit voran. Die Blondine saß das letzte Stück der Reise am Fenster, ohne dass in Anbetracht der Dunkelheit draußen ein ersichtlicher Grund erkennbar war. Am Ausgang dieser Geschichte mit ihr war nun nichts mehr zu ändern. Der Bus befand sich auf der letzten Etappe zum Zielort, und Frank hatte Zeit, Bilanz zu ziehen.

Genau eine Woche war es her, als sie die ersten Stunden dieser Reise in umgekehrter Richtung unterwegs waren. Und er hatte noch das Bild vor Augen, wie sie zustieg und er dabei annahm, dass ihr sogleich ein junger Mann, ihr Freund oder eine andere Begleitperson folgen würde.

Doch es stellte sich schnell heraus, dass sie die Reise allein angetreten hatte. Dann gab es so viele Möglichkeiten, sich kennen zu lernen, so viele Gelegenheiten sich näher zu kommen. Aber nichts hatte funktioniert, er war gescheitert, und er fragte sich warum. Waren seine Erwartungen zu hoch, hatte er sich zu viel vorgenommen? Er war zu Beginn der Reise zuversichtlich, weil er seine Erfahrungen nutzen konnte und auch mit so jungen Frauen gut umzugehen vermochte. Er wusste von ihrer Krankheit, und er hatte bemerkt, dass sie immer so ernst war und man sie nicht einmal lachen sah. So hatte sich allmählich herauskristallisiert, was er sich eigentlich wünschte. Er wollte sie einmal lächeln sehen. Aber das war nicht passiert. Die vielen Tage nicht einmal. Die jungen Frauen in diesem Alter waren meist gut aufgelegt, kontaktfreudig, gesprächig und nur selten ohne Sinn für Humor. Frank grübelte, warum es bei ihr anders war. Vielleicht hing es mit ihren gesundheitlichen Problemen zusammen. Vielleicht konnte sie gar nicht lächeln. Ja, vielleicht konnte sie das wirklich nicht!

Die junge französische Kellnerin konnte es, und wie sie es konnte! Sie hatte ihm bei der erst besten Gelegenheit gleich ihr Lächeln geschenkt, völlig unerwartet und grundlos, denn sie kannte ihn ja nicht näher, und er hatte für sie nichts getan, gar nichts!

Ja, dachte Frank und meinte, eine Erklärung gefunden zu haben. Das blonde Mädchen konnte nicht lächeln, aber sie hatte eine Absprache mit der jungen Kellnerin, die das für sie erledigte. So war gleich auf beide Fragen eine Antwort gefunden. „In welcher Erklärungsnot muss jemand sein, dass er sich solchen Unsinn zusammenreimt!", verwarf Frank aber sogleich seinen Einfall.

So brachte ihn auch sein Erlebnis mit der französischen Kellnerin erneut ins Grübeln. Schließlich wusste er mit Sicherheit, dass ihn die junge Kellnerin auch mit niemand verwechselt hatte, wie er im ersten Augenblick dieser Begegnung geglaubt hatte.

Aber was wollte sie ihm nun wirklich sagen?

Er hatte das Bild dieser jungen Frau mit dem schwarzen Haar und den großen braunen Augen wieder vor sich, und er empfand das, was sie ihm gegeben hatte, am Ende dieser Reise als unverdientes Geschenk.

Der neue Fahrer hatte irgendeinen Sender im Radio eingestellt, und Frank hörte beiläufig die Musik, die leise aus den Lautsprechern drang. Aber nun ertönte eine Melodie, die ihm sehr vertraut war. Dieses einfühlsame „Merci, merci, …" des populären Sängers ließ ihn aufhorchen. Wieso kam dieses Lied ausgerechnet jetzt? Er hatte es schon immer gemocht, aber nun erreichte es ihn in einem Moment, wo seine Seele für die Melodie und die zärtlichen Worte geöffnet war, wie noch nie zuvor. Seine Augen wurden feucht, und er spürte eine ungewöhnlich starke sentimentale Anwandlung. „Merci, merci …", hörte er den Liedrefrain immer wieder. „… für die Stunden mit dir." „Für welche Stunden?", musste er sich fragen. Aber es war jetzt nicht von Bedeutung, und das nachdenklich stimmende Lied gab ihm in diesen Momenten das Gefühl, als müsste er der jungen Französin wirklich unendlich dankbar sein.

Die schöne Melodie verklang. Er hatte das Bild der jungen Frau und ihren liebevollen Blick noch immer vor sich, und er fragte sie: „Bitte nun sag mir, warum du das gemacht hast." Er vernahm eine wohlwollende Regung in ihrem Gesicht, und es schien, dass sie ihm nicht länger im Unklaren lassen wollte. „Du hast dir doch schon Sorgen gemacht über das Nachlassen deiner Gefühle – und manchmal schien es dir, dass du schon halb abgestorben bist." „Stimmt's?", fragte sie geheimnisvoll lächelnd. „Und da kam eben diese Gelegenheit an der langen Speisetafel ... Und hast du etwas gefühlt?" „Und ob ich etwas gefühlt habe!", antwortete Frank. „Nun siehst du!", hörte er sie sagen. „Ach das wolltest du mir zeigen ... dass ich noch lebe?" Frank meinte sie zustimmend nicken zu sehen. Aber er war sich nicht sicher, ob er alles richtig deutete und dies schon die ganze Erklärung war. Ihr leicht verschmitzter Gesichtsausdruck ließ vermuten, dass sie ihm doch nicht alles sagen wollte. Und sie war schon so weit weg von ihm. Er konnte sie nicht mehr fragen, und so würde es wohl für immer auch ein bisschen ihr Geheimnis bleiben.

Das Antlitz der jungen Frau verschwand allmählich aus seinen Phantasievorstellungen, und Frank schaute nach draußen, wo alles in tiefe Dunkelheit gehüllt war und auf die lange Lichterkette entlang der Autobahn. Aber das Verkehrsaufkommen hatte deutlich nachgelassen, und der Bus kam gut voran. Dabei war es schon sehr spät geworden. Er schubste Christa leicht an und zeigte nach oben auf die orangefarbene Ziffernanzeige über der Fahrerkabine. Es ging bereits auf 24 Uhr zu. „Da wollen wir nur hoffen, dass es mit unserem Zubringer klappt, und dass wir da nicht noch längere Zeit warten müssen!", meinte Christa. Sie mussten jetzt der Bordhilfe vertrauen. Sie sahen Monika schon wieder mit dem Handy am Ohr und konnten sich eigentlich sicher sein, dass sie sich um alles Notwendige kümmerte. Auch Lothar, der eine Zeit lang geschlafen hatte, war wieder hellwach und beteiligte sich an der Diskussion. Er schaute auf seine Uhr und meinte dann: „Ihr seid vielleicht schon bald zu Hause, aber wir haben dann noch ein ganzes Stück vor uns." „Und wir werden wohl heute kaum noch ins Bett kommen!", ergänzte er Christa zugewandt und mit verschmitztem Gesicht.

Frank saß die letzte Etappe der langen Reise am Fenster und das blonde Mädchen auf der gegenüberliegenden Seite auch. Es war, als hätten sie sich schon ein wenig voneinander entfernt. Er sah sie nun mehr von der Seite. Sein Blick fiel auf ihr tadelloses Gesichtsprofil und ihr langes gepflegtes Haar. Aber je näher sie dem Ort kamen, wo sie für immer auseinandergehen würden, umso fremder schien sie ihm zu werden. Seine Gefühle änderten sich. Er glaubte nicht mehr, dass sie einfach nur schüchtern und zurückhaltend war, sondern eher stolz und eingebildet. Und allmählich wurde sie für ihn wie eine jener unerreichbaren hübschen Mädchen, die er in seiner Jugendzeit unhöflich behandelt oder einfach ignoriert hatte.

Beim Blick durch das Fenster entdeckte er jetzt trotz Dunkelheit eine ihm vertraute Gegend. Keines der blauen Autobahnschilder entging ihm mehr, und schließlich wurde der nur noch wenige Kilometer entfernte Zielort der gemeinsamen Rückreise angezeigt.

Frank sah noch einmal zu ihr hinüber. Er musste sich über Möglichkeiten, mit ihr in Kontakt zu kommen, keine Gedanken mehr machen, aber auch sein Mitgefühl für sie schien zu schwinden. Schon eher machte sich nun Grimm in seinem Herzen breit. Vielleicht war sein Interesse für die Blondine, das sie mit Sicherheit wahrgenommen hatte, ein Fehler. Vielleicht hätte er es so wie früher machen sollen. Vielleicht wäre es besser gewesen, er hätte sie von Anfang an gar nicht beachtet. Dann brauchte er sich über sein Scheitern jetzt nicht zu ärgern.

Christa zeigte nach draußen. Soeben waren sie an dem Autobahnschild, dass die Ankunft an ihrem Zielort anzeigte, vorbei gefahren. Frank hörte es aus dem Cockpit klicken, und er sah die Richtungsanzeige am Fahrerpult rhythmisch aufleuchten. Monika hielt eine Liste in der Hand und verlas die Namen all der Fahrgäste, die hier auszusteigen hatten. Und Frank wusste, dass auch das blonde Mädchen dabei war. Es dauerte nur noch wenige Minuten, bis sie zu mitternächtlicher Stunde genau auf dem Parkplatz angekommen waren, auf dem sie vor sieben Tagen ihre Fahrt in dem weißen Reisebus mit den bunten Palmwedeln angetreten hatten. Noch bevor der Bus wirklich zum Halten kam, wurde es im Gang und auf den Sitzplatzreihen sehr lebendig. Ein Teil der Fahrgäste hatte sich bereits erhoben, stand im Gang und kramte in den Gepäckablagen nach den Sachen, die dort verstaut waren und nicht vergessen werden durften. Christa suchte in ihrem Netz mit Busunterlagen und ausgedienten Zeitschriften schnell noch nach einem Reiseprospekt, das sie unterwegs gelesen hatte. „Lass nur, ich schau noch einmal nach!", bot sich Frank an. Er war ohnehin immer für die Endkontrolle zuständig, wenn ein Hotelzimmer oder der Reisebus verlassen wurde. Christa erhob sich mit ihrer Tasche über der Schulter von ihrem Sitz und griff zwischen anderen drängelnden Mitgliedern der Reisegruppe stehend in der Gepäckablage nach ihrer Jacke. „Deine ist noch oben ... vergiss sie nicht!", mahnte sie Frank, und dann meinte sie, von einigen anderen vorwärts geschoben: „Na, da geh ich schon mal raus, und du kommst doch gleich nach!" Auch Lothar und Inge reihten sich in die den Bus verlassende Schlange ein. Offenbar wollten sie sich vor Fortsetzung der Fahrt noch einmal die Füße vertreten. Frank rutschte auf die Gangseite und erhob sich, um seine Jacke aus der Gepäckablage zu nehmen und dabei zu kontrollieren, dass nichts mehr von ihnen im Fach lag. Ringsherum verabschiedete man sich freundlich und mit vielen guten Wünschen von seinen Reisebekanntschaften, und Frank bemerkte beiläufig, dass sich auch die alte Gouvernante inzwischen von ihrem Platz erhoben und von ihrer jungen Platznachbarin verabschiedet hatte. Frank konnte in der Gepäckablage nichts mehr finden. Die wenigen verbliebenen Sachen gehörten Reisegästen, deren Fahrt weiter ging, die sich aber noch einmal von ihren Sitzplätzen entfernt hatten. Als sich Frank nach Abschluss seiner Aufgabe umsah, stellte er zu seiner Überraschung fest, dass nur noch am Hinterausgang etwas Bewegung war, der ganze Vorderteil des Busses aber war bereits leer. Nur das blonde Mädchen hatte es noch nicht geschafft, den Bus zu verlassen. Auf den Platz an der Gangseite vorgerutscht, schien sie wieder Probleme mit ihren Sandaletten zu haben, zumindest tat sie so. Sie hantierte an den Riemchen und hatte dazu ihre Beine in den Gang gestellt, so dass sie Frank den Weg zum vorderen Ausgang versperrte. Er war also noch kurze Zeit ganz allein mit ihr. Er hätte in dieser Situation einfach den hinteren Ausgang nutzen können, aber er wollte nicht. Er wollte auch nicht an ihr vorbei gehen, und es war ihm wichtig, dass sie den Bus vor ihm verlässt. Frank wusste, dass sie sich jetzt gleich erheben würde, um den Bus zu verlassen. Aber sein Gefühl sagte ihm, dass sie das nicht machen würde, ohne sich ihm noch einmal zuzuwenden, um sich zu verabschieden. Doch Frank war nicht gewillt, eine solche Situation auf sich zukommen zu lassen. Er war sich ziemlich sicher, dass sie das tun würde. Aber wozu? Es war alles vorbei, und Frank war nicht mehr gut auf sie zu sprechen. Was erwartete sie? Einen letzten sehnsuchtsvollen Blick von einem älteren Herrn, der bei ihr die ganze Zeit nichts erreicht hatte? Nur das nicht! Frank fühlte, wie er in längst abgelegte Verhaltensweisen zurückfiel. Statt sich auf eine freundliche Verabschiedung einzustellen, setzte er sich noch einmal auf seinen Platz und kramte erneut in den Netzen der beiden Sitzlehnen, gerade so, als würde er doch noch etwas Wichtiges vermissen. Aber draußen war es dunkel, und er konnte sie im Spiegelbild der großen Scheibe sehen. Es kam, wie er es vermutet hatte. Sie erhob sich mit ihrer silbergrauen Tasche über der Schulter vom Sitzplatz, drehte sich um und wandte sich ihm zu. Doch Frank tat so, als würde er es gar nicht bemerken. Er ignorierte sie, so wie sie ihn eine ganze Woche lang ignoriert hatte. Sollte sie ruhig den Eindruck haben, dass er sie gar nicht kannte und kein Anlass bestand, auf ihre Geste zu reagieren.

 Dann sah er, dass sie aufgab und ganz langsam begann, sich nach vorn in Richtung Ausgang zu bewegen. Auch für Frank wurde es Zeit, den Bus zu verlassen. Er erhob sich und bemerkte, wie zögerlich und verunsichert sie ihre Schritte setzte, gerade so, als wäre es ihr nun doch nicht recht, dass sie so auseinandergehen. Ja es schien, als überlegte sie, ob sie sich nicht noch einmal nach ihm umsehen sollte. Frank überkamen Zweifel, ob es richtig war, was er da gemacht hatte. Vielleicht war es ihr Anliegen, noch einmal ganz nett zu ihm zu sein. Vielleicht hatte sie ihr liebes Lächeln für diesen letzten Augenblick aufgespart. Seine Gefühle schlugen Purzelbäume, und nun tat sie ihm wieder leid. Sie hatte ihren Fuß gerade auf die erste Treppenstufe gesetzt. „Entschuldige bitte!", rief er sie in Gedanken an. „Trotz alledem – ich wünsche dir alles Gute!" Und da war es wieder – sie musste ihn gehört haben. Sie hielt inne und zögerte einen Moment, ihren Fuß eine Stufe tiefer zu setzen. Frank nutzte die stille ungewöhnliche Verbindung, um es ihr gleich noch einmal zu sagen. „Bitte glaube mir, ich wünsche dir alles Gute, ... wirklich alles Gute!" Still und lautlos übermittelte er ihr seine Wünsche, aber ehrlichen Herzens.

Das blonde Mädchen stieg nun ohne sich noch einmal umzudrehen, die restlichen Stufen hinunter. Sie tat es aber so zaghaft und mit Bedacht, dass Frank sie zur Eile mahnen musste. „Ich denke, wir sollten jetzt schnell unsere Koffer holen – ich glaube, wir sind die Letzten!", sprach er sie in Gedanken an. Laut gesagt hätte es sich angehört, als redet er mit einer Person, die ihm ganz nahe stand, mit seiner Tochter, einer guten Bekannten oder seiner Geliebten.

Es war wie eine Aussöhnung im letzten Moment, und Frank wusste, wie wichtig es für ihn war, wenn er nach den Begebenheiten dieser Reise seinen inneren Frieden wieder finden wollte.

Das blonde Mädchen verschwand auf dem Weg zur geöffneten Gepäckklappe im Halbdunkel des Parkplatzes. Frank suchte Christa und sah sie mit ihren Urlaubsfreunden zusammen einige Meter vom Bus entfernt stehen. „Na, wo bleibst du denn?", empfing sie Frank etwas verwundert. Sie hielt ihren braunen Rollkoffer am ausgezogenen Griff und lobte Lothars Hilfsbereitschaft. Er war so lieb und hatte Christa bei der Kofferübergabe unterstützt, den schwereren der beiden Koffer entgegen genommen und hier her gebracht. Frank bedankte sich bei ihm und Christa zeigte auf einen Kleintransporter, der am Rande des weitläufigen Platzes geparkt hatte. „Das ist unserer, der Fahrer wartet schon!" Es galt sich von den Urlaubsfreunden zu verabschieden. Frank sah müde aber zufriedene Gesichter und wünschte den beiden, die selbst für diesen kurzen Aufenthalt im Freien ihre Jacken übergezogen hatten, eine gute und unterbrechungsfreie Weiterfahrt. Christa vermochte sich von den beiden noch nicht so recht zu lösen. „Ruft uns auf alle Fälle morgen an, wir wollen doch wissen, wie ihr angekommen seid!" Dann musste an Ort und Stelle noch darüber gesprochen werden, wann und wo sie sich das nächste Mal wieder sehen. Frank hörte zu, sein Blick galt jedoch einer kleinen Gruppe Reisender, die sich auf ein Taxi zubewegten, das am anderen Ende des Platzes eingeparkt hatte. Dort entdeckte er sie. Die grauen Gestalten waren in der Dunkelheit kaum wahrzunehmen. Aber sie war nicht zu übersehen, denn ihr langes helles Haar schien im Dämmerlicht der Laternen zu leuchten, als wollte es ihm bis zum letzten Augenblick signalisieren, wo sie war und was sie gerade machte. Sie war gerade dabei zuzusteigen. Frank kannte nicht einmal ihren Wohnort, und er wusste, dass das blonde Mädchen fortan und wohl für immer aus seinem Blickfeld verschwunden sein würde.

Kurze Zeit später begrüßte er den ziemlich korpulenten aber sehr freundlichen Fahrer, der sie vor einer Woche bereits vom Wohnort hierher gebracht hatte. Die Koffer waren schnell verstaut, die schwere Tür zugeschoben und der Transporter rollte ohne weiteren Verzug und nur mit zwei Fahrgästen über den Parkplatz. Frank war sich sicher, dass es auch das gleiche Fahrzeug war. Er sah es an der Anordnung der Anzeigen und Lämpchen am Fahrerpult, die hell und bunt leuchteten und für etwas Lebendigkeit in dem dunklen Innenraum sorgten. Er hatte das Handgepäck neben sich abgestellt und saß zusammen mit Christa so wie vor sieben Tagen auf der Sitzreihe hinter dem Fahrer, der sich freute, die beiden schon wieder in seinem Transporter zu haben. Er hatte sich sogar ihr Reiseziel gemerkt und fragte neugierig nach allem Möglichen, was es nach einer so weiten Reise zu berichten gab. Zwischen ihm und Christa begann ein lebhaftes Gespräch, bei dem Christa wieder richtig munter zu werden schien.

Frank schaute durch die Fahrzeugfenster nach draußen, wo er trotz spärlicher Beleuchtung die ihm vertrauten Gebäude, Straßen und Kreuzungen erkannte. Aber er hatte das alles noch nie so verlassen gesehen, wie jetzt zu dieser Uhrzeit. Er kannte hier jede Stelle, und doch erschien ihm alles, was sich da vorbei bewegte, unwahr und gespenstisch wie in einem Traum. Ab und zu hörte er in das Gespräch zwischen Christa und dem Fahrer, um dann mit einer klugen Bemerkung zu signalisieren, dass er wusste, worüber sie sprachen und dass er schließlich auch dabei war.

Auch auf dem letzten Abschnitt der Fahrt, die nun durch ihren Heimatort führte, begegnete ihnen kein anderes Fahrzeug, die Straßen waren leer und leblos. Ein Stück oberhalb der Grundstückseinfahrt ließ sich mühelos wenden, und der Fahrer parkte den Kleintransporter gleich in neuer Fahrtrichtung dicht an der Toreinfahrt. „Ja, das war es dann!", meinte er freundlich, während Christa in ihrer Geldbörse noch nach ein paar Münzen kramte. Frank öffnete von innen die Schiebetür, die laut krachend hinten anschlug, und er nahm die beiden Reisekoffer in Empfang, die ihm der Fahrer am Heck des Transporters überreichte. Christa folgte sogleich durch die weit geöffnete Schiebetür, und der Fahrer bedankte sich für die kleine Anerkennung, die sie ihm in die Hand drückte. Frank bemerkte, wie sie gerade ins Freie gekommen, die Arme an ihren Körper presste und sich etwas schüttelte. „Oh hier ist es aber kalt!" Nach einer kleinen Bedenkpause meinte sie dann: „Ich möchte wieder nach Nizza, da war es so schön warm ... Ich glaube, ich wandere aus nach Südfrankreich!" „Da nimmst du mich doch hoffentlich mit?", fragte Frank sogleich an. „Na, erst mal sehen!", erhielt er als Antwort. Der Fahrer schmunzelte über den kurzen Dialog der beiden, sicher davon überzeugt, dass wohl nicht ganz ernst zu nehmen war, was er da soeben gehört hatte.

Die Koffer standen noch auf dem Fußweg, als sich die beiden mit freundlichem Handschlag von ihm verabschiedeten. „Na, vielleicht sehen wir uns nächstes Jahr wieder!", meinte er auf die Tür seines Kleintransporters zugehend. „Alles möglich!", rief Christa zurück und versuchte bei dem trüben Licht der nächstgelegenen Straßenlaterne das Tor aufzuschließen. Nachdem sie es geschafft hatte, störten zwei recht laut über das grobe Pflaster polternde Koffer die nächtliche Ruhe.

Frank dachte über Christas Worte nach, und er musste sich fragen, ob es wirklich nur Spaß war. „Aber ich habe dich doch all die Tage an der Hand geführt, damit du mir nicht verloren gehst!", hätte er ihr jetzt am liebsten gesagt. Und er war sich sicher, dass er sie auch hier auf dem letzten kleinen Stück ihrer Reise wieder an die Hand nehmen würde, schon um ihr zu zeigen, dass sie doch die wichtigste Person für ihn war. Aber sie zogen die Koffer hinter sich her und hatten das Handgepäck zu tragen, so dass es jetzt nicht möglich war.

Eine der Weglaternen schaltete sich automatisch zu und warf schwaches Licht auf die Pflastersteine. Sie waren etwas feucht, es musste geregnet haben. Ein leicht böiger Wind blies ihnen entgegen. Die den Weg säumende Bepflanzung war kaum zu erkennen. Alles erschien grau und trostlos. Gewiss war es nur eine Folge der augenblicklichen Umstände und der deprimierende Eindruck würde nicht von Dauer sein.

Er wusste, dass es auch hier schöne und sonnige Tage gab, viele Blumen im Garten, die Christa gepflanzt und gepflegt hatte, und im Frühling den Anblick blühender Obstbäume. Auch zu Hause gab es Monate mit angenehm warmem Wetter, Tage, wo die Enkelkinder im Pool herumtobten und gut gelaunte Gäste im Garten auf Kaffee und Kuchen warteten.

Aber von alledem war im Moment nichts zu spüren, und auch die sonst so vertrauten Stellen erschienen ihm kalt und gespenstisch, so dass er kaum noch mit Sicherheit zu beurteilen vermochte, ob diese Ankunft daheim nur Traum oder Wirklichkeit war.

Die vergangene Reise war anders als alle vorherigen. Sonderbares war passiert, und die ungewöhnlichen Ereignisse beschäftigten ihn unterschwellig. Traum und Realität schienen zu verschwimmen, die Abschnitte seines Lebens miteinander verschmolzen zu sein, Vergangenes und Gegenwärtiges, Jugendzeit und Alter. Ja, er war sich nicht sicher, ob er noch jung war oder doch schon recht alt.

Er stand mit Christa vor der Haustreppe und hatte doch das Gefühl, in Wirklichkeit noch gar nicht angekommen zu sein. Trotzdem vermochte er sofort, sich auf alles Notwendige zu konzentrieren. Frank trug beide Koffer die Treppe hoch, und als er im Korridor ankam, hatte Christa in den meisten Räumen schon Licht gemacht. Anders als sonst begann sie sich diesmal nicht mit den Koffern zu beschäftigen. Überhaupt wurde nur das Allerwichtigste erledigt, und die Erlebnisse dieser Reise waren zu dieser mitternächtlichen Stunde kein Thema. Auffällig schnell war Christa im Bad verschwunden, und als sie nur noch mit Nachthemd bekleidet zurückkam, um sich ins Schlafzimmer zu begeben, meinte Frank zu ihr: „Ich komme gleich nach!"

Er war aber noch einmal munter geworden und hatte es gar nicht so eilig. Draußen war es kalt, und er musste im Keller die Heizung umstellen, so dass es am kommenden Morgen in den Räumen etwas gemütlicher wurde. Dann sah er auf der Anrichte im Korridor den Stapel von Post und Zeitschriften liegen, welche die Nachbarin, die während ihrer Abwesenheit das Haus betreute, hier abgelegt hatte. Er nahm den Stapel mit ins Wohnzimmer, sortierte ihn etwas aus und sah nach, ob außer der üblichen Werbung und Rechnungen noch etwas Besonderes unter der Post war.

Als Frank nach flüchtiger Toilette das Schlafzimmer betrat, hatte er den Eindruck, dass Christa bereits eingeschlafen war. Vorsichtig zog er die Gardine beiseite, um dann ganz leise das Fenster zu öffnen. Sogleich wehte ihm kühle Luft um die Nase, und auch als er sich schon im Bett eingerichtet hatte, spürte er, wie vom nahe gelegenen Fenster feuchtkalte Luft bis zu ihm vordrang. Endlich zur Ruhe gekommen, nahm er eine fast unheimliche Stille wahr. Er hörte nur Christas leises und gleichmäßiges Atmen und ab und zu von draußen den Klang einer Windböe, die an den Gebäudemauern entlang wirbelte. Und mit jeder dieser Windböen vernahm er ein eigenartiges Zischeln. Es mussten Blätter sein, die bereits von den Bäumen gefallen waren und vom Wind getrieben über das Hofpflaster rutschten. Seltsamerweise streiften seine Gedanken nicht die vergangenen Urlaubstage. Nur ganz flüchtige und zusammenhangslose Bilder tauchten auf, die wie undeutliche Schatten vorüberhuschten. Er versuchte auch nicht, sich mit den Reiseerlebnissen zu beschäftigen und über die merkwürdigen Geschehnisse der vergangenen Woche nachzudenken. Es war vorbei, und er wollte nichts mehr davon wissen.

Er lauschte nur noch in die ungewöhnliche Stille, und gelegentlich hörte er das leise Säuseln des Windes und dieses immer seltsamer klingende Zischeln, das vom Hofpflaster zu kommen schien. Schließlich meinte er, das Plätschern von Wellen wahrzunehmen. Eine sanfte Meeresbrise trug ihn davon, und wohltuende Wärme umströmte seinen Körper. Ihm erschienen geheimnisvoll wippende Äste mit langen hellgrünen Nadeln, deren Spitzen im Sonnenlicht silbrig glitzerten. Dann sah er ein vertrautes Augenpaar und ein hübsches Gesicht, das ihn liebevoll anlächelte.

Er träumte von den Pinien und dem blonden Mädchen.

Der Autor

Der Autor, der unter dem Pseudonym Bernd Naumann schreibt, wurde 1944 in Dohna bei Dresden geboren. Bisher veröffentlichte er einige technische, naturwissenschaftliche und politische Beiträge. Die schon in seiner Jugendzeit verfassten Erzählungen und Tiergeschichten blieben bisher unveröffentlicht.

novum VERLAG FÜR NEUAUTOREN

Der Verlag

„ *Wer aufhört
besser zu werden,
hat aufgehört
gut zu sein!*

Basierend auf diesem Motto ist es dem novum Verlag ein Anliegen neue Manuskripte aufzuspüren, zu veröffentlichen und deren Autoren langfristig zu fördern. Mittlerweile gilt der 1997 gegründete und mehrfach prämierte Verlag als Spezialist für Neuautoren in Deutschland, Österreich und der Schweiz.

Für jedes neue Manuskript wird innerhalb weniger Wochen eine kostenfreie, unverbindliche Lektorats-Prüfung erstellt.

Weitere Informationen zum Verlag und
seinen Büchern finden Sie im Internet unter:

www.novumverlag.com